FÉLIX RAVAISSON

LA
PHILOSOPHIE
EN FRANCE
AU XIXᵉ SIÈCLE
1867

SUIVI DE

RAPPORT SUR LE PRIX VICTOR COUSIN
(LE SCEPTICISME DANS L'ANTIQUITÉ)
1884

Spiritus intus alit.

QUATRIÈME ÉDITION

PARIS
LIBRAIRIE HACHETTE ET Cⁱᵉ
79, BOULEVARD SAINT-GERMAIN, 79

Droits de traduction et de reproduction réservés.

LA PHILOSOPHIE EN FRANCE

AU XIXᵉ SIÈCLE
(1867)

51645. — PARIS, IMPRIMERIE LAHURE
9, rue de Fleurus, 9

FÉLIX RAVAISSON

LA

PHILOSOPHIE EN FRANCE

AU XIXe SIÈCLE

1867

SUIVIE DU

RAPPORT SUR LE PRIX VICTOR COUSIN

(LE SCEPTICISME DANS L'ANTIQUITÉ)

1884

Spiritus intus alit.

QUATRIÈME ÉDITION

PARIS

LIBRAIRIE HACHETTE ET Cie

79, BOULEVARD SAINT-GERMAIN, 79

1895

Droits de traduction et de reproduction réservés.

LA PHILOSOPHIE EN FRANCE

AU DIX-NEUVIÈME SIÈCLE

I

Pour faire comprendre l'état de la philosophie contemporaine, son mouvement, son progrès, il nous paraît utile de rappeler brièvement ses origines.

La philosophie date de l'époque, bien reculée, où l'on vit clairement qu'il y a dans les différents êtres, outre leurs propriétés diverses, objets des diverses sciences, quelque chose qui fait proprement leur être et leur unité, et que considère en tous une seule et même science. La haute philosophie date de l'époque, fort reculée encore et pourtant plus récente, où l'on reconnut que, pour expliquer l'être et l'unité, il ne suffit pas de la matière conçue comme ce dont les êtres sont composés, mais qu'il faut quelque chose encore qui donne à la matière une forme ou manière d'exister. Ce quelque chose, le génie grec, qui était tout ordre, tout mesure, tout harmonie, crut d'abord le trouver dans le nombre. C'était, au lieu d'aller au fond des choses, au principe de leur réalité et de leur vie, se contenter du trait, du contour, en quelque sorte, sous lequel notre intelligence les embrasse. Tel fut le caractère de la philosophie pythagoricienne et platonicienne; tel fut aussi celui de l'art, d'ailleurs sublime comme cette philosophie, mais aux formes plus épiques que dramatiques, plus harmonieuses encore qu'animées, des contemporains des Platon, des Sophocle, des Phidias.

Un peu plus tard, dans le même temps où Ménandre, Praxitèle, Apelle, commençaient à traduire, dans leurs mouvantes créations, des puissances jusque-là plus ou moins ignorées de la vie et de l'âme, un observateur attentif des réalités, soit dans l'ordre physique, soit dans l'ordre moral, Aristote, s'aperçut que tout ce qui est tient son être et son unité d'un mouvement et comme d'une vie qui lie toutes les parties, en les pénétrant dans toute leur profondeur. Il vit que les qualités, les quantités, les relations, ces modes sous lesquels les objets se présentent à notre entendement et que ses prédécesseurs croyaient suffire à les expliquer, sont des choses qui n'existent qu'en d'autres, lesquelles, au contraire, subsistent en elles-mêmes, à part, indépendantes, et sont les êtres proprement dits ou substances. C'est la grande division qu'établit l'auteur des *Catégories* entre ce qui existe par soi-même et ce qui au contraire, comme une surface n'est qu'en un solide, n'existe que dans ce qui existe par soi-même. — En second lieu, il vit que, dans la catégorie de ce qui existe par soi-même, de l'être proprement dit, de la substance, il fallait distinguer, d'une part, l'existence virtuelle ou en simple puissance, qui n'est, pour ainsi dire, qu'un commencement d'existence, et c'est tout ce qu'en possède une matière relativement à ce qu'elle en va recevoir sous telle ou telle forme; d'autre part, l'existence effective, actuelle, à laquelle il n'y a plus rien à ajouter, qui est fin et perfection, et c'est celle que constitue l'action ou acte, source et fond du mouvement, et cause, par le mouvement, de l'être et de l'unité. Il vit qu'à l'acte seul convenait, en conséquence, rigoureusement parlant, le nom de « substance ». Il vit enfin, et Platon du reste ne l'avait pas ignoré, que l'activité complète et parfaite, d'où venait toute autre activité, où remontait tout mouvement, était l'activité de la pensée, de laquelle la nature entière dépendait par conséquent, et qui, indépendante de tout, suffisait elle seule à tout et à elle-même. Il posait ainsi, à une hauteur où n'atteignent ni la physique ni la logique seules, au-dessus et des réalités matérielles et des abstractions par lesquelles notre entendement les mesure, l'objet de ce que le premier il appela, d'un nom expressif, la « métaphysique », c'est-à-dire la science du surnaturel, science universelle d'ailleurs ainsi que son objet, et à laquelle devaient se rattacher, comme à leur centre commun, toutes les sciences.

Cependant avec Aristote la métaphysique n'en était encore qu'à son commencement.

L'art de Praxitèle et d'Apelle, en arrivant très près de la réalité, de la vie, n'y toucha peut-être pas encore. De même la doctrine de l'auteur de la *Métaphysique* en resta, bien souvent, à des formules qui, plus voisines de la réalité que les nombres de Pythagore et les idées-nombres de Platon, n'en demeuraient pas moins fort loin d'elle et l'embrassaient en quelque sorte sans l'étreindre. Qu'entendre par cette « perfection (entéléchie) », ou par cet « acte » qui devaient rendre raison de tout ? Que signifie précisément cette définition de la lumière, qu'elle est « l'acte du transparent » ; du son, qu'il est « l'acte commun de l'air en mouvement et de l'ouïe » ; de l'âme, « qu'elle est l'acte d'un corps organisé » ? On est tenté de dire avec Leibniz : « Il se sert trop de son acte, qui ne nous dit pas grand'chose. »

Le stoïcisme, au lieu de cet « acte », si obscur, mit partout, en opposition directe à « l'inertie » du matérialisme épicurien, la « tension », notion où le mouvement et l'acte qui le produit sont mêlés, plus obscure en ce sens que la notion de l'acte même, mais qui, d'un autre côté, par celle de l'effort qu'elle renferme, acheminait vers ce qui explique, à la clarté de l'expérience intérieure, et la tension, et l'effort, et l'acte, savoir : la volonté.

Après le stoïcisme, la science et l'art grec vieillissant et devenus de plus en plus stériles, le christianisme parut, révélant, au delà de la vie physique et même de l'intellectuelle, à une profondeur jusqu'alors à peine entrevue, une vie morale, qui devait peu à peu les éclairer de sa lumière, les imprégner de sa force.

Tels furent les éléments que l'antiquité légua au moyen âge.

Le moyen âge, époque de renouvellement, et par conséquent, à beaucoup d'égards, d'enfance et de faiblesse, ne possédant d'ailleurs du passé que des débris, ne pouvait guère aller plus loin dans la science que l'antiquité, serrer de plus près la réalité, y entrer plus avant. Disposé aussi à se contenter souvent, comme l'antiquité, de l'explication des faits par des actions extraordinaires sans conditions déterminées, il vit partout des puissances assez semblables à celles que nous trouvons en nous-mêmes, et par lesquelles on rendait compte aisément, sans se mettre en frais d'observations et d'expériences, de tous les phénomènes naturels. « C'étaient de petits lutins de facultés, paraissant à propos, comme les dieux de théâtre ou comme les fées de *l'Amadis*, et faisant, au besoin, tout ce que voulait un philosophe, sans façon et sans outils. »

On ne pouvait cependant, voyant la régularité avec laquelle tels effets physiques sont liés, après tout, à telles ou telles circonstances, songer à douer leurs causes immédiates de raison et de liberté. On s'en faisait donc une idée vague et indécise, telle, il faut l'avouer, que l'idée qu'on se fait, bien souvent encore, de ce qu'on nomme les forces, ni matière, ni esprit, tenant à la fois de l'une et de l'autre. Avec ces puissances mystérieuses, *qualités occultes* agissant sans moyens intelligibles, *formes substantielles* efficaces et créatrices à elles toutes seules, la scolastique croyait tout expliquer, et elle n'expliquait rien. Dans ce qu'elle nommait les causes, dès qu'elle se voyait forcée d'en retrancher ce qu'elle y avait mis d'analogue à une action intentionnelle, il ne lui restait que des expressions générales des phénomènes mêmes, de purs signes logiques, de simples catégories, et, au lieu de solutions des problèmes, des énoncés en termes plus abstraits. Prenant donc souvent « la paille des termes pour le grain des choses » (Leibniz), elle en venait enfin à cet Art de Raymond Lulle, qui, donnant des termes par lesquels on peut désigner les réalités pour des équivalents de ces réalités mêmes, « enseignait, dit Descartes, à parler de tout sans rien savoir ». Cet art, son inventeur l'appelait le « grand art »; le grand art, c'est-à-dire celui de la transmutation, où visait la science, à la fois ambitieuse et impuissante, de cet âge, l'alchimie universelle par laquelle de tout on devait tout faire : promesses vaines d'une logique qui pensait tenir les objets dans des mots : ce qui fit dire à Léonard de Vinci, le grand initiateur de la pensée moderne, l'amant de la nature et de la réalité, que les sciences intellectuelles étaient menteuses (*le bugiarde scienze mentali*).

Parmi ce luxe de termes et de formules, on aurait pu discerner aussi des choses. Sous toutes ces scories scolastiques, de l'or était caché. Sous tant de sentences vaines, sous ce qu'un de nos contemporains a appelé « un monde de sottise », certaine sagesse couvait; mais le temps n'était pas venu où elle pouvait éclore.

Descartes parut, chez qui à l'instruction de l'École se joignirent l'expérience du monde et la liberté d'un esprit que de longs voyages en divers pays et la pratique de bien des sortes de gens ainsi que de manières de vivre et de penser avaient affranchi de tous préjugés. L'esprit purgé de tant de fantômes qui hantaient l'imagination ténébreuse des docteurs de l'École, et dont elle avait tout peuplé, il vit la réalité comme à nu. Sous cette confusion de formes équivoques, semi-logiques et semi-personnelles, il vit de grandes lignes à tirer, une grande distinction à faire : d'un côté, la pensée, ce simple et un que nous connaissons clairement en nous-mêmes; de l'autre, ce que nous voyons clairement hors de nous, cette existence multiple et diffuse qui forme le corps, ou l'étendue. La philosophie alors, depuis si longtemps en l'air parmi les fictions, prend pied, devient positive. Elle n'est plus seulement chose de raisonnement, elle est chose de fait, chose expérimentale.

On croyait, généralement du moins, que l'expérience n'atteignait que les faits de l'ordre physique, particuliers, bornés : on s'aperçoit que l'esprit se voit lui-même, et qu'en se voyant il découvre, sans appareil compliqué de syllogismes, mais comme en une grande et éclatante lumière, ce qui est le principe et de lui-même et de tout : hors de lui, le corps, si réel et qu'on touche; au dedans, l'âme, qui se touche elle-même, et, dans l'âme, sans séparation, Dieu, plus réel encore, et qu'on touche en quelque sorte de plus près. Ce double réalisme, si opposé à ce qu'on peut appeler le rationalisme du moyen âge, et même d'une grande partie de l'antiquité, fut le fond du système cartésien.

Ce n'est pas tout : dans la pensée, dont la réflexion nous donne la connaissance immédiate, Descartes distingue l'intelligence, toute passive, et la volonté, essentiellement active; et tandis que l'intelligence est toujours déterminée, finie, la volonté est, remarque-t-il, absolument sans empêchement et sans bornes, libre, en effet, d'une liberté infinie. Par là, entrant dans une voie que le christianisme avait préparée, il introduit, comme un attribut du principe supérieur qui se manifeste par la pensée, ce que l'antiquité, préoccupée surtout de ce qu'il a de déterminé et de déterminant et par où il est la source de l'ordre, n'avait guère attribué qu'au principe matériel et inférieur, comme une cause de multiplicité et, par suite, de désordre et d'imperfection, savoir : l'infinité. L'infinité, pour la première fois, devient le caractère de l'âme, davantage encore celui de Dieu ; l'infinité, trouvée dans la parfaite et absolue volonté. Il ne fallait pas, disait Descartes, s'imaginer la Divinité conformant ses résolutions aux données de son intelligence : ce serait là ramener le Jupiter antique, assujetti au Destin ; il fallait admettre que toute opération divine se réduisait, comme à son seul principe, à une volonté infiniment libre.

Pascal, de son profond regard, vit l'infini en toutes choses ; l'infinité propre à la divine perfection se manifestant à la fois et dans l'immensité, qui l'imite, et dans la petitesse, qui, de division en division, tend sans terme vers le néant ; deux infinis entre lesquels nous sommes suspendus. De plus, l'auteur des *Pensées* montrait, avec le christianisme, dans ce qui est la source de la volonté elle-même, quelque chose qui passait et les corps et les intelligences : « La charité (l'amour) est, disait-il, d'un autre ordre, et surnaturelle. »

Ce principe nouveau de l'infini, révélé, en quelque sorte, par Descartes et généralisé par Pascal, Leibniz y découvrit le fondement de toute la science. Il y a dans les choses un ordre plus général encore que ne l'a vu Descartes, plus régulier que ne l'a vu Pascal, mais où mènent leurs principes. Tout est proportionné, analogue, harmonique. Tout se tient donc, se continue suivant un enchaînement que rien n'interrompt : c'est la loi de continuité universelle d'après laquelle telles et telles règles générales du mouvement, proposées par Descartes, et qui mettraient dans la nature du désaccord, doivent être redressées et complétées ; loi de continuité qui donne lieu, d'un côté, dans les mathématiques, à cette marche du calcul infinitésimal, fondée sur ce que, les mêmes rapports subsistant, quelles que soient les valeurs, on les peut suivre au delà de toute quantité finie; d'un autre côté, dans la nature, à ce progrès par lequel elle s'étend en tout sens, non pas proprement à une grandeur et une petitesse infinies, qui sont physiquement comme numériquement inconcevables, mais à une grandeur et à une petitesse dépassant toutes valeurs déterminées quelconques.

Or, si tout se répète analogue dans l'indéfini de la quantité, du temps, de l'espace, de tout l'univers, c'est qu'il y a toujours pour la répétition des rapports identiques la même raison. Cette raison est, en dernière analyse, que, dans toutes les choses finies, il y a un même fonds d'être, qui s'y trouve avec telles et telles limitations, mais qui en lui-même doit en être exempt, infini par conséquent, et infini parce qu'il est le parfait ou l'absolu.

Leibniz, en même temps, mettait dans un plus grand jour encore que Descartes que, les existences finies et relatives étant telles par le mélange d'un élément passif, qui est leur matière, le véritable infini, l'absolu, était cette existence tout active qui est l'esprit.

Kant, approfondissant encore ce qu'avaient approfondi Descartes, Leibniz, Pascal, montra, mieux qu'aucun ne l'avait jamais fait, dans la liberté du vouloir un principe tout spécial, entièrement indépendant de l'enchaînement des phénomènes, principe qui constituait à lui seul, suivant lui, en dehors des conditions de l'existence matérielle dont l'intelligence elle-même ne lui semblait pas entièrement exempte, ce qu'il nommait le supra-sensible, et qu'on peut appeler des termes synonymes et plus usités de surnaturel ou de métaphysique. A la vérité, persuadé que toute expérience est sujette aux conditions de la sensibilité, il ne lui parut pas que la liberté fût objet d'expérience; il crut qu'on ne pouvait que la déduire, comme une conséquence nécessaire, de la loi du devoir, qui implique le pouvoir. Quoi qu'il en soit, nul ne vit mieux l'excellence toute particulière de la volonté; nul ne fit plus pour amener à comprendre que l'infini, le parfait, l'absolu, c'est la liberté spirituelle, et que le dernier mot de tout est le principe moral.

Avant que la philosophie vînt prendre, sur cette base profonde de l'infini ou de l'absolu, son assiette définitive, il fallait que, à partir du point où Descartes l'avait mise, elle subît encore plus d'une épreuve et plus d'une épuration.

Descartes avait banni les entités abstraites au moyen desquelles l'École expliquait, comme par autant de causes, les différents phénomènes; il semblait que, sous les deux grands faits généraux de l'étendue et de la pensée, il eût laissé subsister, comme quelque chose de différent de ces faits mêmes, des substances ou êtres.

Cependant, considérée à part de toute manière d'être, une substance pouvait-elle être distinguée d'une autre? La substance étendue et la substance pensante ne pouvaient être, disait Spinoza, qu'une même chose, et il n'y avait, sous des attributs différents, qu'une seule et unique substance. Mais, dit bientôt Berkeley, une substance distinguée de toute manière d'être, ce n'est rien. Ce sont des idées incomplètes, restes de la scolastique, que la substance, que la puissance, que la cause, surtout que l'être. Être, c'est être ceci ou cela. Être simplement, sans plus, ce n'est rien être; c'est une simple conception, sinon même un mot vide de sens. En second lieu, rien n'existe pour nous qu'en nos perceptions. Si donc on cherche ce que c'est qu'être réellement, on trouvera que c'est être représenté, exister en un esprit comme quelque chose qu'il pense. Enfin nos premières idées sont, disait Berkeley, les sensibles. Elles ne nous viennent pas de nous; nous ne les faisons pas à notre gré : c'est donc un autre esprit qui les cause dans le nôtre. Un esprit supérieur, infini, Dieu, en un mot, fournit à notre esprit ses premières idées; sur ce fond, qui est toute la réalité, notre esprit, par comparaisons, abstractions, généralisations, établit cette multitude de rapports que trop souvent ensuite il prend pour des réalités.

Berkeley voulait renverser ainsi l'hypothèse d'une substance placée hors de tout esprit comme un support, non perceptible par lui-même, des qualités perceptibles aux sens, substance dont le matérialisme faisait, disait-il, une idole par laquelle il remplaçait le vrai Dieu. La pierre angulaire de l'athéisme était, à son avis, l'idée qu'on se faisait d'une substance stupide et non pensante et pourtant existant par elle-même, d'où l'on faisait ensuite tout sortir avec une nécessité exclusive de toute liberté, par conséquent, de toute moralité. Cette pierre angulaire étant retirée, tout l'édifice de l'impiété s'écroulait. Il entendait maintenir d'autant plus les choses pensantes de Descartes, c'est-à-dire et les esprits finis et l'esprit infini qui les éclaire. En même temps, néanmoins, il frayait, sans le vouloir, le chemin au scepticisme qui allait les atteindre à leur tour.

Descartes avait distingué trois espèces d'idées : les « adventices », qui nous venaient comme du dehors par les sens; les « factices », que nous produisions en opérant sur les premières; les « innées », que l'esprit trouvait dans sa conscience de lui-même et desquelles il formait les « factices ». Malebranche déjà n'admettait plus que l'âme eût une idée d'elle-même : il lui en accordait seulement un sentiment. Locke avait bien aperçu qu'outre les sensations il y avait en nous la réflexion, par laquelle nous prenons conscience et des sensations mêmes et de nos opérations intellectuelles; mais il n'y avait pas vu, comme le lui reproche Leibniz, une source originale de connaissances. Berkeley, du moins dans ses premiers écrits, dans ceux qui précédèrent le *Traité de la nature humaine* de Hume, ne reconnut guère pour de vraies idées que les idées sensibles, qui ne pouvaient s'expliquer, selon lui, comme nous venons de le dire, que par une action immédiate de Dieu. Des opérations de notre esprit et de notre esprit même nous n'avions, pensait-il alors, qu'une perception sourde et obscure, à laquelle il proposait d'affecter le nom de *notion*.

Hume fit un grand pas de plus.

Ces substances immatérielles, épargnées par Berkeley, et auxquelles il transférait tout ce qu'il avait ôté de réalité à la matière, Hume les supprima; cette grande exception en faveur des esprits, il la fit disparaître. Et, en effet, si l'on n'avait de l'esprit qu'une si faible et si obscure connaissance, cette connaissance en était-elle bien une? N'était-ce pas plutôt un dernier préjugé, une dernière illusion?

C'est, suivant Hume, une des plus importantes découvertes dont la science se soit enrichie, que cette vérité : qu'aux idées abstraites et générales ne répond rien de réel. Reste à en tirer toutes les conséquences. Berkeley avait accordé que les connaissances proprement dites étaient celles qu'on appelle sensibles; en poussant plus avant l'analyse, on trouve, dit Hume, que nos connaissances se décomposent en deux éléments : la sensation proprement dite ou impression, et l'idée; l'idée n'est que la trace que la sensation laisse après elle; c'est la sensation prolongée et affaiblie. Des impressions d'abord, des idées ensuite, qui en sont comme des copies, des échos, c'est tout ce qu'il y a en nous, c'est tout ce qu'il y a pour nous. Supposer de plus, soit hors de nous, soit en nous, des substances pour les supporter, des causes ou forces pour les produire, pure imagination, pure rêverie.

Berkeley déjà avait fait remarquer que nous ne percevions par les sens, seule source d'où nous tirions nos idées, rien de ce qu'on nomme une cause; que nous voyions des faits, nullement un lien qui les rattachât, nullement une force qui les enchaînât les uns aux autres. La nature ne nous présentait que des phénomènes s'accompagnant ou se suivant avec une certaine constance; c'étaient des actes de l'esprit suprême, indépendants les uns des autres, et dont il avait réglé l'ordre à son gré.

En nous, pourtant, il semblait que Berkeley reconnût encore, quoique en termes vagues et obscurs, quelque causalité. Il n'y en a pas plus, suivant Hume, en nous que hors de nous. Toutes nos idées nous viennent d'impressions. De quelle impression nous viendrait l'idée de cause? En nous comme hors de nous, l'expérience nous montre certains faits s'accompagnant toujours. Habitués à les voir rapprochés, il nous devient difficile d'abord de les séparer; ils nous semblent alors nécessairement unis : c'est ce que nous exprimons, et rien autre chose, quand nous disons qu'ils sont des causes les uns des autres. Cela est vrai de nos impressions; cela est vrai de nos idées, qui n'en sont que des reflets. Nos impressions, considérées en elles-mêmes, indépendamment de nous, c'est ce qu'on nomme les objets et le dehors; nos idées ou nos sentiments, c'est le dedans, c'est ce que proprement nous appelons « nous ». Hors de nous et en nous, et au fond c'est même chose, rien donc que des phénomènes qui se succèdent, nul enchaînement nécessaire, nulle cause, nulle raison. Nulle substance non plus; si nous ne rencontrons pas la cause dans le champ de notre expérience, à plus forte raison n'y rencontrons-nous pas la substance. Tout se réduit ainsi à des impressions et des idées qui se succèdent en nous. Que serait-ce donc, n'étant ni impression ni idée, que ce prétendu « nous »? Vainement voudrait-on que l'esprit fût du moins comme un théâtre où des idées viendraient successivement apparaître. Ne nous laissons pas abuser par cette métaphore : c'est la succession même des idées qui constitue ce que nous appelons notre esprit, et nous n'avons aucune notion, même éloignée et confuse, d'un théâtre où ces scènes seraient représentées. Nous ne sommes pour nous-mêmes qu'une série mouvante de perceptions.

Qu'on se figure, si l'on veut se représenter le monde de Hume, des impressions et des idées flottant à la suite les unes des autres comme en l'air et dans le vide.

Pour avoir voulu, laissant les fictions et le factice, se réduire au réel de l'expérience, au positif des faits, on se trouvait borné enfin aux seuls phénomènes, multiples, diffus, sans liaison ni unité, au matériel épars des apparences sensibles. C'était, sous une forme nouvelle, la doctrine qui avait été celle des sophistes et des épicuriens, et qu'on pourrait appeler la doctrine de la dissolution universelle.

A la théorie de Hume, Thomas Reid opposa, sans parler de la contradiction qu'elle renferme, les croyances qui nous sont naturelles et dont une telle explication de nos idées ne rend pas compte, croyances par lesquelles nous sont garanties ces existences supérieures aux choses physiques et sensibles, qui sont l'objet de la métaphysique. Ce fut l'œuvre de Reid et de son école de rétablir, comme au-dessus de l'ordre matériel, l'ordre intellectuel et moral, mais sans montrer entre le supérieur et l'inférieur aucune relation nécessaire.

Kant ne se contenta pas, pour réfuter Hume, de faire voir qu'il y a en nous des notions que la sensation n'explique pas. Il montra que ces notions sont comme des formes dans lesquelles seules le matériel que fournit l'expérience vient prendre consistance et figure, et que par conséquent elles sont des conditions nécessaires de la sensation. Quant à ces formes elles-mêmes, ce sont des applications différentes d'une action qui est justement la connaissance, une action par laquelle nous rassemblons en une unité la matière multiple et comme diffuse que nous livrent les sens.

Est-ce un phénomène comme les autres, que cette opération unifiante, ou, pour employer l'expression même de Kant, que cette « synthèse », d'abord imaginative, ensuite intellectuelle, de la diversité sensible? Non, puisque aucun phénomène de conscience n'est possible que par elle. A cette maxime de la scolastique vulgaire, répétée par Hobbes et Locke, « qu'il n'y a rien dans l'intelligence qui d'abord n'ait été dans le sens », Leibniz ajoutait : « sauf pourtant l'intelligence elle-même »; et Kant : « dans les sens est toute la matière de nos connaissances, mais c'est l'intelligence qui lui donne la forme ». L'empiriste exclusif, pourrait-on ajouter, c'est un physiologiste qui explique la nutrition par les aliments seuls, et qui oublie ce qui les reçoit et les transforme, l'estomac; c'est un physiologiste qui explique la respiration par l'air seul et qui oublie les poumons.

En France, Condillac, en adoptant le système de Locke, avait, comme Hume, éliminé de ce système ce qui en altérait l'homogénéité, c'est-à-dire l'idée de la réflexion ou de la conscience qu'a l'esprit de ses propres opérations. Comme Hume, Condillac avait enseigné que nos connaissances n'étaient que des sensations transformées. Pourtant il n'en concluait pas comme Hume, ni lui ni son principal disciple, Destutt de Tracy, qu'il n'y eût rien d'autre pour nous et que nous ne fussions rien d'autre nous-mêmes que des suites de phénomènes sensibles. C'est que, parmi ces séries de sensations auxquelles semblaient pouvoir se réduire sans trop de difficulté l'intelligence, le raisonnement, la raison, un élément apparaissait, obscur d'abord, mais de plus en plus manifeste, qui, sous ce mobile spectacle de phénomènes tout relatifs, révélait, indépendant du perpétuel changement des apparences sensibles, quelque chose de constant et d'absolu. Cet élément, tout différent de la sensation essentiellement passive et nécessaire, c'était l'action, c'était la volonté.

Comment pouvons-nous connaître quelque chose hors de nos sensations? « C'est, dit Condillac dans la seconde édition de son *Traité des sensations*, un problème que, dans ma première édition, j'avais mal résolu. » Et il établit, contre son propre système, que, par la résistance que nous éprouvons, nous apprenons que hors de nous il y a des corps. Or cette réaction du dehors, c'est notre propre action, notre action motrice qui nous la fait connaître. « Le principe du mouvement, ajoutait presque aussitôt Destutt de Tracy, est la volonté, et la volonté c'est la personne, c'est l'homme même. » Dans le torrent des sensations, rien que des apparences où il n'y a ni « moi » ni « non-moi » : surfaces, pour ainsi dire, sans dedans ni dehors : par la conscience de notre vouloir, nous apprenons à la fois et nous-mêmes et quelque chose d'autre que nous-mêmes ; en deçà, au delà des sensations un monde intérieur, un monde extérieur, deux réalités opposées l'une à l'autre, et qui dans l'acte où elles concourent se touchent et se pénètrent.

Sous la passivité des sensations, qui, depuis Hume, semblait tout expliquer, retrouver l'activité, c'était, sous le matériel, retrouver l'esprit même. Forte de cette découverte, la philosophie devait bientôt se dégager de la physique, sous laquelle Locke, et Hume, et Condillac lui-même l'avaient comme accablée. Deux hommes surtout y aidèrent : Maine de Biran et Ampère.

Les philosophes écossais avaient mis en évidence la diversité de nos idées et de nos croyances, inexplicable par la seule sensation. Kant avait montré que ce qu'il y a de plus en nous que nos sensations, ce sont les diverses façons de les lier, d'en faire la synthèse, et que c'est là justement ce qui fait la connaissance. Maine de Biran remarqua que cette opération par laquelle on connaît, et que Kant attribuait à ce qu'il nommait la spontanéité intellectuelle, c'était activité, effort, vouloir ; c'était ce vouloir où Condillac et Destutt de Tracy venaient de nous retrouver. Nos connaissances, nos pensées, selon Maine de Biran, sont donc, comme les mouvements que nous imprimons à nos membres, les effets de notre vouloir, et de même tout ce qui est nôtre. Par ce vouloir nous faisons être tout ce qui est de nous, et dans ce vouloir se trouve et se reconnaît notre propre être. Descartes avait dit : « Je pense, donc je suis »; on peut dire, mieux encore : Je veux, donc je suis. Vouloir, en effet, ce n'est pas être seulement comme est le phénomène, naissant et mourant au même instant. « Dans chacune de mes résolutions, remarquait Maine de Biran, je me connais comme cause antérieure à son effet et qui lui survivra; je me vois en deçà, en dehors du mouvement que je produis, et indépendant du temps; et c'est pourquoi, à proprement parler, je ne deviens pas, mais réellement et absolument je suis. » C'est en se plaçant à ce point de vue unique de la libre personnalité, hors de toutes les conditions de la nature et des choses, que Spinoza aurait pu dire à juste titre, comme il l'a dit : « Nous sentons, nous éprouvons que nous sommes immortels. » — « Et tel est, ajoutait Maine de Biran, le type, le type unique d'après lequel nous concevons hors de nous des causes. Nous les concevons comme des êtres qui sont des volontés. Être, agir, vouloir, sous des noms différents, c'est une seule et même chose. »

On verra quels fruits ont portés ou sont près de porter ces pensées.

En même temps que Maine de Biran signalait le fait capital qui nous révèle à nous-mêmes comme une existence placée en dehors du cours de la nature, et qui, par nous, nous fait comprendre que telle est toute véritable existence, et que le reste, qui occupe l'espace et même le temps, n'est comparativement qu'apparence, un penseur qui devait plus tard s'illustrer par d'importantes découvertes dans les sciences, mais qui alors s'occupait principalement, avec Maine de Biran, de recherches psychologiques et logiques, et qui, tour à tour, recevait de lui et lui fournissait des idées, Ampère, dans des mémoires et des lettres qui n'ont été livrés au public que tout récemment, amenait comme au grand jour toute une partie de notre nature que laissaient encore dans l'ombre et Condillac, attentif surtout aux sensations, et Maine de Biran, occupé presque uniquement de la volonté. C'était la faculté qu'applique aux éléments fournis par les sens l'action de la volonté; c'était la faculté de comparer, par laquelle, réunissant dans les rapports les termes simples que nous fournissent les facultés d'intuition, nous les enchaînons les uns aux autres; c'était, en d'autres termes, la faculté du raisonnement et du discours, la raison. Connaître, avait dit Kant, c'est réunir; — c'est réunir, disait Maine de Biran, par un acte, par un vouloir; — c'est réunir, ajoutait Ampère, au moyen d'un rapport. Lui qui fit preuve dans toutes sortes de sciences de tant de véritable génie, il faisait consister le génie dans la faculté d'apercevoir des rapports. « Tel, disait-il, voit des rapports nombreux où tel autre n'en voit aucun. Les progrès des sciences dans les derniers siècles ont eu pour cause, non pas tant la découverte de nouveaux faits, que l'art d'apercevoir leurs rapports avec leurs conséquences et leurs causes. » Nul ne vit mieux que lui et ne fit mieux ressortir l'importance des rapports et la valeur du rôle qui appartient, dans la formation de la connaissance, à la faculté qui les découvre et qui les combine. C'est la part qu'il s'attribuait lui-même dans l'œuvre de régénération philosophique à laquelle il travaillait en commun avec Maine de Biran: celui-ci avait en quelque sorte découvert la volonté; Ampère, la raison.

Il faut dire seulement que, si Maine de Biran, tout en s'arrêtant le plus souvent, dans l'analyse de la volonté, à des manifestations particulières qui appartiennent à l'ensemble de l'expérience sensible, entrevit néanmoins et indiqua ce qu'elle a, à sa racine, d'indépendant des conditions empiriques et naturelles, Ampère, dans l'analyse de la raison, ne paraît pas s'être avancé si loin. En considérant les rapports, il ne semble pas qu'il ait essayé de les ramener à de premiers et plus simples éléments, ni surtout de rechercher si la raison, en les déterminant, se réfère à une unité qui lui serve de mesure;

question qui l'eût conduit peut-être à ce principe supra-sensible et véritablement métaphysique vers lequel tendait la pensée de son ami. Au contraire, autant que nous en pouvons juger par ce qui a été publié de ses écrits, Ampère crut toujours devoir chercher plutôt à le retenir sur cette pente, et à le maintenir avec lui-même dans la sphère de ce qu'on peut appeler la conscience phénoménale et empirique. Pour les choses d'ordre métaphysique, il n'avait foi qu'au raisonnement.

Ces trois éléments de la sensation, de la volonté, de la raison, étudiés, développés principalement par ces trois psychologues, Condillac, Maine de Biran et Ampère, Royer-Collard les combinait dans une théorie de la connaissance inspirée surtout de celle des Écossais, et qui avait pour objet principal de rétablir, contre le scepticisme auquel conduisait l'empirisme exclusif, les croyances que semble garantir le sens commun de l'humanité. Il fit de cette théorie le sujet d'un enseignement public de peu de durée, mais qui mit fin à la domination depuis longtemps exclusive de l'idéologie issue des premières théories de Condillac. De cet enseignement sortit la doctrine qui, depuis, a régné presque seule dans toutes les écoles de notre pays. Cette doctrine fut celle que proclama l'éminent successeur de Royer-Collard dans la chaire de l'histoire de la philosophie, et qui reçut de lui le nom d'*éclectisme*.

II

Lorsque Victor Cousin débuta, la philosophie de Schelling régnait en Allemagne ; il en eut quelque connaissance, et en reçut une influence qui parut surtout dans ses premiers écrits. Sous cette influence, il entreprit, très jeune encore, la publication d'ouvrages inédits de Proclus, le dernier représentant considérable de cette école néo-platonicienne dont les doctrines offrent de l'analogie avec celles qui constituent le système allemand de l'Identité absolue. Le néo-platonisme avait voulu concilier, dans ce qu'il appelait une théorie éclectique, les principales théories qu'avait enfantées le génie grec. Victor Cousin eut la pensée de réunir, à son tour, dans un nouvel éclectisme tout ce que contenaient de vrai les systèmes que les différents pays et les différents temps ont produits. Il fallait, avant tout, rectifier ou compléter la connaissance qu'on avait de ces systèmes. Victor Cousin, outre la publication des œuvres inédites de Proclus et quelques analyses des commentaires, également inédits, de son disciple Olympiodore sur divers dialogues de Platon, donna encore une traduction complète de Platon ; des éditions de Descartes, d'Abélard, de plusieurs ouvrages de Maine de Biran ; la traduction du *Manuel de l'histoire de la philosophie* de Tennemann, etc. De plus, ce fut à ses conseils et à ses encouragements qu'on dut un grand nombre de publications destinées à éclairer sur beaucoup de points l'histoire de la science, et qui demeureront un des principaux titres d'honneur de la moderne époque philosophique ; par exemple : la traduction de Thomas Reid, par Jouffroy ; celle de plusieurs ouvrages de Dugald Stewart, par le même Jouffroy ; celles de l'*Histoire de la philosophie morale* de Mackintosh et du *Manuel de philosophie* de Matthiæ, par Hector Poret ; celle d'Aristote, par M. Barthélemy Saint-Hilaire, qui, de plus, fit de la philosophie indienne et du bouddhisme le sujet de savants mémoires ; les traductions de Bacon et de Plotin, par Bouillet ; de Spinoza, par Émile Saisset ; de Kant, par MM. Tissot et Jules Barni ; l'*Histoire du cartésianisme*, par M. Francisque Bouillier ; celles de l'*École d'Alexandrie*, par M. Jules Simon et par M. Vacherot ; les études de M. Paul Janet sur la *Dialectique de Platon* ; les ouvrages de M. Adolphe Franck sur la *Kabbale* juive et sur l'*Histoire de la logique* ; de M. Charles de Rémusat, sur saint Anselme.

sur Abélard et sur Bacon; de MM. Hauréau et Roussolot, sur la *Philosophie du moyen âge;* de Montet et de M. Charles Jourdain, sur la *Philosophie de saint Thomas d'Aquin;* de M. Nourrisson, sur la *Philosophie de Leibniz* et sur celle de *Bossuet;* de M. Chauvet, sur les *Théories de l'entendement humain dans l'antiquité;* de M. Waddington, sur la *Psychologie d'Aristote;* de M. Ferraz, sur la *Psychologie de saint Augustin;* de M. Émile Charles, sur Roger Bacon, etc. N'oublions pas de nombreux et savants articles sur toutes les époques de l'histoire de la philosophie dans le *Dictionnaire des sciences philosophiques,* publié sous la direction de M. Adolphe Franck.

Il est vrai de dire, cependant, que ce choix que Victor Cousin s'était d'abord proposé de faire du plus vrai et du meilleur de chaque philosophie, il ne le fit jamais. Non seulement il entreprit de réfuter, sous le nom de sensualisme, la philosophie de Locke et de tous ceux qui sur ses traces essayèrent d'expliquer par les sensations toutes nos connaissances; mais, chez la plupart des autres philosophes, depuis Aristote jusqu'à Leibniz et Kant, il signala surtout ce qu'il croyait des erreurs. S'il emprunta à Kant les traits les plus généraux de sa théorie de la morale, il le combattit, en le rangeant parmi les sceptiques, sur presque tous les points. S'il se plut à rattacher ses idées aux principes du platonisme et à ceux du cartésianisme, ce fut en interprétant ces principes dans le sens de l'empirisme écossais. Dans son enseignement de l'histoire générale de la philosophie, Victor Cousin rangea tous les systèmes dans quatre classes : sensualisme, idéalisme, mysticisme et scepticisme. Ce qu'il entend par systèmes mystiques, ce sont ceux, auxquels appartient évidemment toute la théologie chrétienne, où l'on croit pouvoir admettre entre Dieu et l'homme une communication directe, et il les taxe tous de chimériques. Des quatre classes auxquelles se ramèneraient les divers systèmes qui se sont produits, et même qui se produiront jamais, une seule à son gré renferme donc une grande part de vérité : c'est celle qu'il appelle l'idéalisme, et à laquelle il rapporte Platon et Descartes; mais, encore une fois, c'est à la condition qu'on s'y renferme, à très peu près, dans les limites tracées par Reid et par Stewart. Et à mesure que Victor Cousin avança dans sa carrière, tout en maintenant, selon ses expressions, le drapeau de l'éclectisme, en fait il se réduisit de plus en plus à un système particulier dont les idées des philosophes écossais et quelques-unes de celles de Maine de Biran et d'Ampère fournirent le premier fonds, et qu'on peut définir un brillant développement du demi-spiritualisme qu'inaugura chez nous Royer-Collard.

Reid, Stewart, Royer-Collard, n'avaient pas seulement adopté ce principe général de la science moderne, que toute connaissance remonte, comme à sa source, à l'expérience; ils avaient admis, avec Locke et tous ceux de son école, que, dans la philosophie comme dans les sciences physiques, la méthode consistait dans l'observation et l'analyse des phénomènes, en y ajoutant l'emploi de l'induction. A la vérité, et c'est ce que le sensualisme avait le tort de nier, nous trouvions en nous des principes qui nous autorisaient à étendre nos croyances au delà de ce que nous voyons, à affirmer, à l'occasion de la perception des phénomènes, l'existence des causes et des substances, ou, d'un seul mot, des êtres. Mais ce qu'étaient ces êtres, ces substances, ces causes, c'est ce que l'induction seule pouvait nous enseigner. Victor Cousin adopta ces idées. Il n'y avait, disait-il à l'exemple des Écossais et de Royer-Collard, qu'une méthode, celle dont Bacon avait énoncé le principe et tracé les règles; seulement elle s'appliquait à deux grandes classes de phénomènes entièrement différents : d'une part, des phénomènes extérieurs, physiques, physiologiques, les seuls, ou peu s'en faut, que Bacon eût en vue; de l'autre, des phénomènes intérieurs. La vraie méthode en philosophie consistait, après avoir décrit et classé les phénomènes intérieurs, à en tirer la connaissance de ce que devait être l'âme, puis de l'âme à s'élever, par le chemin que Descartes avait montré, jusqu'à Dieu. Victor Cousin la nommait méthode psychologique.

En d'autres termes, deux ordres de connaissances entièrement différents : les perceptions et les conceptions ; les perceptions, pour les phénomènes, seuls objets de l'expérience ; les conceptions, pour les êtres ; pour les êtres, et aussi pour le vrai, le beau et le bien, pour l'espace et le temps, etc. Toutes les choses qui dépassent les phénomènes ne nous sont enseignées, disait Victor Cousin, que par une sorte de révélation mystérieuse, inexplicable, œuvre de ce qu'on appelle la raison.

Une circonstance contribua pour beaucoup, avec l'influence de la philosophie écossaise, à préoccuper fortement le fondateur de l'éclectisme de cette distinction des objets de connaissance immédiate et des objets de pure conception, dans laquelle se résume sa philosophie tout entière : ce fut la théorie qui régnait, dans le même temps où Royer-Collard enseigna, concernant l'art et le beau. Suivant cette théorie, que Winckelmann avait ébauchée au moment de cette sorte de renaissance qui marqua la fin du dix-huitième siècle, théorie que Quatremère de Quincy érigea en système, l'art avait pour objet la représentation de la beauté, non sous des formes proprement naturelles et qu'on pût croire réelles, mais au contraire sous des traits incompatibles avec la réalité. La réalité est déterminée, définie ; l'idéal, tel que Winckelmann et Quatremère de Quincy le définissaient, était quelque chose de général, conséquemment d'indéterminé. Une figure d'une beauté digne de la qualification d'idéale devait, par l'absence de telles et telles particularités, se tenir comme à distance et au-dessus de l'existence réelle et individuelle. C'était mettre en honneur ces abstractions, ces idées incomplètes dont Aristote, Berkeley, Leibniz, avaient montré l'insuffisance. Les modernes partisans de l'idéal s'autorisaient de la théorie platonicienne, qui semble faire d'idées de cette nature les types suprêmes de la perfection. Ils s'autorisaient surtout des exemples de l'art antique, redevenu l'objet d'une admiration enthousiaste, mais qu'on ne connaissait encore qu'imparfaitement, par des monuments appartenant pour la plupart à des époques de décadence relative où, avec les traditions et conventions remplaçant l'inspiration des grandes époques, on voit dominer d'ordinaire les règles générales et les formules abstraites.

Cependant les sculptures et bas-reliefs qui décoraient le Parthénon furent apportés dans notre Occident. On reconnut alors, ce que les monuments de la littérature grecque auraient dû suffire à enseigner, que si l'art grec, au temps où il avait atteint son apogée, n'avait peut-être pas encore pénétré aussi loin qu'il se peut dans les profondeurs de la vie, il avait néanmoins imprimé à tous ses ouvrages, avec la beauté la plus haute, un caractère frappant de vérité. Un artiste très applaudi dans un genre tout différent et bien plus conforme aux théories de Quatremère de Quincy, qui le mettait au-dessus des anciens, Canova, n'en sut pas moins apprécier Phidias; il annonça que l'étude des ouvrages du grand statuaire athénien produirait quelque jour dans l'art une révolution. Elle a produit du moins un notable changement dans les idées, et fait perdre à la théorie de l'idéal abstrait, opposé à la nature, presque tout son crédit. Victor Cousin, néanmoins, en resta à cette théorie qui avait séduit sa jeunesse. Dans sa dissertation sur le *Beau réel et le Beau idéal*, datée de 1818, on lit : « L'idéal dans le beau comme en tout est la négation du réel. L'idée est le général pur, » etc. Dans ses leçons sur le *Beau* et dans les dernières éditions revues et corrigées de cet ouvrage, aussi bien que dans les premières, le beau idéal est représenté comme une qualité générale, abstraite de toute particularité et incompatible avec l'existence réelle, objet, en un mot, non de perception, mais de simple conception. A la vérité, dans ces mêmes leçons Victor Cousin reconnaît que, si l'art se distingue de la nature, il ne saurait lui être opposé, et qu'une œuvre d'art ne peut être belle si elle n'est vivante. Mais ajouter, comme il le fait aussitôt, que ce n'est pas de la vie réelle que l'œuvre d'art doit sembler animée, mais d'une vie idéale, c'est rentrer définitivement dans la théorie qui représente l'idéal comme inconciliable avec la réalité et l'exclut de l'existence. Aussi Victor Cousin combattait-il, avec Quatremère de Quincy, la pensée qu'une œuvre d'art reproduisant une chose vivante dût présenter l'apparence de la vie réelle, pensée qui a été pourtant celle de tous les grands maîtres, et qu'adopta elle-même cette philosophie à laquelle l'éclectisme aimait à se rattacher, la philosophie socratique et platonicienne. « Comment s'y prendre, demande quelque part Socrate à un statuaire, pour produire cet effet qui nous touche le plus, à savoir que les statues semblent vivre? » — Et le statuaire répond : « Il faut les former sur le modèle des vivants. » Pascal a dit dans le même sens: « Il faut de l'agréable et du réel; mais il faut que cet agréable soit lui-même pris du vrai. »

Victor Cousin, dans son esthétique, demeura donc toujours fidèle à cette doctrine qui faisait planer en quelque sorte au-dessus de la réalité des choses individuelles une généralité abstraite, sur laquelle l'art devait toujours se régler; et cette doctrine fut sa philosophie tout entière.

A la vérité, pour la beauté même, il ne se contenta pas entièrement d'une notion tout à fait générale et indéterminée d'idéal : avec Reid, il vit dans le beau l'expression de la perfection morale, l'expression du bien. Mais ce bien même, qu'était-ce? C'est ce qu'il n'essaya pas de définir. Et, d'une manière générale, cet élément supra-sensible que la raison, selon sa théorie, nous révèle à l'occasion des perceptions particulières et sensibles, rien à en dire de déterminé, puisqu'on n'en a, à proprement parler, aucune connaissance, mais une conception seulement. Il en est ainsi du bien et du vrai ; il en est ainsi de l'âme et de Dieu. Nous jugeons de Dieu par l'âme ; et l'âme elle-même, nous en jugeons seulement par les phénomènes qui apparaissent en tel et tel instant à la conscience. Quelque recours qu'on ait à l'induction, comment entendre par le relatif l'absolu, par l'accident la substance, par le sensible le supra-sensible ? Dire que la raison nous révèle sous les accidents une substance, au delà des effets une cause, n'est-ce pas indiquer seulement, au delà du positif qui fournit l'expérience, un je ne sais quoi dont on ne peut rien affirmer que ce qu'on emprunte à ce positif même ? Recourir, pour rendre raison de l'existence des hommes en particulier, à un homme général ou idéal qui en serait le type, disait Aristote, c'est simplement doubler ce qu'il s'agit d'expliquer. Ces entités, indéfinissables par elles-mêmes, dont on peut seulement dire qu'à l'occasion des faits on en conçoit les idées, que sont-elles sinon une sorte de reflet ou de décalque de ces faits dans notre entendement ? On ne peut s'empêcher de se rappeler ici cette opinion de Hume, résumé de tout l'empirisme sensualiste, que les idées ne sont autre chose que des copies affaiblies des impressions.

Le principe de cette opinion, c'est en effet la croyance, essentielle à l'empirisme sensualiste, suivant laquelle on n'a la connaissance immédiate que de simples phénomènes.

En 1834, Victor Cousin publia un recueil de plusieurs ouvrages de Maine de Biran, restés jusque-là manuscrits. En étudiant de plus près, à cette occasion, sa pensée, jusque-là mal connue, il en apprécia mieux que par le passé la justesse et la profondeur, et, dans la préface qu'il mit en tête du recueil, il se montra peu éloigné d'admettre, avec l'auteur des *Nouvelles considérations sur les rapports du physique et du moral*, que la science de l'esprit, ayant pour base, non la connaissance de simples phénomènes, mais la conscience immédiate de leur cause, la méthode ne pouvait y être celle dont Bacon avait tracé les règles.

Peu d'années après, le plus éminent des élèves de Victor Cousin, Théodore Jouffroy, au lieu de la doctrine qu'il avait professée jusqu'alors, en adoptait une tout opposée. Longtemps il avait appliqué toutes les ressources d'un esprit naturellement méditatif et très pénétrant à exécuter le plan que son maître avait tracé, à recueillir soigneusement ce qu'ils appelaient l'un et l'autre les faits psychologiques ou intérieurs, pour en tirer plus tard, au moyen de l'induction, la solution des questions métaphysiques, surtout des questions qui se rapportent à l'existence de l'âme et à celle de Dieu.

S'apercevant sans doute du peu de succès de son entreprise, peut-être aussi subissant à son tour l'influence des idées exprimées par Maine de Biran, il en vint à reconnaître que cette proposition, qui avait été jusque-là le fondement de tous ses travaux, à savoir que les phénomènes seuls étaient un objet de connaissance immédiate, que cette proposition était plus que douteuse.

Dans un *Mémoire sur la légitimité de la distinction de la psychologie et de la physiologie*, lu à l'Académie des sciences morales et politiques, il dit en propres termes que l'homme a conscience d'autre chose que de simples phénomènes; qu'il atteint en lui-même le principe qui les produit, et qu'il appelle « moi »; que l'âme se sent comme cause de chacun de ses actes, comme sujet dans chacune de ses modifications, et il ajoute : « Il faut rayer de la psychologie cette proposition consacrée: l'âme ne nous est connue que par ses actes et ses modifications. »

L'auteur, étranger d'ailleurs à l'école éclectique, d'un *Essai sur la métaphysique d'Aristote* (1837-1840), où il avait exposé comment celui qui créa le nom même de la science du surnaturel, et qui la constitua le premier, lui donna pour principe, au lieu du nombre ou de l'idée, entités équivoques, abstractions érigées en réalités, l'intelligence qui, par une expérience immédiate, saisit en elle-même la réalité absolue d'où toute autre dépend, cet auteur, dans un travail sur la *Philosophie contemporaine*[1], publié à l'occasion de la traduction des *Fragments de philosophie* de Hamilton, par M. Louis Peisse, fit ressortir la différence considérable qui séparait la maxime proclamée par les Écossais et par Victor Cousin, selon laquelle il n'y aurait de connaissance immédiate que des phénomènes, et celle que Maine de Biran avait établie, que Victor Cousin semblait alors ne plus repousser, et à laquelle Jouffroy venait d'adhérer formellement. Il chercha à faire voir de plus que Maine de Biran, en plaçant comme au delà de la force active dont nous avons conscience l'absolu de notre substance, n'était pas lui-même parvenu tout à fait à ce point de vue intérieur où l'âme s'aperçoit en son fond, qui est tout activité, sans qu'il soit nécessaire ni possible de se figurer encore une substance inerte qui la porte. Quoi qu'il en soit, et dût-on en rester où parvinrent Maine de Biran et Jouffroy, c'était assez, remarquait-il, pour renoncer à ce parallélisme spécieux qu'on avait voulu établir entre la méthode des sciences physiques et celle de la philosophie.

Si, dans les sciences de la nature, on procède des effets à ce qu'on appelle les causes, comme d'un terme à un autre terme dans une série homogène toute physique, c'est que ce qu'on y appelle cause d'un fait n'est que ce fait même, abstrait de circonstances accidentelles et indifférentes, et réduit ainsi à une plus grande généralité, et que les circonstances, physiques comme ce fait, auxquelles il est lié. Dans la psychologie on peut, sans doute, pour l'étude des lois des phénomènes internes dans leurs simples rapports de succession ou de simultanéité les uns avec les autres, procéder d'une manière semblable;

---

[1]. *Revue des Deux Mondes*, 1840.

mais la vraie cause, celle qui produit le fait, qui est comme l'âme de ce corps, ce n'est pas en suivant une telle marche, ce n'est pas par une telle voie qu'on pouvait y arriver.

Considérer ce qu'on nomme des phénomènes intérieurs, abstraction faite de soi-même, pour s'en conclure ensuite, c'est réellement en faire des phénomènes extérieurs, d'où jamais l'on n'arriverait à soi. « Comment comprendre, dit Jouffroy, que des pensées que j'aurais sans savoir que ce fût moi qui les eus, j'en vinsse jamais à moi? »

La vraie méthode psychologique, celle du moins qui s'étend jusqu'à ce que l'on nomme psychologie rationnelle ou métaphysique, ne doit donc pas, ce semble, être définie celle qui, de phénomènes dits internes ou de conscience, va par induction à leurs causes, mais celle par laquelle dans tout ce dont nous avons conscience, et qui est par le dehors, en quelque sorte, phénoménal et naturel, nous discernons ce qui est notre acte, qui seul doit être appelé proprement interne, et qui, à vrai dire, supérieur à toute condition d'étendue et même de durée, est, en son essence, surnaturel ou métaphysique; la vraie méthode psychologique est celle qui, du fait de telle ou telle sensation ou perception, distingue, par une opération toute particulière, ce qui l'achève en le faisant nôtre, et qui n'est autre que nous. Cette opération, c'est la réflexion; « la réflexion, disait Farcy dans la préface de sa traduction anonyme de Dugald Stewart, qui replie l'esprit sur lui-même et l'habitue à se saisir toujours dans son action vivante au lieu de se conclure des effets extérieurs ».

Après avoir rapporté le changement qui s'était fait, sous l'influence vraisemblablement des idées de Maine de Biran, dans les opinions de Jouffroy, et celui même qui paraissait alors commencer à se faire dans les opinions de Victor Cousin, on ajoutait, dans l'opuscule qui vient d'être mentionné, que l'école formée par ces maîtres illustres les suivrait sans doute dans la nouvelle voie où ils venaient d'entrer.

Adolphe Garnier, versé, comme Jouffroy, dans l'étude des philosophes écossais, consacra le plus considérable de ses ouvrages aux *Facultés de l'âme*. Attentif surtout aux différences des phénomènes qu'il étudiait, il en a discerné avec finesse un grand nombre ; peut-être a-t-il pris quelquefois des différences accidentelles pour des différences essentielles ; peut-être a-t-il, par suite, considéré comme indépendants des phénomènes réductibles les uns aux autres. On regrette aussi que, avec les psychologistes de l'école écossaise, il s'en tienne généralement, pour toute explication de notre nature, à rapporter les différentes sortes de phénomènes, après en avoir décrit les circonstances, à autant de facultés primitives, et qu'il s'arrête ainsi à ce premier degré de la science d'observation, que constitue la classification. Néanmoins, Adolphe Garnier, dans ce même ouvrage, le dernier qu'il ait publié, donna son adhésion à cette proposition : que l'âme humaine a une connaissance immédiate d'elle-même. S'il eût vécu davantage, ce principe adopté, il aurait su sans doute en tirer les conséquences, et du point de vue de la physique descriptive arriver à celui qui est propre à la métaphysique.

On peut en dire autant d'Émile Saisset, arrêté, comme Théodore Jouffroy et comme Adolphe Garnier, au milieu de sa carrière, par une mort prématurée.

M. Charles de Rémusat, sans contredire directement les opinions des philosophes écossais et de leurs disciples français sur la méthode, a remarqué dans ses *Essais* (1842) que la méthode expérimentale, telle qu'ils l'avaient décrite et recommandée, n'était pas tout, et qu'il fallait quelque chose de plus à la philosophie que leur observation et leur induction. Et dans son livre plus récent sur Bacon (1857) il dit : « Avec les méthodes de Platon et d'Aristote on dépasse la physique pour atteindre la métaphysique, tandis que, avec l'induction réglementée par Bacon, on doit s'arrêter à la dernière limite des phénomènes, sous peine de n'atteindre qu'à de pures idéalités. »

M. Adolphe Franck, M. Paul Janet, M. Caro, ont adopté dans ce qu'elle a d'essentiel la doctrine proclamée, après Maine de Biran, par Jouffroy. Dans leur enseignement et dans leurs ouvrages on remarque des tendances qui, si diverses qu'elles soient, les éloignent de plus en plus les uns et les autres de ce qui fut le point de départ de l'école éclectique.

Quant au chef de cette école, un moment ébranlé, il persista en définitive dans les opinions qu'il avait d'abord embrassées. Dans ce qu'il publia postérieurement à l'année 1840, et dans les nouvelles éditions qu'il donna depuis lors de ses anciens ouvrages, on ne retrouve plus, il est vrai, cette assimilation, qu'autrefois il avait si souvent reproduite, de la méthode de la philosophie à celle des sciences naturelles; mais il persista jusqu'à la fin à soutenir que nous ne connaissons directement de nous-mêmes que les simples phénomènes et aucunement la substance.

Comment, en effet, abandonner une proposition aussi essentielle à une philosophie fondée tout entière sur l'opposition absolue entre la perception directe et la conception, et, pour employer le langage de Kant, entre les « phénomènes », objets d'expérience, et les « noumènes, ou intelligibles », objets de la seule raison?

En 1840, un écrivain jusqu'alors inconnu, qui avait acquis dans la solitude un grand fonds de connaissances, surtout en mathématiques, et qui y joignait une remarquable puissance de style, Bordas-Dumoulin, présenta à l'Académie des sciences morales et politiques un mémoire considérable sur *Le Cartésianisme*, qu'elle couronna, et qui fut publié en 1843. L'auteur de ce mémoire faisait ressortir avec force l'immense valeur des découvertes philosophiques, mathématiques, physiques de Descartes. En même temps il montrait comment elles dépendaient en très grande partie de la manière dont l'auteur de cette grande parole : *cogito, ergo sum*, avait, par la réflexion qu'elle résume, « rappelé la pensée à elle-même ». L'ouvrage de Bordas-Dumoulin exaltait, aux dépens du législateur de l'induction, les mérites, supérieurs encore, du rénovateur de la philosophie. Il ne fut pas, ce semble, sans influence sur le changement que subirent alors les idées et le langage de l'auteur du moderne éclectisme.

Depuis la publication de l'opuscule sur la *Philosophie contemporaine* dont nous avons parlé plus haut, l'éclectisme cessa presque entièrement de s'appuyer, pour la question générale de la méthode, sur Bacon ; à partir de la publication du *Cartésianisme*, il se réclama uniquement de Descartes.

Mais le Descartes qu'invoque Victor Cousin n'est pas celui de Bordas-Dumoulin ; ce n'est pas non plus l'auteur de la *Géométrie* et de la *Dioptrique*, ni même celui des *Principes* et des *Méditations*. Dans cette maxime qui, de l'aveu de Descartes, inspira tous ses travaux, et qu'adopta Leibniz, savoir que « toutes les vérités doivent s'entre-suivre comme s'entre-suivent celles qui font l'objet des spéculations des géomètres », Victor Cousin voit une erreur funeste. « Le démon de la géométrie fut, dit-il, le mauvais génie de Descartes ; » expressions qui se retrouvent chez Émile Saisset. Du cartésianisme, l'éclectisme ne retient guère que ce principe, que la philosophie commence par *je pense*, d'où elle s'élève jusqu'à Dieu. Mais ce principe même, Victor Cousin ne l'entend pas comme Descartes. Dans la proposition par laquelle celui-ci énonça avec une simplicité et une netteté toutes nouvelles cette grande idée que notre être se retrouve et se possède tout entier dans la pensée, Victor Cousin ne vit jusqu'à la fin, malgré quelques variations, que l'observation des faits de conscience compris comme de purs phénomènes, avec la notion indéterminée d'un être, d'une chose inconnue, pour les supporter. C'est le cartésianisme sans son étendue et sans sa profondeur : sans l'étendue que lui donne la conception de la liaison rationnelle de toutes choses, d'où la portée infinie de la raison ; sans la profondeur que lui donne la conception de la réflexion intérieure, atteignant par elle seule, au delà de tout ce que les actes particuliers ont de relatif, l'absolu de la nature spirituelle.

L'éclectisme, en continuant de développer les imperfections, les erreurs que renfermaient les systèmes où l'on expliquait tout par les sens, et les conséquences morales, sociales, esthétiques qui s'en déduisaient, et en exaltant au contraire la beauté des idées et des choses de l'ordre rationnel, se contenta d'ailleurs, de plus en plus, de préconiser, comme seule capable de conduire, par les degrés nécessaires, à cet ordre supérieur de connaissances, la méthode, qu'il avait nommée psychologique, d'observation et d'induction. Retiré comme à part de toutes sciences, soit physiques, soit mathématiques, il se renferma de plus en plus, pour ce qui concernait la philosophie même, dans le cercle qu'il s'était tracé de spéculations relatives à la classification des faits intellectuels et moraux, spéculations plus logiques encore, selon la remarque de Maine de Biran, que réellement psychologiques. Après avoir abandonné quelques propositions générales, par lesquelles il avait paru d'abord tendre, à la suite de Schelling et de Hegel, à une sorte de système de cosmologie panthéistique, après avoir renoncé à toute tentative pour expliquer les choses de la nature, Victor Cousin avait fini par déconseiller presque entièrement, dans les parties de la philosophie où l'on traite de l'existence de l'âme et de celle de Dieu, tout procédé régulier de raisonnement, et par improuver la logique presque à l'égal de la géométrie. En dernier lieu, sa doctrine se réduisait ou tendait visiblement à se réduire à des généralités, formant une sorte d'introduction à cette partie de la psychologie qui traite de l'origine des idées, généralités se résumant toujours dans ces assertions où se retrouvait, avec des expressions qui, selon une remarque de Schelling, semblent empruntées à la phraséologie semi-mystique de Jacobi, la manière de voir de Reid et de Stewart : que l'expérience nous faisait connaître les phénomènes seulement, et que la raison nous révélait, à leur occasion, par un procédé singulier et comme par un inexplicable miracle, des choses d'un ordre tout différent, objets, non de perception, mais de pure conception.

L'éclectisme, en même temps, se tenait à l'écart, non sans quelque sécheresse scolastique, des choses de l'âme, du cœur, qui a pourtant aussi, et plus encore peut-être, ses révélations. En recommandant l'accord de la philosophie et de la religion, et même en se faisant fort d'y travailler efficacement, c'était le plus souvent à la religion, comme le firent remarquer plusieurs des théologiens qui le combattirent, qu'il paraissait adresser les qualifications défavorables par lesquelles il caractérisait le mysticisme ; tout ce qu'elle avait de solide semblait, à son sens, consister dans ce peu qu'il attendait de la raison, et le vrai de la charité dans ce qu'il enseignait de la justice.

Après avoir gagné une grande partie des intelligences d'élite, soit par la tendance toujours élevée de ses théories morales, soit par le concours qu'il apportait à l'école qui, dans l'art, aspirait surtout à la beauté, il se trouvait enfin ne satisfaire ni les esprits scientifiques, ni les âmes religieuses. Longtemps, dans ces termes à la fois généraux et figurés dont il aimait à se servir, on avait cru trouver de quoi répondre aux principales questions de la philosophie. On s'apercevait, à la fin, que ces termes le plus souvent ne contenaient point ce qu'on eût voulu savoir. L'éclectisme avait annoncé, avait promis beaucoup, et le prestige de l'éloquence de son auteur avait contribué à en faire beaucoup attendre. De plus en plus on devait reconnaître, dans le philosophe qui avait fait naître tant d'espérances, un orateur auquel, comme aux orateurs en général, s'il faut en croire Aristote, le vraisemblable, à défaut du vrai, suffisait. Là où l'on s'était cru convaincu, on avait cédé le plus souvent à la séduction, plus puissante peut-être à l'époque où l'éclectisme s'était produit, de la parole ou du style. D'autres temps étaient venus; on eût préféré désormais sous des formes moins brillantes, s'il le fallait, un fond plus riche, moins de littérature peut-être, et plus de doctrine.

Par toutes ces causes diverses et d'autres encore, l'éclectisme, dans ces dernières années, quoique encore en possession presque partout de l'enseignement public, avait beaucoup perdu de son crédit et de son influence.

III

Lamennais fut de ceux que l'éclectisme ne contenta point. Dans ces exposés généraux, presque entièrement relatifs à la question de l'origine de nos connaissances, il ne voyait presque rien qui répondît à l'idée qu'il se faisait d'une philosophie. Loin de consentir à se renfermer dans ce qu'il appelle le « moi solitaire », la philosophie lui semblait devoir être un essai d'explication universelle. Dans un ouvrage considérable, intitulé *Esquisse d'une philosophie*, à la composition duquel il s'était préparé par de longues études dans diverses sciences et divers arts, il essaya, ainsi que l'avaient fait en Allemagne les auteurs des systèmes les plus récents, de faire voir comment, soit dans l'ordre physique, soit dans l'ordre moral, tout était composé, quoique dans des proportions différentes, de principes identiques, lesquels n'étaient autres que les éléments nécessaires d'un premier et universel principe, de l'être absolu et infini.

L'idée la plus générale à laquelle on puisse s'élever, idée sans laquelle l'entendement n'est pas possible, et qu'on ne peut nier que des lèvres, est, disait Lamennais, l'idée de l'être, l'être indépendant de toute spécification, de toute limitation, l'être infini qu'on nomme Dieu. L'être absolu n'est pas seulement le fond de la pensée, il est aussi celui de l'existence ; il est l'existence antérieure à toute limitation. Cependant, pour exister, il faut, selon Lamennais, qu'il ait des propriétés ; il faut qu'il y ait en lui, outre l'unité radicale de sa substance, une énergie qui la réalise ; il faut qu'il y ait en lui quelque chose qui imprime à cette réalisation une forme ; il faut enfin, l'énergie déployée dans la forme, quelque chose encore qui la ramène à l'unité radicale ; ce quelque chose est la vie. Force, forme, vie, ou, si l'on se place au point de vue intérieur, qui est celui de l'esprit, puissance, intelligence et amour, tels sont les trois éléments essentiels, intégrants de l'essence divine ; ce sont les éléments de la trinité chrétienne.

Ainsi l'essence divine n'est pas seulement une ; il s'y trouve en même temps un principe de distinction et de pluralité. Infinie, le fini a en elle sa racine : de là la possibilité, dans la simplicité de la substance, de trois éléments différents. Pareillement dans le second de ces trois éléments, dans celui par lequel la substance, se déterminant, prend forme, une infinité de différences est possible ; ce sont celles par lesquelles se distinguent les unes d'avec les autres toutes les formes sous lesquelles peut se réaliser le principe de la forme, toutes les idées que l'intelligence peut contenir ; c'est ce monde des intelligibles que le platonisme et la théologie chrétienne faisaient voir renfermé dans l'unité du Verbe.

La distinction s'achève, les différences se décident en passant du possible au réel par la création. « La création, disait le profond mystique Olier, est Dieu rendu sensible. » Pour Lamennais, la création est la manifestation successive, dans l'espace et le temps, de tout ce qui est en Dieu. C'est l'unité de Dieu projetée, par une sorte d'immolation, de sacrifice, dans la diffusion de l'étendue, puis, par le développement des puissances divines, dans ces ordres successifs, où vont croissant tout ensemble la complexité et l'unité, des choses inorganiques, des êtres organisés, et enfin des personnes intelligentes et libres, revenant et ramenant tout à elles-mêmes. A tous les degrés de ce développement progressif, en chaque chose se retrouvent les deux éléments opposés que renferme l'essence absolue. Chaque chose appartient au fini par ce qui la termine, et par le fond de son être à l'infini.

Ce qui limite, ce qui est la limite même, introduisant partout division et multiplicité, et qu'en effet on ne comprend que par la négation de son contraire, c'est, comme l'avaient pensé Platon, Plotin et Leibniz, ce que nous appelons la matière; ce qu'elle arrête et interrompt, et qui, de soi, est illimité, infini, c'est la pensée, l'intelligence, c'est l'esprit. La matière et l'esprit composent tout ce qui est. Aux degrés inférieurs de la création la matière domine, et avec elle la nécessité; aux degrés supérieurs, l'esprit; avec l'esprit, la liberté. De ces deux éléments, combinés dans des proportions différentes, résultent, dans le progrès de la création, les reproductions différentes, de plus en plus complètes, des trois puissances divines, de sorte qu'en chaque être il y a quelque chose de tout ce qu'est Dieu.

La matière a pour propriétés essentielles, en premier lieu, d'occuper de l'étendue, et c'est ce qu'on nomme l'impénétrabilité; secondement, d'occuper l'étendue sous une figure, quelle que soit cette figure; troisièmement, d'avoir ses parties liées, réunies par une attraction, puisque, sans quelque degré de cohésion, aucune figure n'est possible. L'impénétrabilité est la réalisation dans l'ordre physique de la force; la figure, celle de la forme ou de l'intelligence; l'attraction, celle de la vie ou de l'amour.

Kant, dans ses *Principes métaphysiques de la physique*, remettant en usage et exprimant avec une précision toute nouvelle des idées presque contemporaines de l'origine de la philosophie, avait proposé une explication générale de la constitution des corps et des phénomènes naturels par deux forces antagonistes comme la force de projection des astres et leurs forces centrales, savoir une force d'expansion, produisant l'étendue, l'impénétrabilité, l'élasticité, et une force d'attraction, principe de la cohésion, d'abord, ensuite de toutes les sortes d'affinités. M. de Rémusat, dans un chapitre de ses *Essais*, a adopté ces idées et en a donné un lucide exposé. Ce sont à peu près les mêmes que Lamennais développa, mais en les rapportant, comme à leurs premiers principes, aux idées des propriétés fondamentales de l'être.

De la métaphysique de la nature si l'on passe à la nature même, on trouve, selon Lamennais, pour première matière, dont tous les corps sont composés, l'éther. Au commencement des choses, un océan d'éther sans limites. Au sein de la substance éthérée, une triple action représente et reproduit l'action mutuelle des trois premiers principes : cette triple action est celle de l'électricité, de la lumière et de la chaleur. De la substance éthérée, travaillée par ces trois agents, se forment les gaz élémentaires dont les condensations et les combinaisons différentes ont donné naissance à tous les corps : d'abord des nébuleuses, comme nous en voyons encore en voie de formation dans certaines régions sidérales; un noyau plus dense s'y produit, l'analogue du noyau de la cellule, élément primitif de tout corps organique; à l'entour, une atmosphère que borne une enveloppe extérieure. Ainsi naquirent les mondes, déroulant par degrés, dans des espaces de plus en plus vastes, l'interminable immensité; ainsi se produisent tous les ordres de créatures, développant dans leurs constitutions de plus en plus riches et complètes l'inépuisable infinité de l'être; et dans chaque ordre nouveau un nouveau degré, un degré plus élevé des puissances radicales, représentations des éléments primordiaux de l'absolu. Tandis que, dans les choses non organisées qui composent l'ordre minéral, il n'y a qu'assemblage, sans unité véritable et sans aucune conscience, de parties homogènes, les êtres organisés forment des individus, avec quelque connaissance du relatif et quelque obscure conscience d'eux-mêmes; les êtres intelligents et libres, avec la connaissance et de ce qu'ils sont, et de leur relation à l'absolu, constituant, à l'image de l'absolu lui-même, des personnes.

Dans les choses non organisées, c'est le principe inférieur de la limite ou de la matière, et par conséquent de la division, qui domine; chez les personnes intelligentes et libres, c'est, avec l'unité, victorieuse de la plus diverse multiplicité, l'infini. Et de même si, dans les choses privées de vie, c'est la première des trois puissances de l'essence absolue, si c'est la force qui domine, chez les êtres qui pensent et qui sentent, chez les personnes, c'est la troisième et plus haute puissance, c'est l'amour.

L'être absolu donne naissance aux choses en s'abaissant en quelque sorte aux conditions de l'existence finie et comme par un perpétuel sacrifice. La création n'est qu'un don perpétuel de lui-même, et la fin de chacune de ses créations est de se dissoudre pour servir à une création nouvelle : afin que tous vivent, il faut que chacun meure. Mais c'est le propre de la créature intelligente et libre, c'est sa destinée par excellence, que de s'immoler elle-même aux fins de la création entière et, en dernière analyse, à l'infini. Ainsi se ferme par l'amour le cycle que l'amour ouvrit. Dieu créa le monde en se donnant, en se communiquant. A l'instar du créateur, tout se communique à tout. Chaque chose vit d'autres choses et, à son tour, sert à d'autres vies. La création est comme un banquet où tous se donnent en nourriture à tous, et, puisque de Dieu vient toute substance, tous en définitive vivent et se nourrissent de Dieu.

Mais à l'intelligence et à la volonté seules, libres en elles-mêmes des limitations et des imperfections de la matière, se communique d'une manière directe et immédiate l'essence immatérielle qui est infinité et perfection, et c'est de l'âme intelligente et libre qu'on peut dire, sans aucune restriction, qu'elle se nourrit de Dieu.

De la considération des existences si l'on passe à celle de la connaissance, même ordre, même progrès. On connaît par les sens le réel des choses particulières, variables et limitées. Par l'intelligence seule on connaît le vrai, l'invariable, le nécessaire, en un mot, l'infini et l'absolu; l'infini, l'absolu, c'est-à-dire la cause, la raison de tout le reste. Les choses particulières, objets des sens, ne sont, en effet, que des applications de types intelligibles, objets de la seule raison, qui, en définitive, se réduisent aux diverses combinaisons possibles des propriétés de l'Être infini et absolu, par conséquent aux propriétés primordiales et à l'Être qui en est le fond. « Concevoir, connaître, c'est, dit Lamennais, pénétrer au delà des phénomènes jusqu'à la raison des phénomènes et les embrasser d'une même vue : c'est donc le caractère de l'intelligence que la perception de l'infini ou la vision directe de l'Être un qui renferme en soi, avec les éternels exemplaires des choses, leur loi, leur raison, leur cause substantielle. » Ainsi se complèts le fait par l'idée, l'observation par la pensée, l'expérience par la théorie, la science par la philosophie.

De même enfin, dans l'exercice de ses facultés actives, l'homme commence par le travail qu'exige la satisfaction de ses besoins matériels, de ceux des éléments inférieurs de son être : c'est le travail qu'on nomme l'industrie; à l'industrie il ajoute ensuite l'art, à l'utile il joint le beau. Le beau, c'est l'infini manifesté dans le fini, l'absolu dans le relatif, le spirituel dans le matériel, par conséquent la révélation, dans des choses qui sont l'objet de nos sens et par des formes de perfection et de valeur différentes, des puissances intelligibles qui constituent la nature même de l'être.

Par ces idées, appliquées soit aux principales sphères des sciences, et surtout des sciences physiques, soit aux principales branches de l'art, Lamennais rassemble, dans des généralités souvent lumineuses, et presque toujours sous des formes élégantes et de vives couleurs, nombre de théorèmes particuliers, et la philosophie générale des sciences et des arts lui sera, sur plus d'un point, redevable.

Ce que l'*Esquisse d'une philosophie* semble le plus laisser à regretter, c'est que les principes dont tout le reste dépend ou devrait dépendre n'y sont peut-être pas puisés à leur vraie source, ni scientifiquement déduits; et c'est à quoi on peut attribuer en grande partie ces répétitions continuelles, résultat d'un travail irrégulier, sans cesse recommencé.

Dans son premier et célèbre ouvrage sur *l'Indifférence*, opposant aux incertitudes de la philosophie la certitude de la religion, Lamennais avait exprimé l'opinion, commune d'ailleurs à plusieurs écrivains de la même époque, que par la raison, qu'il appelait la raison individuelle, on ne pouvait rien établir; que nous ne pouvions tenir les vérités fondamentales, desquelles toutes les vérités de l'ordre moral dépendaient, que de la tradition universelle, dont la source avait été une révélation primitive, et dont le dépôt était confié à l'Église catholique, qui avait été instituée pour le garder intact à tout jamais. C'est la doctrine qui, après avoir eu grande faveur parmi les théologiens, fut enfin rejetée et condamnée par l'Église elle-même, sous le nom de traditionalisme, comme préjudiciable aux droits nécessaires de la raison. Dans les premières pages de son *Esquisse*, lesquelles, au reste, datent sans doute d'une époque peu éloignée de celle où fut composé l'*Essai sur l'indifférence*, Lamennais répète que, livré à son sens individuel, le philosophe ne peut sortir des hypothèses arbitraires et des paralogismes, qu'il doit demander ses principes aux croyances universelles, et que la théologie catholique en a seule l'authentique tradition. En conséquence, c'est dans la doctrine théologique sur Dieu, c'est dans le dogme de la Trinité que l'auteur de l'*Esquisse d'une philosophie* puise les éléments qui lui paraissent devoir être ceux d'une explication universelle, les éléments de la nature divine. Ces idées premières que la foi lui impose, il ne les soumet qu'à une analyse superficielle, à une rapide et insuffisante critique; et, les principes imparfaitement définis, toutes les applications et toutes les conséquences portent le même caractère et demeurent dans la même indétermination : de là peu de rigueur scientifique, et, au lieu d'une chaîne de raisons, une suite d'analogies qui ne sont quelquefois que spécieuses. Si Lamennais eût mené plus loin son œuvre, si à l'étude du monde physique, qui en forme le principal objet, il eût ajouté l'étude spéciale et approfondie de ce monde intellectuel et moral qu'il estime antérieur à l'autre, peut-être y eût-il reconnu l'origine première des principes que d'abord il avait cru devoir tirer de la tradition et de la théologie; peut-être ces principes s'y fussent-ils montrés à lui dans une plus vive lumière et sous des formes plus précises, et en eût-il déduit des conséquences plus rigoureuses et plus étroitement enchaînées.

Dans le quatrième et dernier volume de l'*Esquisse*, qui ne fut publié qu'en 1846, à une époque où, entièrement séparé de toute communion religieuse, Lamennais devait se rattacher d'autant plus étroitement à la philosophie, il ne fait plus aucune mention ni de traditions ni de théologie; il donne pour critérium aux conceptions de l'esprit les phénomènes naturels, aux phénomènes les conceptions de l'esprit; en sorte que la vraie science n'est, dit-il, ni la connaissance de simples phénomènes, pur matérialisme qui se réduirait à des sensations ne formant aucune science, ni la connaissance des essences ou des causes absolues toutes seules, spiritualisme pur qui ne comprendrait que des hypothèses logiques non vérifiées; mais qu'elle est une science naturelle et spirituelle tout ensemble. Puis de cette doctrine, incertaine encore et même contradictoire, où, par un diallèle manifeste, l'idée est la preuve du fait et le fait la preuve de l'idée, il s'avance, un peu plus loin, à cette autre doctrine, où, des deux éléments opposés entre lesquels flottait sa pensée, celui qu'il nomme l'élément spirituel l'emporte enfin, doctrine suivant laquelle la plus haute certitude est celle qui dérive immédiatement de la raison.

Enfin si, dans les premiers volumes de l'*Esquisse*, la nature divine semble quelquefois conçue et définie comme l'être en général, qui ne se distingue pas réellement des êtres particuliers, tel à peu près que l'a entendu Rosmini ; si, en outre, ce qu'on y appelle le fini, et en quoi consistent proprement les êtres particuliers, y est quelquefois représenté comme un principe nécessaire à l'égal de l'infini, qui est l'être universel et absolu; si, par conséquent, on a pu accuser la doctrine que ces volumes renferment de rouvrir la voie que le spinosisme avait frayée, et de conduire à l'identification de la création et du créateur, dans les derniers livres Lamennais explique avec plus de netteté comment, à son sens, le principe de la distinction et de la limitation étant inhérent à la nature divine, néanmoins ce n'est que par un acte de la divine volonté que d'idéal ce principe devient réel, effectif, et que la création commence; qu'à l'infini, à l'absolu seul appartient l'existence nécessaire; et qu'enfin l'infinité véritable, impliquant la plénitude de l'être, implique l'intelligence, la volonté, la personnalité. Comment naîtraient en ce monde l'intelligence et la volonté, si elles ne naissaient de lui? D'où il suit enfin que Dieu, comme toute intelligence, ne faisant rien que pour un but, si la création est soumise dans son développement à des lois nécessaires, qui découlent des lois mêmes de la nature divine, elle n'en est pas moins une œuvre libre, et que la cause finale ou le bien est, comme l'avaient dit Platon et Aristote, la raison dernière de toutes choses.

IV

Lamennais voulait substituer à la psychologie, selon lui entièrement stérile, de l'école éclectique une métaphysique de laquelle devaient sortir les lois de la physique générale, et que la plus haute fin de la physique était de contribuer à démontrer. Un mouvement tout différent ramenait sur la scène, quoique sous des formes nouvelles, la philosophie dont les travaux de Maine de Biran et d'Ampère et l'enseignement de Royer-Collard et de Victor Cousin avaient détruit la prépondérance, et que Lamennais rejetait avec eux, celle qui explique tout par les sens et qui ramène tout, en dernière analyse, au physique. L'origine de ce mouvement peut être rapportée aux systèmes par lesquels on essayait, au milieu des ruines du moyen âge, renversé par la Révolution, de poser les bases d'une nouvelle constitution sociale, systèmes qu'en conséquence on a désigné par le nom de socialistes.

Tandis que, sous l'influence prépondérante des dogmes que le christianisme avait opposés d'abord à la corruption de l'antiquité dégénérée, le moyen âge avait été constamment dominé par la préoccupation d'un royaume d'en haut avec lequel le royaume d'en bas, le monde, ne présentait presque que des oppositions, et que, par conséquent, le caractère général des théories relatives à l'ordre moral avait été un mysticisme dédaigneux, à l'excès quelquefois, des choses de la terre; au contraire, la pensée dominante, exclusive même, du socialisme fut de réaliser ici-bas l'ordre parfait et la félicité que le moyen âge réservait à une existence toute surnaturelle : au lieu du ciel, la terre.

On a vu souvent dans l'idée d'un progrès universel un caractère principal de la philosophie de notre temps, et l'on en a fait honneur à Condorcet. Il est vrai pourtant que cet honneur doit revenir à des penseurs d'un ordre plus élevé, à Pascal et à Leibniz. Pascal a dit que l'humanité doit être considérée comme un même homme qui subsiste toujours et qui apprend continuellement. Leibniz, exprimant une vue plus étendue encore : « Ce qui met le comble à la beauté et à la perfection des œuvres divines, c'est que l'univers marche sans cesse, et du mouvement le plus libre, vers un ordre de plus en plus complet. » Même dans la béatitude céleste, il veut qu'il y ait du mouvement et du progrès : « Notre bonheur ne consistera jamais et ne doit point consister dans une pleine jouissance où il n'y aurait plus rien à désirer, et qui rendrait notre esprit stupide, mais dans un progrès perpétuel à de nouveaux plaisirs et à de nouvelles perfections. » Condorcet, imbu des principes d'une philosophie à demi matérialiste, ne fit, en exposant la pensée d'un progrès universel, que la limiter aux conditions de l'existence naturelle et terrestre. De même les socialistes, et d'abord le premier en date parmi ceux de notre époque, Henri de Saint-Simon.

Selon Saint-Simon, le christianisme, au nom d'un Dieu tout esprit, avait frappé la chair d'un injuste anathème ; le moyen âge l'avait méprisée, opprimée ; l'âge moderne devait la réhabiliter. Pour cela il fallait comprendre que Dieu était à la fois chair et esprit. Méprisant la chair, la matière, le moyen âge avait tenu en mépris ceux qui dans l'ensemble de la société étaient principalement occupés des choses matérielles et charnelles, autrement dit le peuple, et glorifié ceux qui s'occupaient des choses de l'esprit. Les temps modernes devaient réhabiliter le peuple ; leur tâche était, selon une formule empruntée par Saint-Simon à Condorcet, de travailler à améliorer le sort de la classe la plus nombreuse et la plus pauvre. Telles furent les généralités, d'un caractère à peu près philosophique, qui servirent de principes à la doctrine qui se nomma, du nom de son auteur, la doctrine Saint-Simonienne. Enfantin y ajouta des développements où l'on trouve des marques souvent choquantes d'une sorte de culte des fonctions par lesquelles l'homme est le moins éloigné de l'animal. Le saint-simonisme, du reste, fut surtout, comme on sait, un système de politique générale et d'économie politique, où la philosophie tint peu de place.

Le but de l'auteur du système phalanstérien, de Charles Fourier, fut le même que celui de Saint-Simon : établir pour tous sur cette terre la félicité que le christianisme réserve, pour les élus, à une autre vie; seulement ce que Saint-Simon attend, à cet effet, d'une autorité à peu près absolue, Fourier l'attend de la liberté absolue de tous, liberté, c'est-à-dire, à son sens, satisfaction sans aucune contrainte de toutes les passions. Le monde physique, dit Fourier, s'explique, depuis Newton, par l'attraction mutuelle de toutes les parties de la matière; le monde moral doit s'expliquer par ce qu'on peut appeler l'attraction passionnelle, laquelle rapproche et associe les individus doués d'inclinations analogues et harmoniques. Toutes les misères, toutes les fautes sont le résultat de passions contrariées. Qu'on laisse à toutes les passions de tous un libre cours, et comme les molécules qui composent le monde physique s'harmonisent d'elles-mêmes selon leurs affinités, ainsi s'harmoniseront en se groupant, selon l'expression favorite de Fourier, dans de libres phalanges, ainsi formeront de pacifiques et fortunés phalanstères tous les individus qui forment les molécules constituantes du monde social.

Une telle conception supposait des opinions plus ou moins

nouvelles et particulières sur la nature des passions et, plus généralement, sur la nature humaine : c'est la part qui revient au fouriérisme dans le travail philosophique du temps où il apparut. Mais cette part fut petite ; le fouriérisme se signala par des hypothèses sur l'avenir du monde et de l'humanité aussi étranges que peu justifiées plutôt que par des observations justes et utiles.

C'est aussi le jugement que l'avenir portera, selon toute apparence, sur les idées de Pierre-Joseph Proudhon.

Proudhon tiendra sans doute toujours un rang distingué parmi les littérateurs de notre temps, non pas pour cela, peut-être, parmi les penseurs. « Ce n'est pas, a dit un homme qui fut meilleur juge en matière de science et de pensée qu'on ne le sait généralement, nous voulons dire Swedenborg, ce n'est pas une preuve d'entendement que d'être capable d'énoncer tout ce qu'on veut ; mais être capable de discerner que ce qui est vrai est vrai, et que ce qui est faux est faux, c'est là la marque et le caractère de l'intelligence. » Pour la philosophie d'ailleurs, l'intelligence elle-même, dans son acception la plus générale, ne suffit pas encore ; il y faut cette sorte d'intelligence qui se manifeste par l'ensemble et la suite des idées ; et ce n'est pas celle qu'on remarque chez Proudhon. Aussi, quoiqu'il ait touché en plus d'un de ses ouvrages à des matières philosophiques, on ne peut dire que jamais il ait exposé ni même laissé soupçonner ce qu'on peut appeler une philosophie. En somme, si l'audace des paradoxes par lesquels il se fit d'abord connaître, jointe à son talent littéraire, lui valut une grande notoriété, la science lui dut peu de chose, et il est permis de douter qu'il ait sérieusement songé à la servir.

V

Chez M. Pierre Leroux et Jean Reynaud, qui appartinrent aussi aux écoles socialistes, on voit les marques d'une poursuite sincère de la vérité philosophique.

Saint-Simon avait voulu reconstituer la société sur une triple base : les trois classes des industriels, des artistes, des savants, qui répondaient, selon lui, aux principales applications et, par conséquent, aux principales facultés de l'esprit humain. M. Pierre Leroux crut reconnaître en effet qu'il y avait lieu de distinguer dans la nature humaine trois grandes parties, correspondant à l'industrie, à l'art et à la science : la sensation, le sentiment, la connaissance. Le développement de cette idée remplit en grande partie sa *Réfutation de l'Éclectisme*.

Dans son livre intitulé *De l'Humanité* il s'efforça en outre de démontrer qu'avec ces trois facultés principales l'homme étant de plus perfectible, et perfectible indéfiniment, s'il devait atteindre la félicité, non, comme l'enseignait le christianisme, dans une vie céleste toute surnaturelle, mais, ainsi que le le disait Saint-Simon, dans les conditions où nous sommes, et sur cette terre même, ce ne pouvait être, pourtant, que dans une éternité d'existences successives. « Vous êtes, disait-il, donc vous serez; car être, c'est participer de l'être éternel et infini; » mais il n'y a pour cela aucune nécessité comme aussi il n'y a aucun moyen de sortir de nos conditions d'existence, essentielles à l'humanité. L'immortalité, en conséquence, ne devait consister qu'à renaître après la mort, à survivre le même et autre tout ensemble, dans les générations successives qui, tour à tour et à tout jamais, occuperont cette terre. A cet objection qu'on n'a point mémoire de vies antérieures, et que pourtant l'immortalité, pour un être intelligent et moral,

semble inséparable de la mémoire, M. Pierre Leroux répondait:
« Vivre, n'est-ce point changer ; changer, pour l'esprit, n'est-ce
pas nécessairement oublier? » Et il croyait trouver chez
Leibniz, comme chez tous les plus grands des philosophes et
des théologiens, des pensées qui confirmaient ses pensées.

Peut-être, au contraire, fut-ce plutôt la pensée de Leibniz,
comme ce fut celle de Platon, d'Aristote, de Plotin, de Descartes, au lieu que vivre et changer soient même chose, que
vivre, c'est triompher du changement, et à chaque instant se
ravoir de la mort; que vivre, pour l'esprit, c'est donc se
retrouver et se reconnaître toujours, c'est toujours, éternellement, se souvenir.

Ce qui subsistera surtout des spéculations de M. Pierre Leroux,
c'est l'idée, plus fortement exprimée qu'elle ne l'avait été depuis
Joseph de Maistre, qui la déduisait du dogme de la réversibilité, que l'humanité forme une unité réelle, substantielle, d'où
il suit que tous ses membres sont liés les uns aux autres par
une intime solidarité. Seulement, dans cette unité, telle que
la décrit M. Pierre Leroux, on ne voit rien de différent des
existences phénoménales dont elle devait expliquer les rapports,
sinon une de ces entités purement nominales dont les Aristote,
les Leibniz et les Berkeley ont montré le vide, et qui n'ont de
sens que celui que l'esprit leur donne en les façonnant, même
à son insu, d'après lui-même. S'il y a quelque chose en quoi
nous nous accordons tous, malgré nos dissidences, en quoi,
différents comme nous le sommes, nous sommes pourtant
identiques, ce n'est pas même assez, pour en rendre compte,
de ce que Victor Cousin appelait une raison impersonnelle : ce
quelque chose de plus profond que toute personnalité humaine
ne peut être qu'une personnalité plus haute et plus complète.
« Je suis la vigne, dit Jésus, et vous êtes les branches ; je suis
la tête et vous êtes les membres. » — « Dans toute conversation, dit un de nos contemporains, le profond penseur Emer-

son, les interlocuteurs se réfèrent tacitement à un tiers, qui est notre nature commune, et ce tiers est Dieu. Celui qui a fait et toutes les choses et toutes les personnes est toujours là, derrière nous, et ce qui remplit et nous-mêmes et les choses, c'est sa formidable omniscience. »

M. Pierre Leroux voulait faire disparaître, disait-il, la différence, si marquée par le christianisme, entre le ciel et la terre ; et c'était là, à son avis, donner au christianisme son véritable sens. Ce fut aussi la pensée de Jean Reynaud. Seulement, M. Pierre Leroux voulait réduire le ciel, lieu de l'existence future, à la terre ; Jean Reynaud voulait plutôt étendre la terre au ciel. M. Pierre Leroux croyait à une existence future consistant en une répétition indéfinie, sans identité personnelle et sans mémoire, de l'existence terrestre ; Jean Reynaud imaginait, après cette vie sur ce globe, une suite d'autres vies sur d'autres globes, à l'infini, sans que jamais la personnalité, sans que jamais la mémoire se perdît.

La pensée qui inspira Jean Reynaud fut celle de la perfectibilité universelle dans son application à la destinée humaine. En étudiant, pour composer l'article *Zoroastre* de l'*Encyclopédie universelle*, les monuments de la religion des Mages, qu'Eugène Burnouf commençait à interpréter, il avait été frappé des traits de ressemblance que cette religion offrait avec le christianisme ; et de plus la foi mazdéenne à la victoire définitive du bien lui semblait plus conforme à l'idée de l'universel progrès que ce que la théologie chrétienne enseigne de l'enfer et des peines éternelles ; d'autre part, il croyait trouver dans ce que nous savons des anciennes croyances de la Gaule, dans le dogme, qui en faisait une partie essentielle, de la perpétuité de l'existence des âmes et de celle de leur activité, des données qui pouvaient servir pour compléter et pour élargir la dogmatique chrétienne.

Tels furent, joints à une foi vive dans cette loi du progrès continuel de toutes choses que la science semble confirmer de plus en plus, tels furent les éléments que Jean Reynaud mit en œuvre dans la composition de ses dialogues entre un théologien et un philosophe, qu'il intitula *Terre et Ciel*.

D'après ce livre, la terre n'est que le lieu de l'une des existences, en nombre indéfini, que nous devons successivement parcourir. Nous avons existé déjà, lorsque nous vivons ici-bas; nous existerons encore, et toujours de plus en plus parfaits, dans les différents mondes, en nombre indéfini, qui peuplent les espaces. Nous ne passerons pas en un instant d'un état corporel à un état spirituel; il n'est point d'esprits purs, dépourvus de tout corps, tels que la majorité des théologiens s'est figuré les anges; il n'est point de vie non plus, même en Dieu, qui soit, rigoureusement parlant, immatérielle. L'immortalité consiste dans un progrès indéfini d'une existence à des existences, au fond, semblables, où l'on se purifie de plus en plus. Pour prendre le style de la théologie, plus de paradis, plus d'enfer, mais un éternel purgatoire.

Le concile de Périgueux, tenu en 1857, n'approuva point les perfectionnements que l'auteur de *Terre et Ciel* pensait apporter au christianisme; il n'y vit que des erreurs renouvelées d'hérésies d'autrefois, qu'il anathématisa comme contraires à la foi catholique.

Sans entrer dans une discussion de théologie ou d'histoire, et en demeurant au point de vue de la philosophie, on peut se demander si entendre le ciel comme Jean Reynaud, en l'assimilant, au degré près, à la terre, ce n'est pas le supprimer; si ce n'est pas, en effet, supprimer le progrès même que de supprimer le terme; si faire disparaître l'absolue perfection, ce n'est pas faire disparaître toute idée du perfectionnement.

Ce qu'on a toujours entendu par le ciel, lorsqu'il s'agissait de vie future, soit qu'on s'en rendît ou non un compte bien clair, ce n'est pas tel ou tel lieu plus ou moins éloigné de celui où nous sommes, mais une vie exempte des misères de la vie d'ici-bas, une vie toute différente de notre vie de phénomènes et de mouvement. Dans un des dialogues de Platon, et c'est un passage que M. Pierre Leroux lui-même a cité, un des interlocuteurs de Socrate ayant défini l'astronomie une science qui des choses d'ici-bas mène l'esprit vers les choses d'en haut : « Pour moi, dit Socrate, il me semble que, de la façon dont on entend l'astronomie, en voulant en faire la philosophie même, c'est en bas qu'on nous fait regarder. Croirons-nous donc, ajoute-t-il, que regarder la tête levée les peintures d'un plafond, c'est considérer avec la pensée et non avec les yeux? A mon sens, nulle autre étude ne fait regarder l'âme en haut, si ce n'est celle qui se rapporte à l'être et à l'invisible. » De même, peut-on dire, ce n'est point parler de vie céleste, que de parler d'une vie semblable à la nôtre, dans quelque constellation éloignée qu'on la place, ajoutât-on avec Jean Reynaud que cette existence de là-haut sera fort supérieure à notre existence d'ici-bas, et indéfiniment ira se perfectionnant. Il faut, pour répondre à ce que notre cœur demande, à ce que notre raison exige, une vie parfaite, celle qui ne se trouvera qu'au delà de toute chose sensible, au delà de l'espace, au delà aussi du temps, là où Dieu habite, dans la région ultra-sidérale comme ultra-terrestre du pur esprit.

« Partout, dit Swedenborg, où le Seigneur est connu et aimé, là est le ciel. » Et, avant Swedenborg, l'Évangile : « C'est en nous qu'est le royaume du ciel. » Dès cette vie, sur cette terre, nous pouvons être par l'âme, par l'esprit, habitants du ciel. La vraie question de l'immortalité, c'est de savoir, alors même que nous devrions, dans un avenir indéfini, dépendre toujours, pour notre existence, de conditions matérielles et sensibles, si notre destinée est d'être, plus encore que nous n'y sommes présentement, dans ce séjour, qui est tout intérieur, de la gloire et de la béatitude éternelles, si nous vivrons en Dieu et avec Dieu.

Retrancher le surnaturel, retrancher le métaphysique, c'est

donc là proprement écarter toute pensée du ciel, tout réduire à la terre.

Du livre de Jean Reynaud quelque chose pourtant semble devoir durer : c'est, sans parler des sentiments de bonté généreuse et de sympathique douceur par lesquels, tout en combattant tel ou tel article de théologie, il n'est jamais bien loin de l'esprit de Jésus, c'est l'idée générale qui l'inspire, quoiqu'il la prenne en un sens peut-être trop étroit, que, comme le reste du monde, et avant tout le reste, l'âme humaine, disons mieux, toute âme est en marche, en progrès, et, à partir des plus ténébreuses profondeurs de l'existence embryonnaire, va toujours, en dépit de mille déviations accidentelles, se rapprochant de Dieu. Cette idée, que vérifie chaque progrès de la science, la théologie elle-même, un jour peut-être, l'acceptera. Celui par qui la « bonne nouvelle », que d'autres voulaient borner à un coin de l'univers, devint la bonne nouvelle pour la terre tout entière, celui-là a dit : « Toute créature soupire vers le Seigneur. » Et s'il est vrai, comme il l'a dit encore, que « c'est l'esprit même du Seigneur qui prie en nous avec des gémissements ineffables », peut-il y avoir un « soupir vers le Seigneur » qui tôt ou tard ne soit exaucé?

VI

La renaissance de la philosophie opposée à toute métaphysique, de la philosophie des sens et du corps, ne pouvait se borner aux systèmes relatifs à la morale, à la politique, à l'économie publique; il devait arriver, comme il arrive d'ordinaire, que cette philosophie reprît vie et force par les théories philosophiques et médicales qui réduisent la vie à un pur mécanisme. Elle eut, vers le milieu de ce siècle, deux fauteurs célèbres dans Broussais et dans Gall.

Auteur d'une théorie pathologique qui expliquait toutes les maladies, y compris les maladies mentales, par le seul phénomène de l'irritation, Broussais voulut aussi, à l'exemple des Lamettrie et des Cabanis, expliquer l'homme tout entier par sa seule organisation corporelle. Sa doctrine propre, du reste, ne lui fournissait aucun argument à ajouter aux arguments de ses devanciers : la phrénologie vint, qui prétendait détruire par la base le spiritualisme. La physiologie matérialiste avait cherché jusque-là à démontrer, par tous les faits qui font voir le moral dépendant du physique, que l'intelligence s'expliquait par la seule matière. Gall venait de plus enlever à l'esprit ce qu'on avait toujours revendiqué pour lui comme son caractère exclusif, la simplicité et l'unité. Il prétendait montrer que ce qu'on nomme esprit est un assemblage de facultés absolument distinctes et indépendantes les unes des autres, produits de parties différentes du cerveau. L'inspection du crâne, ou cranioscopie, comparée aux actes qui manifestent les aptitudes et dispositions, en devait fournir la preuve. Broussais crut trouver là les preuves définitives du matérialisme : il adopta la cranioscopie. Malgré le talent et le crédit d'un si puissant auxiliaire, malgré le savoir réel de Gall et de Spurzheim, son continuateur, la nouvelle science ne fournit pas une longue carrière. Non seulement la psychologie était en mesure de démontrer que nos facultés, diverses par leurs applications, n'en ont pas moins une radicale unité, mais en outre la physiologie, par l'organe de plusieurs de ses plus savants représentants, de MM. Flourens, Longet, Lélut, Parchappe, Camille Dareste, Vulpian, Gratiolet et d'autres encore, a démontré maintes fois que les faits anatomiques ou physiologiques sur lesquels la cranioscopie s'appuyait n'avaient rien de réel. Plusieurs même de ceux qui crurent quelque temps à la phrénologie, M. Littré entre autres, l'ont aujourd'hui entièrement abandonnée.

VII

La doctrine fondée par Auguste Comte sous le nom de *philosophie positive* ou de *positivisme* eut une double origine, d'une part les théories saint-simoniennes, de l'autre celles des phrénologistes et particulièrement de Broussais. Auguste Comte se proposa toujours pour but principal, avec Saint-Simon, la découverte du meilleur ordre social, la constitution de ce qu'il appelait la Sociologie. En même temps il voulut donner pour base à son système sociologique un système scientifique universel, peu différent dans ses principes de celui de Broussais; à quoi il faut ajouter néanmoins que ce dernier, peu conséquent, en ce point essentiel, à ses principes, ne se refusa jamais à admettre une cause première de la nature, tandis que l'objet principal de l'auteur du positivisme fut d'abord l'abolition de toute idée de cause première.

Auguste Comte, jeune encore, commença par s'associer à ce projet de Saint-Simon de fonder, sur les ruines de la société du moyen âge, une société nouvelle, dont l'industrie serait la base, et le but unique la félicité sur cette terre. En 1825, il coopéra avec lui à la publication du *Catéchisme des industriels*. Dès lors pourtant le disciple se distinguait du maître en ce que, au lieu d'accorder avec celui-ci la prépondérance à la classe des producteurs de l'ordre matériel, celui-là, mathématicien fort instruit, réclamait le premier rang pour la science.

Saint-Simon, dans son système, donnait un rôle important au sentiment, auquel il rapportait la religion. Sur cet article aussi Auguste Comte ne le suivait point. Son maître, en louant d'ailleurs le travail qu'il avait publié dans le *Catéchisme des industriels*, sous le titre de *Système de politique positive*, y trouvait à redire que son auteur se fût placé au point de vue exclusif qui était celui des sciences physiques et mathématiques ; il ne lui reprochait pas seulement de n'avoir pas attribué à la capacité industrielle toute l'importance qu'il lui attribuait lui-même, il lui reprochait de préconiser, dans l'ordre même de la science, « la direction que représente Aristote, aux dépens de celle que représente Platon »; et, en résumé, « notre élève, dit-il, n'a traité que la partie scientifique de notre système, mais il n'en a point exposé la partie sentimentale et religieuse ». En d'autres termes, les idées d'Auguste Comte lui paraissaient constituer un système d'explication pris d'un point de vue trop exclusivement logique et géométrique, d'où l'âme était indûment exclue, et qui aboutissait à un « sec athéisme ». Tel fut en effet le caractère que présenta d'abord la philosophie d'Auguste Comte.

Saint-Simon professait une grande aversion pour la métaphysique. Au lieu de ces vaines spéculations, il fallait, répétait-il souvent, des connaissances positives. Ce fut là le point de départ d'Auguste Comte. Pour lui, comme pour son maître, le positif, ou réel, est seul l'objet de la science. Par le positif il entend les faits que nous connaissons par l'expérience; et ces faits enfin sont, suivant lui, choses toutes relatives. La métaphysique se propose de connaître des choses existant par elles-mêmes, indépendamment de tous rapports, autrement dit existant d'une manière absolue : c'est, par conséquent, une science illusoire. « Il n'y a qu'une seule maxime absolue, c'est qu'il n'y a rien d'absolu. »

La maxime fondamentale qu'il n'y a rien ou qu'on ne peut rien connaître que de relatif n'est pas propre à Auguste Comte. Sans parler des sophistes de l'ancienne Grèce, dont elle résumait toute la philosophie, elle est aussi tout le fond de la philosophie de Hume; elle a été adoptée par Hamilton, l'éminent successeur de Brown dans la chaire de Reid et de Stewart, et par M. Mansel, son élève; elle est, en ce moment même, le premier principe des systèmes de plusieurs philosophes et savants distingués de l'Angleterre contemporaine, de MM. Herbert Spencer, Alexander Bain, Samuel Bailey, Stuart Mill, George Lewes.

Cette maxime, comme M. Stuart Mill l'a remarqué, a, chez ceux qui la soutiennent, plus d'un sens : pour la plupart, elle signifie, soit que nous ne pouvons connaître aucun objet qu'en l'opposant ou à un autre objet ou à nous-mêmes, soit que tout ce qui est connu de nous dépend à cet égard de nos facultés mêmes et de nos moyens de connaître. C'est ainsi surtout que la comprenait, après Kant, Hamilton, et que la comprennent encore MM. Mansel, Bain, Bailey, Herbert Spencer et Stuart Mill. Quant à Auguste Comte, la théorie de la connaissance l'occupa toujours peu, et c'est aux choses mêmes qu'il pensait, beaucoup plus qu'aux relations des choses avec nos facultés de connaître. Sans qu'il ait peut-être cherché à définir avec précision le sens qu'il attachait au mot « relatif », on voit que par ce mot il entendait d'une manière générale ce qui n'existe qu'à la condition d'une autre chose et en certaine proportion avec elle. L'absolu, ce serait au contraire ce qui se suffirait à soi-même, ce dont l'idée, comme Spinoza le disait de la substance, n'aurait besoin de l'idée de rien d'autre. Telle serait une cause qui ne demanderait pas une autre cause; c'est ce qu'on nomme une cause première. Or, rigoureusement parlant, une cause première et une cause, c'est même chose. Par cette maxime, que nous ne pouvons rien connaître que de relatif, Auguste Comte entendait donc que nous ne pouvons connaître des causes, mais seulement des faits en relations avec d'autres faits, et ainsi indéfiniment; des faits, c'est-à-dire des phénomènes tels que nous les manifestent nos sens.

Ajoutons que, sous le nom de causes, il ne proscrivait pas seulement les forces ou puissances qu'on se figure plus ou moins, comme le faisait l'École, à l'instar des âmes et des esprits; il proscrivait pareillement ces espèces de propriétés actives que les physiologistes appellent propriétés vitales, les affinités des chimistes, et jusqu'aux fluides impondérables des physiciens, leurs fluides électrique et magnétique, leur éther; toutes vaines hypothèses, restes de la scolastique, machines inventées pour expliquer commodément les faits, mais qui ne servaient en réalité qu'à dissimuler l'ignorance où l'on était des antécédents physiques de tel ou tel fait, et qui, par suite, empêchaient qu'on ne les cherchât et qu'on ne les découvrît.

La science positive se borne à constater quels sont les faits sensibles qui précèdent, suivent ou accompagnent les faits sensibles, quelles sont les relations qu'ils ont les uns avec les autres dans l'espace et dans le temps.

Pour bien comprendre ce mode d'explication, il faut le comparer aux modes d'explication différents qu'on a mis en usage. Il y en a deux, selon Auguste Comte : le théologique et le métaphysique.

Au commencement, on s'explique les phénomènes de la nature par les phénomènes volontaires. On conçoit les faits qui apparaissent comme des effets de déterminations spontanées; on leur attribue pour causes des agents semblables à l'homme: bien plus, les phénomènes naturels semblent émaner de puissances supérieures à la puissance humaine, d'ailleurs hors de notre connaissance directe, et que l'obscurité qui les enveloppe grandit encore à nos yeux; ce n'est pas à des êtres humains en tout semblables à l'homme que l'on attribue ces puissances, c'est à des êtres divins, à des dieux. Telle est la première philosophie, qui ne se distingue pas de la religion : c'est la philosophie théologique.

On s'aperçoit ensuite que les phénomènes ont une constance qui ne s'accorde pas avec l'arbitraire de la volonté; ces puissances qu'on leur a données pour causes, on les conçoit alors comme bornées chacune à un genre déterminé d'effets : pour le mouvement, une force motrice ; pour la végétation, une force végétative. Ce que sont en elles-mêmes ces puissances, on reconnaît qu'on l'ignore ; ce sont des vertus ou qualités mystérieuses, occultes, qui ne se définissent que par leurs effets, qui ne sont à vrai dire que des expressions abstraites et collectives des phénomènes, et même que des mots qui servent à en fixer le souvenir. C'est là ce qu'Auguste Comte appelait des « entités métaphysiques », et que mettent effectivement en usage nombre de métaphysiciens, mais qu'il serait plus exact, puisque ce sont des symboles qui ne subsistent que par notre pensée, d'appeler des entités toutes logiques ; ce sont celles dont personne parmi les modernes ne vit et ne fit voir si bien le défaut que le profond métaphysicien Berkeley, et auxquelles, dans l'antiquité, le fondateur de la métaphysique, Aristote, opposait déjà le véritable surnaturel, intelligible et réel à la fois.

Le positivisme est contenu en substance tout entier dans ce qu'Auguste Comte appelle la « loi des trois états », c'est-à-dire des trois époques de la pensée et de la science, loi où ses disciples ont vu généralement la plus importante de ses découvertes.

Saint-Simon déjà opposait aux fictions de la théologie et de la métaphysique les connaissances positives ; et lui-même était peut-être redevable de cette idée au médecin Burdin, l'un de ses amis. Dans une conversation avec Saint-Simon, que ce dernier a rapportée dans ses *Mémoires sur la science de l'homme*, et qui avait lieu en 1813, Burdin disait, en employant des expressions familières depuis à son ami, que toutes les sciences avaient commencé par être conjecturales, et qu'elles devaient finir toutes par devenir positives. L'astronomie, disait-il, avait débuté par être l'astrologie ; la chimie n'avait été à son origine que l'alchimie; la physiologie commençait à peine à s'établir sur des faits observés et discutés; la psychologie, à prendre pour base la physiologie, et à se débarrasser des préjugés religieux sur lesquels elle avait été fondée. Il ajoutait, ce qui est le principe de toute la doctrine d'Auguste Comte sur l'histoire comparée des sciences, que certaines sciences devenaient positives plutôt que d'autres, et que c'étaient celles où l'on envisageait les faits sous les rapports les plus simples et les moins nombreux. L'astronomie, en conséquence, était arrivée la première à l'état positif; la physique, la chimie ensuite, puis la physiologie; la philosophie générale devait y arriver la dernière.

Mais si l'on veut trouver la première origine de ces idées, il faut remonter à l'un de ces philosophes qu'Auguste Comte, Saint-Simon et Burdin considéraient comme des rêveurs, à celui qui, dans le célèbre article *Existence* de l'*Encyclopédie*, commença à rétablir, sur la base posée par Descartes, la haute philosophie. « Avant de connaître la liaison des effets physiques entre eux, disait Turgot dans son *Histoire des progrès de l'esprit humain*, il n'y eut rien de plus naturel que de supposer qu'ils étaient produits par des êtres intelligents invisibles et semblables à nous. Car à quoi auraient-ils ressemblé? Tout ce qui arrivait sans que les hommes y eussent part eut son dieu... Quand les philosophes eurent reconnu l'absurdité de ces fables, sans avoir acquis néanmoins de vraies lumières sur l'histoire naturelle, ils imaginèrent d'expliquer les causes des phénomènes par des expressions abstraites, comme essences et facultés, expressions qui, cependant, n'expliquaient rien, et dont on raisonnait comme si elles eussent été des êtres, de nouvelles divinités substituées aux anciennes... Ce ne fut que bien tard, en observant l'action mécanique que les corps ont les uns sur les autres, qu'on tira de cette mécanique d'autres hypothèses, que les mathématiques purent développer et l'expérience vérifier. »

La pensée, dit Auguste Comte, passe donc successivement par ces trois époques : la première, où l'on explique les choses par des volontés supérieures à la nature, semblables à celles de l'homme, et ayant généralement l'homme pour objet; la deuxième, où on les explique par des entités d'une nature mal déterminée, qui sont les copies affaiblies des causes surnaturelles des premiers âges; la troisième, où l'on ne s'occupe plus que de déterminer comment se suivent ou s'accompagnent les faits. La première de ces trois époques est la période religieuse; la deuxième est la période métaphysique; la troisième est la période scientifique. Dans cette dernière période, au lieu de recourir, pour expliquer les phénomènes, à ces causes inconnues qu'on se figurait comme des entités à part agissant sans mesures ni règles déterminables, conception destructive de toute idée de lois naturelles et par conséquent de science, on se borne à rechercher les circonstances physiques et observables dans lesquelles les phénomènes se produisent et auxquelles ils sont relatifs.

La science, en effet, suivant Auguste Comte, a pour objet comme Bacon l'a dit, soit de nous rendre maîtres de la nature, soit du moins de nous en rendre indépendants. Les choses qui dépendent de nous, elle doit nous mettre en mesure de les modifier selon nos convenances; les choses qui ne dépendent de nous en rien, elle doit nous apprendre à les prévoir, du moins afin de régler en conséquence notre conduite. Or, pour ce double usage, il suffit que nous connaissions la seule chose précisément qu'il soit en notre pouvoir de connaître, c'est-à-dire dans quelles circonstances chaque phénomène se produit. Ce fait que, telle chose ayant lieu, telle autre a lieu aussi, est ce qu'on nomme, d'une expression figurée, les lois naturelles, et que M. Stuart Mill, pour mieux éloigner toute idée de dépendance nécessaire, pour mieux se borner aux seuls faits, nomme plus volontiers les « uniformités naturelles ». La réunion des lois naturelles constitue pour chaque genre d'objets une science particulière; on peut, en outre, entre les lois les plus générales dans lesquelles se résume chaque science, remarquer des relations constituant des lois plus générales encore : c'est là, selon Auguste Comte, ce qui compose la philosophie. Puisque, à son avis, il n'y a en dehors des phénomènes sensibles aucune réalité, puisque toute existence qu'on se figure au delà de ces phénomènes, soit qu'on l'appelle matière ou esprit, est pure chimère, puisque les mots âme ou Dieu, en particulier, sont des mots vides de sens, il n'est point de philosophie ayant comme toute autre science un objet spécial ; la philosophie ne peut être autre chose que le recueil des vérités les plus générales dans lesquelles se résument les sciences particulières.

L'objet le plus élevé du positivisme est donc de déterminer les rapports les plus généraux des objets des différentes sciences. Maintenant, remarque Auguste Comte, alors presque uniquement préoccupé du point de vue mathématique, qui est celui de la quantité, les différences des rapports se ramènent, en dernière analyse, à des différences de simplicité et de complexité, et à la simplicité est liée la généralité. Les propriétés les plus générales, celles qui appartiennent au plus grand nombre d'objets, sont nécessairement les plus simples ; la généralité décroît donc comme croît la complexité ; la généralité et la complexité sont en raison inverse l'une de l'autre.

Cette loi qu'Auguste Comte croyait avoir été le premier à démontrer, c'est celle d'après laquelle une propriété s'étend à d'autant plus d'espèces qu'elle comprend moins d'éléments, loi qui est la base de la logique, et que les logiciens appellent la loi du rapport inverse de l'extension des idées et de leur compréhension. Aristote en avait fait le premier l'application en grand à la nature, en montrant que chaque ordre d'existence y comprend tous les ordres d'existence inférieurs et plus simples. Mais à chaque degré Aristote concevait, en outre, pour expliquer la combinaison des éléments inférieurs en un ordre nouveau et plus complexe, une cause active spéciale ; pour mieux dire, une manifestation spéciale de l'universelle cause. Auguste Comte, du moins dans la première partie de sa carrière, ne vit entre l'inférieur et le supérieur d'autres différences que celles des éléments mêmes qu'ils contiennent. Il n'admettait alors d'autres principes que ces simples éléments que les mathématiques considèrent : tout le reste, à ses yeux, ne consistait qu'en des arrangements de ces éléments, et en des arrangements de ces arrangements mêmes ; d'où il suivait que chaque espèce s'expliquait uniquement par les principes plus simples qu'elle contenait. Tout ce qui a les propriétés vitales a les propriétés physiques et chimiques, et la réciproque n'est pas vraie ; tout ce qui a les propriétés physiques et chimiques a les propriétés mathématiques, est figuré, étendu, et la réciproque n'est pas vraie. Les mathématiques, en conséquence, expliquent la physique, la physique explique la chimie, la chimie explique la vie. Le progrès de la science consiste à réduire toute complexité, par une analyse graduée, aux éléments les plus simples et les plus généraux.

Si l'on parcourt les différentes sciences, on remarque, dit Auguste Comte, qu'elles se classent naturellement dans un ordre où la complexité va croissant, où, dans la même proportion, l'étendue, la généralité diminue. Au premier degré, les mathématiques ; au dernier et plus haut, la sociologie, la science de la société humaine. Le nombre, l'étendue, la figure, sont, en effet, ce que la nature nous offre de plus simple ; de là la précision, l'exactitude, la facilité relative des mathématiques. Les relations des hommes entre eux sont au contraire les plus complexes de toutes, puisque tout ce que la nature renferme y concourt ; de là la difficulté d'en découvrir les lois. Dès l'astronomie, on rencontre des phénomènes dont les éléments sont trop divers pour qu'il soit facile d'en estimer exactement les rapports, de les définir, et par conséquent de les calculer. Combien cela n'est-il pas plus difficile dans la chimie, dans la biologie, dans la sociologie, dont les éléments sont et plus nombreux et plus variables encore! Il n'en est pas moins certain que, suivant Auguste Comte, comme toute proposition géométrique peut être traduite, ainsi que Descartes le fit voir, en une proposition algébrique, de même doit être résoluble en géométrie, en arithmétique, en algèbre, une vérité quelconque, et toute qualité se réduire à la seule quantité. Quelque loin que la science soit encore ou même doive rester toujours d'une parfaite analyse, les phénomènes doivent être considérés comme étant tous des transformations d'éléments mathématiques primordiaux. Les faits que nous offrent les corps vivants ne sont pas, disait en se résumant Auguste Comte, d'une autre nature que les phénomènes les plus simples des corps bruts. C'est pourquoi la science mathématique est universelle, et forme la base unique de toute la philosophie naturelle.

Pour mieux dire, la philosophie n'est rien autre chose que la mathématique.

Aussi c'est en proportion exacte de leur simplicité que les différentes sciences passent de l'état primitif à l'état final, de la phase théologique à la phase positive. Les mathématiques sont, depuis un temps immémorial, une science presque entièrement positive; Lagrange en a chassé les derniers restes de l'esprit métaphysique. Les hypothèses métaphysiques jouent encore un rôle dans la physique et la chimie vulgaires, sous le nom de diverses forces prétendues spéciales, et surtout, sous le nom de forces ou de propriétés vitales, dans la physiologie, où la science de l'homme est encore mêlée d'hypothèses non seulement métaphysiques, mais encore religieuses. Ce sera le dernier triomphe de la science que d'amener la sociologie à l'état positif, d'y tout réduire à de simples relations de phénomènes, et tous les phénomènes aux plus simples.

Cette doctrine, exposée dans le volumineux *Cours de philosophie positive* publié de l'année 1830 à l'année 1842, trouva en France des adhérents dont les principaux furent des physiologistes et des médecins. Quoique son auteur eût déclaré que, ce qu'on appelle la matière n'étant pas un objet d'expérience, le positivisme n'avait pas à s'en occuper, et qu'il eût qualifié les matérialistes d'esprit antiscientifiques, la plupart la comprirent comme un système de matérialisme. Peut-être, en effet, ce qu'on appelle matérialisme ne consiste-t-il pas proprement à expliquer les choses par la matière en désignant par ce nom quelque support indéfinissable des phénomènes sensibles, théorie qui impliquerait plutôt une croyance à une existence réelle quoique non perceptible aux sens, et qui par conséquent serait une sorte de métaphysique, mais au contraire à réduire tout aux phénomènes sensibles et ceux-ci mêmes aux simples éléments mécaniques.

Le savant traducteur d'Hippocrate, qui contribua plus qu'aucun autre à faire connaître et à accréditer le positivisme, M. Littré, professe, selon ses expressions, un parfait désintéressement entre le matérialisme et le spiritualisme. Pourtant on ne peut nier que, dans l'édition qu'il a donnée, conjointement avec M. Robin, du *Dictionnaire de médecine de Nysten*, il ne se soit exprimé, sur l'âme, sur la vie, sur l'organisation, sur la matière, dans des termes qui ne diffèrent en rien de ceux qu'emploient tous les matérialistes. Mais, selon lui, dire que la substance nerveuse pense ne serait une proposition matérialiste que si l'on ajoutait qu'elle pense en vertu d'un arrangement particulier de molécules, c'est-à-dire, sans doute, si on l'expliquait, non par une propriété spéciale de certaine matière, mais par une disposition purement mécanique de la matière universelle. C'est où tendait visiblement Auguste Comte, qui assimilait, comme on l'a vu, les propriétés prétendues vitales, que conserve M. Littré, aux qualités occultes des scolastiques, et qui considérait le vital comme étant, dans le fond, réductible au physique et le physique au géométrique; et c'est là, sans doute, le matérialisme le plus conséquent et le plus complet. Mais c'est toujours être matérialiste, quoique peut-être sans s'en rendre un compte assez exact, que d'expliquer la pensée par une propriété de la matière, que d'en faire, à quelque titre que ce soit, une fonction du corps. M. Littré, du reste, a mis une préface au livre que M. Leblais a publié en 1865 sous ce titre : *Matérialisme et spiritualisme, étude de philosophie positive*. L'auteur du livre dit : « Nous nous déclarons franchement matérialiste; » et l'auteur de la préface ajoute qu'il veut, en quelques pages, « soutenir ce que le livre soutient, combattre ce que le livre combat ».

VIII

Le positivisme trouva encore plus de faveur en Angleterre qu'en France; il y fut porté principalement par M. George Lewes. M. Stuart Mill en adopta les principes, et on les retrouve dans les écrits de M. Bain, de M. Bailey, de M. Herbert Spencer. Dans une lettre à M. Stuart Mill, du 4 mars 1842, Auguste Comte exprimait l'espérance que sa philosophie serait mieux accueillie en Angleterre qu'elle ne l'avait été jusqu'alors en France; il trouvait, disait-il, chez les penseurs anglais plus de « positivité » que chez ses compatriotes. Et souvent, en effet, des philosophes modernes de la Grande-Bretagne ont exprimé des idées fort voisines de celles qui sont le plus familières au positivisme. Sans remonter à Bacon et à Locke, Bentham en est tout près. Macaulay a dit : « La gloire de la philosophie moderne consiste en ce qu'elle vise à l'utile et évite les idées. » — « Les philosophes anglais, dit M. Bailey en les comparant aux philosophes allemands, sont généralement disposés à conformer leurs investigations aux méthodes employées par les recherches physiques : s'ils ne sont pas encore parvenus à de bien grands résultats, cela s'explique, soit par les préjugés traditionnels avec lesquels ils abordaient le sujet, soit parce que peut-être ils n'ont pas vu clairement comment il faudrait suivre la ligne d'investigation inductive qui leur était indiquée par la science physique; ils ont du moins généralement senti la nécessité de parler simplement (*plainly*) à l'intelligence pratique de leur auditoire. De là beaucoup de bon sens sinon de pensée précise, et, comparativement, peu de mysticisme. »

« Le mysticisme, dit M. Stuart Mill dans un passage de son *Système de logique* que rapporte le même M. Bailey, le mysticisme, soit dans les Védas, soit chez les platoniciens, soit chez les hégéliens, consiste à attribuer l'existence objective aux créations subjectives de l'esprit, aux pures idées de l'intellect. »

Comme on le voit, MM. Mill et Bailey ne reconnaissent pour une saine philosophie que celle de ces « fils de la terre, comme parle Platon, qui ne veulent tenir pour existant que ce qu'ils voient de leurs yeux et touchent de leurs mains ». Il est vrai de dire qu'ils semblent ne connaître, en dehors de la philosophie des sens, que celle qui prend pour des réalités des « créations subjectives de l'esprit », et ignorer celle que fonda le « positif » Aristote, que développèrent Descartes et Leibniz, et qui prend pour principe, non les créations de l'esprit, mais bien l'esprit lui-même, dans la plus immédiate et la plus positive des expériences.

MM. Bain, Bailey, Stuart Mill, Spencer, ont cherché à construire une psychologie et une logique positives.

Pour ces philosophes, construire une psychologie positive, c'est, renonçant à la recherche de ces prétendues facultés ou puissances d'où procéderaient les sentiments et les idées, se borner aux sentiments et idées mêmes; c'est se borner avec Hume à déterminer, ainsi que les physiciens le font pour les choses physiques et extérieures, comment se suivent et s'accompagnent les phénomènes internes, c'est par conséquent se borner à ce que Hume appela les lois de l'association des idées. Dans une psychologie ainsi conçue on ne se borne pas à écarter ces entités métaphysiques, ou abstraits réalisés, auxquels Berkeley, avant Hume, avait fait une si rude guerre; on écarte de même avec Hume ce qui est le fond et le principe même des phénomènes psychiques, le sujet pensant, l'âme.

Établir la logique positiviste fut la tâche que se donna surtout M. Stuart Mill. Telle qu'il la comprit, telle qu'il l'exposa dans le grand ouvrage que vient de traduire en français M. Louis Peisse, cette logique peut être résumée dans ce principe, déjà familier à Locke et à Hobbes, que les idées ne se déduisent pas les unes des autres, comme l'enseigne la logique ordinaire, en sorte que d'une connaissance on puisse, sans l'aide de l'expérience, tirer une autre connaissance; que, n'ayant entre elles que des rapports de concomitance et nullement de dépendance, elles ne peuvent être qu'ajoutées les unes aux autres ou par l'expérience ou par cette extension de l'expérience qui est l'inférence du semblable au semblable et qu'on nomme l'induction. De là des théories nouvelles, ou plutôt renouvelées de Hobbes et de Hume, de toutes les parties de la logique, de toutes les opérations intellectuelles. La définition, par exemple, ne consiste pas, selon M. Stuart Mill, à caractériser un objet par des propriétés essentielles desquelles dérivent toutes celles qu'il possède, mais uniquement à énoncer qu'auprès de telle propriété telle autre, en fait, se rencontre : c'est une pure description. Le raisonnement ne consiste pas, selon M. Stuart Mill, à tirer une chose d'une autre, mais simplement à rappeler comment auprès d'une chose une autre s'est rencontrée, autrement dit à reproduire, dans un autre ordre, ce qui a été le résultat de l'observation et de l'induction. L'induction elle-même, en laquelle se résout tout raisonnement, ne consiste qu'à ajouter machinalement aux

suites de faits qu'offre l'expérience d'autres suites semblables.
A cela objecte-t-on que, si l'on induit du semblable au semblable, c'est apparemment parce que, en vertu de quelque principe qui autorise à le faire, on établit entre les analogues une connexion, sinon nécessaire, au moins probable : nullement, dit M. Stuart Mill ; ce prétendu principe n'arrive qu'après coup. L'induction est une opération instinctive, par laquelle d'un fait particulier nous passons à un autre, sans que pour cela il nous faille aucune sorte de raison.

De même qu'on peut demander au positivisme comment il se fait, si les notions mathématiques ne nous viennent que de l'expérience, que de ces notions on puisse tirer une foule de conséquences que l'expérience ne manque jamais de vérifier, de même on lui demandera comment il se fait, si l'induction est un machinisme sans raison, que si souvent les faits la confirment. Est-ce assez, d'ailleurs, pour prouver que nous induisons sans en avoir aucune raison, d'alléguer que nous ne nous apercevons point que nous en ayons aucune? L'auteur des *Nouveaux essais sur l'entendement humain* n'a-t-il pas répondu avec plein droit à une assertion équivalente de Locke que nous raisonnons souvent d'après des principes dont nous ne nous apercevons pas, ou du moins dont nous n'avons qu'une conscience obscure et confuse? « Nous savons bien des choses, disait-il après Platon, auxquelles nous ne pensons guère. » — « Il y a en nous, ajoute-t-il supérieurement, des vérités d'instinct qui sont des principes innés qu'on sent et qu'on approuve quand même on n'en a point de preuve, preuve qu'on obtient pourtant lorsqu'on rend raison de cet instinct. C'est ainsi qu'on se sert des lois des conséquences suivant une connaissance confuse, et comme par instinct ; mais les logiciens en démontrent la raison, comme les mathématiciens aussi rendent raison de ce qu'on fait sans y penser en marchant et en sautant. » — « Il est vrai que nous commençons plus tôt de nous apercevoir des vérités particulières, comme nous commençons par les idées plus composées et plus grossières; mais cela n'empêche point que l'ordre de la nature ne commence par le plus simple, et que la raison des vérités plus particulières ne dépende des plus générales, dont elles ne sont que des exemples. Et quand on veut considérer ce qui est en nous virtuellement et avant toute aperception, on a raison de commencer par le plus simple. Car les principes généraux entrent dans nos pensées dont ils font l'âme et la liaison. Ils y sont nécessaires comme les muscles et les tendons le sont pour marcher, quoiqu'on n'y pense point. L'esprit s'appuie sur ces principes à tous moments, mais il ne vient pas si aisément à les démêler et à se les représenter distinctement et séparément, parce que cela demande une grande attention à ce qu'il fait, et la plupart des gens, peu accoutumés à méditer, n'en ont guère. Les Chinois n'ont-ils pas comme nous des sons articulés? Et cependant, s'étant attachés à une autre manière, ils ne se sont pas encore avisés de faire un alphabet de ces sons. C'est ainsi qu'on possède bien des choses sans le savoir. » Et si enfin on demandait à Leibniz ce que c'étaient que ces principes innés par lesquels, sans y songer, nous gouvernons pourtant nos pensées et nos actions, « c'étaient, répondait-il, des vérités premières, qui sont le fond même de la raison ».

Dans l'opinion de M. Stuart Mill, qui, du reste, n'est que la conséquence, hardiment déduite, des principes du positivisme, l'expérience ne nous montrant que des faits les uns auprès des autres, et rien n'étant connu que par la seule expérience, il n'y a aucune raison, par conséquent aucune nécessité, de quelque genre que ce soit, aucune nécessité ni absolue ni relative, ni logique ni morale. Il aurait pu se faire que les sciences fussent les unes avec les autres dans des rapports tout autres que ceux qu'Auguste Comte a exposés; il aurait pu se faire qu'elles n'eussent les unes avec les autres aucun rapport. Il se peut que, dans d'autres planètes ou dans des parties de la nôtre encore inconnues, il y ait une autre physique, une autre géométrie, une autre logique. Et dans les régions mêmes que nous connaissons de notre planète, ce que seront demain la physique, la géométrie, la logique, qui peut le dire? Et qui sait enfin si demain, si tout à l'heure il y aura une science quelle qu'elle soit, s'il y aura deux choses semblables, s'il y aura quelque chose?

Si les causes théologiques ou scolastiques que le positivisme a écartées étaient effectivement exclusives des idées de lois et de sciences naturelles, bien moins encore, dans l'hypothèse où les phénomènes se suivent sans aucune raison, peut-il être question de lois invariables, d'ordre assuré, de certitude scientifique.

Ainsi, en même temps que les disciples d'Auguste Comte en France tiraient du positivisme, comme sa conséquence le matérialisme, le plus éminent de ses disciples en Angleterre en déduisait, à non moins juste titre, le scepticisme.

IX

Auguste Comte cependant entra peu à peu dans une voie toute différente de celle où M. Littré et M. Stuart Mill s'étaient engagés sur ses traces; de son positivisme primitif il passa par degrés à une métaphysique et à une religion.

Un des savants les plus considérables parmi ceux qui, en Angleterre, donnèrent leur adhésion aux principes du positivisme, M. Herbert Spencer, en proclamant la grande maxime que « nous ne connaissons rien que de relatif », a fait cependant une réserve importante. L'idée même du relatif, remarque-t-il, ne saurait se comprendre sans celle à laquelle elle est opposée. Et nous concevons, en effet, au delà de toutes les relations de phénomènes, l'absolu : c'est ce quelque chose qui est placé au delà de toute science, et qui est l'objet de la religion ; quelque chose seulement de mystérieux, d'obscur, sur quoi on ne peut avoir, selon M. Spencer, aucune lumière.

Comment il y a, au fond de toute connaissance, un absolu, auquel correspond, comme son opposé, le relatif, c'est ce qu'établissait, il y a plus de vingt siècles, contre une doctrine déjà régnante alors de relativité et de mobilité universelles, la dialectique platonicienne, qui fraya le chemin à la métaphysique. Elle faisait plus : elle montrait que par cet absolu seul les relations sont intelligibles, parce qu'il est la mesure par laquelle seule nous les estimons. La métaphysique, entre les mains de son immortel fondateur, fit davantage encore : elle montra que cet absolu, par lequel l'intelligence mesure le relatif, est l'intelligence même. C'est ce que redisait Leibniz, lorsque, à cette assertion, renouvelée de la scolastique par Locke, qu'il n'était rien dans l'intelligence qui d'abord n'eût été dans le sens, il répondait : « sauf l'intelligence », et que, avec Aristote, il montrait dans l'intelligence la mesure supérieure du sens.

De nos jours, une femme a eu de cette doctrine un sentiment profond, une femme d'un grand savoir et d'un esprit pénétrant. Sophie Germain ne mérita pas seulement, par des travaux originaux sur la théorie des nombres et sur le calcul des surfaces, l'admiration de Gauss et de Lagrange; dans des *Considérations générales sur l'état des sciences, des lettres et des arts aux différentes époques de leur culture*, qui ont été publiées peu après sa mort, en 1833, elle indiqua, avec une remarquable justesse de pensée et d'expression, le point de vue, où n'est pas encore arrivé M. Herbert Spencer, d'où s'explique à la fois et comment on dut originairement envisager les choses, et comment il semble qu'on doive finalement les comprendre.

« Il existe en nous, dit Sophie Germain, un sentiment profond d'unité, d'ordre et de proportion, qui sert de guide à tous nos jugements. Nous y trouvons : dans les choses morales, la règle du bien ; dans les choses intellectuelles, la connaissance du vrai ; dans les choses de pur agrément, le caractère du beau. » Et, après avoir indiqué ce qu'il y a de contradictoire dans les théories d'après lesquelles il n'y aurait que des vérités relatives, elle fait voir qu'il y a nécessairement un type d'après lequel nous jugeons, nous comparons, nous mesurons, et que ce type nous le trouvons dans la conscience que nous avons de notre propre être. « Doutera-t-on que le type de l'être ait une réalité absolue, lorsqu'on voit la langue des calculs faire jaillir d'une seule réalité qu'elle a suivie toutes les réalités liées à la première par une essence commune? » Le progrès de la science, c'est de tout ramener par l'observation et le calcul à l'unité de ce type, « qui a son modèle dans le sentiment de notre propre existence. L'être nous appartient, il pénètre notre intelligence et l'éclaire du flambeau de la vérité. Les idées du beau, du bon sont plus compliquées : nous les devons à la comparaison entre les connaissances acquises et notre modèle intérieur. » Et encore : « C'est à l'uniformité des conditions de l'être qu'il faut rapporter le sentiment d'analogie qui dirige toutes les opérations de notre entendement. Aujourd'hui que différentes branches de la physique sont entrées dans le domaine des sciences mathématiques, on voit avec admiration les mêmes intégrales, à l'aide des constantes fournies par plusieurs genres de phénomènes, représenter des faits entre lesquels on n'aurait jamais soupçonné la moindre analogie. Leur ressemblance est alors sensible, elle est intellectuelle, elle dérive des lois de l'être; et ce qui fut autrefois le rêve d'une imagination hardie, incertaine encore des formes qu'elle osait revêtir, l'identité des rapports de l'ordre et des proportions dans les existences les plus diverses, apparaît aux yeux en même temps qu'à la pensée, avec l'évidence qui appartient aux sciences exactes. »

Auguste Comte n'alla jamais si avant. Jamais il ne voulut

admettre que l'intelligence eût aucune connaissance immédiate et directe d'elle-même. Jamais, par conséquent, il ne lui put venir en pensée que l'intelligence trouvât en elle-même la mesure du vrai, du bien et du beau, l'absolu par lequel s'estime le relatif. Il ne vit même pas, jamais du moins il ne vit clairement comme M. Herbert Spencer, la nécessité qu'à un relatif répondît toujours un absolu.

Dès le début, pourtant, obéissant à un penchant dont le principe lui échappait, il aspirait en tout à l'unité. D'Alembert a dit : « L'univers, pour qui saurait l'embrasser tout entier, serait un fait unique, une grande vérité. » A quoi Sophie Germain a ajouté que ce fait unique devait être nécessaire. Sans aller jusque-là, c'eût été renier tout le positivisme, Auguste Comte tendait toujours de tout l'effort de sa pensée à comprendre les choses comme formant un ensemble. M. Stuart Mill, plus fidèle, à cet égard, au principe positiviste, qui est de s'en tenir aux seuls faits, releva et critiqua vivement chez Auguste Comte cette préoccupation constante, que trahit l'emploi continuel des mots *système*, *systématiser*, *systématisation*, et autres de même valeur. Il s'en étonne, puis il y voit l'effet d'une inclination naturelle de l'esprit français, toujours ami de l'ordre et de l'unité. Ce besoin d'ordre et d'unité, que M. Mill s'explique chez Auguste Comte par un trait de notre caractère national, Sophie Germain avait remarqué qu'on le rencontre chez tous les esprits supérieurs.

« Le pur empirisme est stérile, » dit quelque part Auguste Comte. Et il ajoutait même que, pour s'orienter parmi la multitude et la diversité infinie des faits, il faut toujours quelque conception dirigeante, fût-ce une pure hypothèse, et que c'était à l'imagination de frayer le chemin à l'observation. C'est une idée analogue à cette idée de Descartes d'après laquelle, lors même que les choses ne nous offrent aucun ordre, il faut, pour arriver à les connaître, leur en supposer un.

Auguste Comte a dit encore : « Toute science consiste dans la coordination des faits. On peut même dire généralement que la science est essentiellement destinée à dispenser, autant que le comportent les divers phénomènes, de toute observation directe, en permettant de déduire du plus petit nombre possible de données immédiates le plus grand nombre possible de résultats. N'est-ce point là, en effet, l'usage réel, soit dans la spéculation, soit dans l'action, des lois que nous parvenons à découvrir entre les phénomènes naturels? »

Ainsi, selon le disciple de Bacon et de Hume, d'accord, en ce point essentiel, avec Descartes et avec Leibniz, c'était la pensée qui, au moyen d'un ordre provisoire, traçait à l'expérience son chemin, et c'était le but même de la science que de dispenser, par un ordre définitif, de l'observation, et de remplacer enfin l'expérience par le raisonnement.

Lorsque Auguste Comte, dans la suite de son travail encyclopédique sur les généralités de toutes les sciences, passa de la considération des choses inorganiques à celle des choses de l'ordre vital, il fit un grand pas de plus, ou plutôt il vit s'ouvrir devant lui une voie toute nouvelle, qui devait le mener à un point de vue presque entièrement opposé à celui où il s'était placé d'abord, et de son matérialisme géométrique le faire passer par degrés à une sorte de mysticisme.

Des circonstances particulières de sa vie y contribuèrent, à la vérité, et les mouvements de son cœur influèrent sur ceux de son esprit; mais ils ne firent que précipiter cette révolution, que devait produire tôt ou tard, à mesure que le progrès de ses études y donnerait occasion, le développement seul du sentiment, qui lui était naturel, de la nécessité, en toutes choses, de quelque principe d'ordre et d'unité.

Alors même qu'il ne s'agit que des choses inorganiques, ce

n'est pas assez pour la science, aux termes mêmes du positivisme, qui la définit par la prévision, que de déterminer uniquement pour chaque phénomène quels sont les phénomènes que l'expérience a toujours montrés le précédant ou l'accompagnant. Qui nous dit que nécessairement, que probablement même il en sera encore ainsi à l'avenir? Évidemment, et quelques efforts que fasse M. Stuart Mill (et avec M. Stuart Mill, MM. Bain, Bailey, Spencer, Littré), oubliant les conséquences sceptiques qu'il tire lui-même avec raison de ses principes, pour montrer que la seule observation et accumulation des phénomènes suffit à expliquer la prévision de leur retour, évidemment ici l'expérience, entendue en ce sens étroit, ne suffit pas.

Si nous croyons d'une croyance assurée et réfléchie que ce qui a été sera, c'est dans le cas seulement où nous jugeons qu'à cela il y a une raison. Par là diffère essentiellement de l'attente machinale de la bête l'attente intelligente de l'homme.

« L'ombre de la raison qui se fait voir dans les bêtes, dit Leibniz, n'est que l'attente d'un événement semblable dans un cas qui paraît semblable au passé, sans connaître si la même raison a lieu. Les hommes mêmes n'agissent pas autrement pour les cas où ils sont empiriques seulement. Mais ils s'élèvent au-dessus des bêtes, en tant qu'ils voient les liaisons des vérités. » Et ailleurs : « Les bêtes passent d'une imagination à une autre, par la liaison qu'elles ont sentie autrefois : par exemple, quand le maître prend un bâton, le chien appréhende d'être frappé. Et, en quantité d'occasions, les enfants, de même que les autres hommes, n'ont point d'autre procédure dans leurs passages de pensée à pensée. On pourrait appeler cela conséquence et raisonnement (comme l'avait fait Locke), dans un sens fort étendu. Mais j'aime mieux me conformer à l'usage reçu, en conservant ces mots à l'homme, et en les restreignant à la connaissance de quelque raison de la liaison des perceptions, que les sensations seules ne sauraient donner, leur effet n'étant que de faire que naturellement on s'attende une autre fois à cette même liaison qu'on a remarquée auparavant, quoique peut-être les raisons ne soient plus les mêmes : ce qui trompe souvent ceux qui ne se gouvernent que par les sens. » — « C'est par là qu'il est si aisé aux hommes d'attraper les bêtes, et qu'il est si facile aux simples empiriques de faire des fautes. » Et ailleurs encore : « Quelque nombre d'expériences particulières qu'on puisse avoir d'une vérité universelle, on ne saurait s'en assurer pour toujours par l'induction, sans en connaître la nécessité par raison. » Cela ne veut point dire que le nombre des expériences ne serve de rien : cela veut dire seulement qu'il ne suffit pas, si grand qu'il soit, sans la connaissance des raisons de la connexion des choses, pour garantir qu'elle aura toujours lieu. « Sans doute quand les raisons sont inconnues, il faut avoir égard aux exemples à mesure qu'ils sont fréquents; car alors l'attente, à la suite d'une perception, d'une autre perception qui y est ordinairement liée, est raisonnable, surtout quand il s'agit de se précautionner. » Mais c'est le propre de la raison du fait, quand on peut la connaître, que de dispenser de tant d'expériences et de les remplacer avec avantage en donnant, au lieu d'une probabilité plus ou moins grande, nécessité et parfaite certitude. « La démonstration dispense de ces essais, qu'on pourrait toujours continuer sans être jamais parfaitement certain. Et c'est cela même, savoir l'imperfection des inductions, qu'on peut encore vérifier par les instances [exemples] de l'expérience. Car il y a des progressions où l'on peut aller fort loin avant que de remarquer les changements et les lois qui s'y trouvent. »

On peut dire que l'induction se fonde sur la présomption, d'après l'analogie, de raisons nécessitantes dont la connaissance est cette connaissance complète que l'on appelle science.

Dans le développement de la doctrine qui forme toute la logique positive et d'après laquelle nous ne savons rien des choses, sinon qu'elles se suivent, M. Stuart Mill lui-même s'est vu contraint, pour autoriser la prévision, d'ajouter à l'idée de la simple succession un élément tout différent. « Ce n'est pas assez, dit-il, d'avoir observé que les choses ont toujours été telles ou telles, il faut faire voir qu'elles le seront. » On y arrive, selon lui, par la remarque que tel événement a un antécédent qu'il ne peut pas ne pas suivre, et après lequel on est par conséquent en droit de l'attendre ; c'est un antécédent, qui n'admet entre lui et cet événement aucun autre événement, et qu'on peut dès lors appeler un antécédent inconditionnel. » Évidemment c'est là ramener, sous une dénomination nouvelle, l'idée de quelque chose qui nécessite, c'est-à-dire d'une cause. Mais en même temps c'est chercher une cause, contrairement à ce qu'avaient établi Berkeley, et après lui Hume, puis le fondateur du positivisme, dans un fait sensible, matériel, dans un pur phénomène.

Comment aperçoit-on entre les choses des raisons ? Leibniz nous le dit encore : à la lumière de vérités nécessaires, de principes éternels, dont elles sont les applications. « La connaissance des vérités nécessaires et éternelles est ce qui nous distingue des simples animaux et nous fait avoir la raison et les sciences. »

La raison nous enseigne que tout ce qui apparaît dans l'espace et dans le temps n'est, par cela même, qu'un effet : c'est ce qu'on nomme le principe ou axiome de causalité. C'est que la raison, portant en elle l'idée de l'absolu ou de la perfection, voit qu'au fond rien ne peut être qui ne soit absolu ou parfait, si ce n'est par soi-même, et c'est le cas de tout phénomène, du moins par quelque chose d'autre qui remplisse pour ainsi dire de sa plénitude son insuffisance.

Spinoza a dit que la raison ne comprend rien que sous la forme de l'éternité ; Hamilton a dit que, si nous cherchons à un fait une cause, c'est que, ne pouvant comprendre un commencement, nous rapportons ce qui semble commencer à une existence antérieure ; où il a vu une application de son principe favori que nous ne connaissons rien sans condition ou rien d'absolu, et où il fallait voir surtout ce grand principe que, de conditions en conditions, nous comprenons la nécessité de remonter à l'absolu, autrement dit au complet.

C'est pourquoi Sophie Germain a dit mieux encore en disant que ce qui nous porte à chercher à tout fait une cause, c'est qu'un fait nous apparaît toujours comme une fraction ou partie dont il nous faut le tout.

Aussi, d'action en action, de puissance en puissance, la raison nous oblige-t-elle à remonter jusqu'à une puissance qui se suffise enfin à elle seule, c'est-à-dire à une cause première, qui ne peut être évidemment qu'une parfaite spontanéité.

N'eût-on pas la conscience de cette nécessité de remonter, à partir d'un phénomène quelconque, jusqu'à une cause première, n'eût-on même pas la conscience de la nécessité où l'on est de remonter de tout phénomène à une cause immédiate qui en rende raison, il n'en est pas moins vrai que dans tout raisonnement consistant à conclure, par analogie, de tel assemblage de phénomènes à tel autre, c'est en vertu de ce principe, implicite ou explicite, d'une causalité enchaînant l'un à l'autre les phénomènes qui se trouvent toujours ensemble, c'est en vertu de ce principe seul qu'on raisonne, et l'axiome de causalité, de quelques phénomènes qu'il s'agisse, est le nerf caché de toute induction.

La raison nous enseigne qu'il y a nécessairement une cause ; l'induction ne fait que chercher parmi les faits, à la lumière de l'analogie, quel est, pour chaque phénomène, le phénomène qui est le moyen ou la condition d'action de la causalité.

La cause véritable, celle qui est l'être même et la substance du fait, étant une action qui ne tombe, comme telle, ni dans l'espace ni même dans le temps, un phénomène ne peut être, à proprement parler, la cause d'un autre phénomène : c'est le vrai sens de ce qu'a dit à cet égard Berkeley, réservant la causalité à la seule volonté, et qu'a redit après lui Hume. Il ne s'ensuit pas néanmoins que chaque phénomène ne fournisse à la cause active qu'une simple occasion, selon la pensée de Berkeley et le langage de Malebranche, et nullement une raison. « Rien sans raison, » dit ici comme partout Leibniz. Un phénomène, sans être la cause proprement dite d'un autre phénomène, peut être une condition, un moyen pour l'action de la cause; tel un premier état, un premier degré, nécessaire pour l'établissement, par la puissance créatrice, d'un degré, d'un état subséquent ; telle l'ébauche relativement à l'œuvre.

Maintenant, lorsqu'il ne s'agit que de phénomènes liés les uns aux autres selon les simples lois mécaniques et physiques, on peut ne pas voir en quoi l'un sert à l'autre et le prépare. La causalité, n'étant pas rendue sensible, en quelque sorte, par des rapports évidents de subordination entre les phénomènes, peut demeurer inaperçue. Aussi, tant qu'on en demeure à la mécanique, à la physique et même à la chimie, on est souvent enclin à borner toute science à l'énumération des successions de faits que présente l'expérience, et à nier toute liaison nécessaire et toute raison. Ainsi se forme la doctrine de matérialisme et, par suite, de scepticisme, qui fut d'abord celle d'Auguste Comte et qui est encore celle de la plupart de ses disciples.

Arrive-t-on à la considération des êtres vivants, il n'en est plus de même. Dans le vivant, certains phénomènes offrent ce caractère, qu'ils semblent déterminer d'autres phénomènes dont ils sont le but : les phénomènes de mouvement et de sensation, par exemple, semblent déterminer, commander des phénomènes d'ordre inférieur, sans lesquels ils ne sauraient s'accomplir. Par ce caractère, ceux-là se montrent analogues à ce que sont en nous les fins que nous nous proposons, et auxquelles servent toutes nos puissances.

Dans le vivant donc se manifeste une cause générale déterminant une multitude d'effets; le vivant se montre à l'observation même la plus superficielle comme quelque chose qui, semblable en cela à ce qui pense, donne existence et forme, par ce qu'il a d'unité active, à ce qu'il renferme de multiple et de passif.

En présence de la vie, la théorie du matérialisme devient évidemment insuffisante.

Lorsque Berkeley, qui, dans ses premiers ouvrages, ne s'était guère occupé que des phénomènes mécaniques, en vint, dans son profond et ingénieux *Siris*, à considérer de près ceux de la végétation et, en général, de la vie, il comprit mieux ce caractère général de la nature, que les choses s'y enchaînent les unes aux autres suivant des progressions harmoniques ; et de là surtout ce titre même de *Siris*, série ou chaîne. De la sorte, dans la dernière partie de sa carrière, il passait de sa première théorie de l'univers envisagé comme un amas de faits détachés, sous la puissance arbitraire de Dieu, à la notion d'une chaîne universelle de formes de plus en plus parfaites, suspendue à l'absolu bien.

Auguste Comte aussi, dans la seconde période de sa philosophie, où, approchant de ce qui en avait toujours été le but, c'est-à-dire le monde social, il arriva aux êtres organisés, passa d'une première théorie du monde, compris comme un simple amas de faits plus ou moins compliqués, sans le régulateur suprême de Berkeley, à une théorie toute différente d'ordre progressif et d'universelle harmonie. Il comprit, en présence de la vie, que ce n'était pas assez, comme il avait pu le croire dans la sphère des choses mécaniques et physiques, de considérer des phénomènes à la suite ou à côté les uns des autres, mais que, de plus, que surtout il fallait prendre en considération l'ordre et l'ensemble.

« En présence des êtres organisés, on s'aperçoit, disait-il, que le détail des phénomènes, quelque explication plus ou moins suffisante qu'on en donne, n'est ni le tout ni même le principal ; que le principal, et l'on pourrait presque dire le tout, c'est l'ensemble dans l'espace, le progrès dans le temps, et qu'expliquer un être vivant, ce serait montrer la raison de cet ensemble et de ce progrès qui est la vie même. »

A la fin du dernier volume de son *Cours*, tout en continuant de réprouver « la recherche chimérique des causes essentielles et de la nature intime des phénomènes », Auguste Comte exprimait la pensée que, si l'esprit de détail peut suffire au géomètre, au physicien même et au chimiste, il faut au véritable physiologiste les conceptions d'ensemble. « Même dans la chimie, on voit, disait-il, augmenter notablement l'intime solidarité naturelle propre à l'ensemble du sujet, si insuffisante en physique et même, au fond, en mathématiques. »

« Dans les sciences des choses inorganiques, disait-il encore, on procède par déduction des détails au tout ; dans les sciences des êtres organisés, c'est de l'ensemble que se tire, par déduction, la vraie connaissance des parties. »

De plus, d'accord maintenant avec Platon, Aristote, Leibniz, il déclarait que, l'ensemble étant le résultat et l'expression d'une certaine unité, à laquelle tout concourt et se coordonne et qui est le but où tout marche, c'est dans cette unité, c'est dans le but, c'est dans la fin ou cause finale qu'est le secret de l'organisme.

Le 16 juillet 1843, écrivant à M. Stuart Mill, il exprimait l'opinion que, si ce savant ne le suivait pas dans les voies plus larges où dorénavant il allait marcher, c'est que, très versé dans les études mathématiques et physiques, il n'était pas assez familier avec les phénomènes de la vie. Plus avancé dans la science biologique, M. Mill aurait mieux compris comment il faut, outre le détail des faits, quelque chose qui les domine, qui les combine et les coordonne.

D'après ce caractère tout particulier, il fallait bien reconnaître les organismes pour des choses qui n'étaient pas simplement, comme l'avait dit autrefois le fondateur du positivisme, des complications d'éléments séparés dans un ordre inférieur d'existence, mais que ces éléments, tout nécessaires qu'ils pussent être à leur constitution, ne suffisaient pas à expliquer. Pour les expliquer, il fallait, de plus, reconnaître quelque principe tout différent, imposant à un assemblage plus complexe une nouvelle et plus puissante unité.

Après avoir dit, dans le premier volume de son *Cours*, que les phénomènes que présentent les êtres organisés étaient de simples modifications des phénomènes inorganiques, dès le deuxième volume, publié en 1838, s'il l'accordait encore des faits de la vie végétative, il le niait de ceux de la vie animale; il niait que la sensibilité ni même la contractilité musculaire pussent être réduites à des faits physiques ou chimiques. Tant de vaines tentatives, par exemple pour expliquer la perception par la physique, étaient, ajoutait-il, « une preuve que la physiologie était encore dans un état d'enfance ». Plus tard encore, par exemple dans le sixième volume du même ouvrage, publié en 1842, mais bien plus nettement et plus fortement plusieurs années après, dans la *Politique positive*, il séparait profondément des phénomènes physiques et chimiques les phénomènes vitaux de tout degré. Là il énonça cette importante proposition que dans la biologie, tous les phénomènes étant caractérisés, comme l'avait dit Cuvier, par la solidarité intime et continue, la méthode pour nous mettre en possession de l'essentiel n'est plus l'analyse, qui décompose l'objet dans ses parties, mais plutôt la synthèse, qui a pour objet le tout, et que, par conséquent, « aucune opération analytique ne saurait jamais être conçue que comme le préambule plus ou moins nécessaire d'une détermination finalement synthétique ».

Maintenant, en sortant des termes généraux et abstraits, quelle est cette unité à laquelle on doit, pour expliquer l'ordre et l'ensemble des phénomènes, les rapporter par synthèse ? C'est celle d'une idée, d'une pensée. La détermination synthétique la plus haute qui domine et explique la biologie entière est donc, dit Auguste Comte, celle de la nature humaine, telle qu'elle résulte, non pas, à la vérité, de l'étude directe de l'âme, que, jusqu'à la fin, il persista à croire stérile et même impossible, mais de l'étude du genre humain dans l'histoire.

L'ensemble dominant le détail, et l'ensemble lui-même dominé par ce qu'on peut appeler proprement l'élément humain, c'est ce que nous montrent les arts. Et c'est une remarque qui n'a pas échappé à Auguste Comte : « L'universelle prépondérance du point de vue humain et l'ascendant correspondant de l'esprit d'ensemble, disait-il dans les dernières pages de son *Cours* sont profondément favorables à l'essor général des dispositions esthétiques. » Et comme il était alors très occupé de poésie et de musique, l'art l'aidait en effet à voir la science de plus haut que ne l'avaient conduit jadis à le faire ses études mathématiques.

Du point de vue où il était arrivé, Auguste Comte découvrait qu'une science ne se pouvait expliquer par les sciences inférieures. « La physique doit se défendre de l'usurpation des mathématiques ; la chimie, de celle de la physique ; enfin la sociologie, de celle de la biologie. » Chaque ordre d'existences, comme Aristote autrefois l'avait démontré, est pour l'ordre supérieur une matière à laquelle celui-ci donne une forme. De là il suit, dit Auguste Comte, que ramener une chose, pour en rendre raison, à une chose d'un ordre moins élevé, c'est l'expliquer par sa matière : donc le matérialisme est l'explication du supérieur par l'inférieur.

Profonde formule, qui restera pour son auteur un des principaux titres au nom de philosophe. Il y a plus : à cette maxime s'ajoute, selon Auguste Comte, cette seconde maxime, que c'est le supérieur qui explique l'inférieur ; en d'autres termes, c'est dans l'humanité qu'il faut chercher l'explication de la nature. Dans le dernier volume de son *Cours de philosophie positive*, on lisait déjà : « L'étude de l'homme et de l'humanité est la principale science, celle qui doit surtout attirer l'attention normale des hautes intelligences et la sollicitude continue de la raison publique. La destination simplement préliminaire des spéculations antérieures est même tellement sentie, que leur ensemble n'a jamais pu être qualifié qu'à l'aide d'expressions purement négatives : inorganique, inerte, etc., ce qui ne les définissait que par leur contraste avec cette étude finale, objet prépondérant de toutes nos contemplations directes. La science sociologique, la science morale de l'humanité est la science finale dont la biologie elle-même n'est que le dernier préambule. »

A la science morale de l'humanité appartient donc « la suprématie scientifique, la présidence philosophique ». Ce n'est pas aux mathématiques, c'est au contraire à la morale qu'appartient « l'universelle domination ».

En plusieurs endroits de la *Politique positive*, Auguste Comte montre dans les phénomènes inorganiques des ébauches de phénomènes vitaux : dans l'inertie, par exemple, qui est la première loi de la mécanique, l'ébauche de ce que sera chez les êtres vivants cette persistance dans l'action qu'on nomme l'habitude ; dans la sociabilité de certaines espèces animales, l'ébauche de la sociabilité humaine. « La progression organique en général ne peut, selon lui, se bien définir que quand on en connaît le dernier terme ; — « l'ensemble de la vie animale serait inintelligible sans les attributs supérieurs que la sociologie peut seule apprécier ». — « Le type suprême » enfin « constitue le principe exclusif de l'unité biologique, et chaque espèce animale se réduit, au fond, à un être humain plus ou moins avorté ; » proposition qu'on retrouve, dans des termes presque identiques, chez l'auteur de l'*Histoire des animaux* et de la *Métaphysique*, chez celui qui le premier trouva dans l'intelligence, qui est l'essence de l'humanité, la cause finale par laquelle toute la nature s'explique.

A entendre Auguste Comte, cependant, il n'invoque point ici les causes finales qu'il a autrefois proscrites, il ne dévie en rien de ses principes. Au contraire, il n'a fait autre chose que les développer, en les appliquant aux objets que, dès le commencement, il avait eus principalement en vue. S'il est parvenu, selon ses expressions, à assurer la prépondérance normale aussi bien logique et scientifique que politique et morale au point de vue social, c'est en étendant aux spéculations de l'ordre le plus élevé, au lieu de l'esprit théologique ou métaphysique, qui y régnait jusqu'alors, ce qu'il appelle la « positivité rationnelle », c'est-à-dire en montrant dans les faits de l'ordre moral comme dans ceux de l'ordre physique des rapports soumis à des lois observables. Comme la biologie consiste dans la connaissance de l'action et de la réaction mutuelle des organismes et des milieux physiques, l'histoire philosophique est la connaissance de l'action et de la réaction mutuelle des organismes et des milieux sociaux, de laquelle résultent la formation et l'évolution de cette nature toute relative de l'humanité. Relativité et positivité de la nature humaine, telle est la double découverte par laquelle Auguste Comte prétend couronner, dans la *Politique positive*, l'édifice dont il a jeté dans son *Cours* les solides fondements.

En d'autres termes, au lieu d'expliquer l'humanité et son histoire, soit, ainsi que les théologiens, par une action arbitraire d'une puissance surnaturelle, soit, ainsi que les métaphysiciens, par une cause conçue comme quelque chose d'entièrement séparé des phénomènes, et comme une entité indépendante qui les déterminerait en quelque sorte du dehors, sans leur être liée en rien, c'est par des phénomènes qu'ici encore le fondateur du positivisme veut rendre raison des phénomènes.

M. Stuart Mill, en repoussant avec Auguste Comte les causes

finales, les a représentées pareillement comme des existences d'un ordre spécial, qu'on ne peut se figurer qu'en dehors de la réalité, de ses relations et de ses lois.

C'est là peut-être la notion qu'en donne la théorie vulgaire d'un « idéal » considéré comme la cause des mouvements de la nature; ce n'est pas celle que s'en faisait le fondateur de la métaphysique, ainsi que ceux de ses interprètes qui ont le mieux pénétré sa pensée.

Aristote n'a pas cru qu'un homme se formât, par exemple, comme on pourrait croire que les platoniciens l'avaient compris, sous l'inexplicable influence d'une idée : « C'est un homme, dit-il, qui engendre un homme. » Un homme complet par la perfection qu'il porte en lui met en mouvement le germe imparfait et l'amène à sa forme. C'est que cette perfection est une action, et c'est cette action qui, sous la forme, à laquelle elle est limitée, de tel ou tel phénomène, est à la fois le but et la source de tel et tel mouvement.

Prend-on pour cause un idéal tout à fait en dehors de la réalité, on n'a rien qui suffise à expliquer la nature. C'est cet idéalisme contre lequel s'est élevé, non sans raison, le positivisme. Ne veut-on, au contraire, rien reconnaître de réel que le phénomène seul, comment y trouver, ainsi que le positivisme lui-même l'a établi, aucune causalité, aucune explication d'un autre phénomène? Considérer enfin le phénomène d'un ordre supérieur comme la raison du phénomène inférieur, précisément parce qu'il présente la perfection de ce dont celui-ci n'a que le commencement, c'est nécessairement, quoique peut-être sans s'en rendre compte, sous-entendre dans la perfection une action efficace, et la théorie d'Auguste Comte, sous sa dernière forme, explique la conception de la cause finale, si ce n'est telle que l'expose l'ordinaire idéalisme, qui représente la nature d'après le type de l'art humain, telle du moins qu'on la trouve dans ce qu'on peut appeler le réalisme ou positivisme métaphysique qu'Aristote fonda, en lui donnant pour base l'idée expérimentale et supra-sensible en même temps de l'action.

Auguste Comte est resté fidèle à la pensée première du positivisme en ce qu'il cherche toujours dans des faits l'explication des faits. Mais du positivisme qui ne voyait à un fait d'autre explication que la simple préexistence, inexplicable d'ailleurs, de quelque fait tout différent, il est arrivé à un positivisme tout opposé, selon lequel un fait s'explique par un fait d'un ordre supérieur, dont la perfection est sa raison, dont l'action qu'elle renferme est sa cause. Du positivisme physique superficiel il est arrivé au positivisme moral.

Dans sa *Politique positive*, publiée de 1851 à 1854, Auguste Comte alla, dans ce même sens, beaucoup plus loin encore. Ce n'était plus cette fois la vie seulement qu'il avait à étudier, c'était la vie morale, celle de l'intelligence et du cœur.

Il arriva alors à penser que tout s'expliquait dans l'homme par ce quelque chose qui le porte au bien, en un mot par l'amour.

Il ne comprit pas seulement alors que la matière n'explique pas tout dans l'homme, et que c'est l'intelligence, au contraire, qui, en grande partie du moins, rend raison de la matière; comme Pascal, il mit au-dessus de l'intelligence elle-même, qui est encore, à certains égards, comme le physique de l'esprit, ce qui en est par excellence le moral, les facultés morales proprement dites, les facultés affectives. L'homme lui apparut comme devant s'expliquer par son cœur. L'intelligence est faite, dit-il alors, pour être serve, le cœur pour être le maître. L'intelligence n'existe que pour servir aux fins de nos affections. Ces fins se résument en une chose, le bien, objet de l'amour. L'amour est le mot, le secret de la nature humaine. Ce n'est pas tout : il est le secret du monde. C'est ce qu'Auguste Comte exprima en disant que tout devait s'expliquer finalement par la méthode subjective.

Il avait dit autrefois que, tout à l'opposé de la métaphysique et de la religion, qui expliquaient l'univers par l'homme en faisant de l'homme le but pour lequel l'univers avait été formé, c'était par l'univers que le positivisme devait expliquer et l'homme et toutes choses : c'était ce qu'il appelait la « méthode objective », méthode qui procédait des objets de la pensée au sujet qui les pense. Maintenant il en venait à avouer que c'était à ce sujet que tout devait se rapporter; par lui tout s'expliquait, tout tendait et devait tendre à lui. Il allait si loin dans cette route nouvelle, que de proscrire toute recherche scientifique dépassant ce qui peut servir directement à l'homme.

Le dernier travail de sa vie (1854) fut la *Synthèse subjective des mathématiques*, où il essaya de développer la science même de la quantité, de toutes les sciences la plus éloignée de la sphère des affections, en la subordonnant aux fins spéciales, aux fins morales et sociales de l'humanité.

On ne peut oublier ici qu'Auguste Comte avait eu quelques années auparavant avec des géomètres de graves démêlés, qui eurent pour effet de l'amener peut-être à s'apercevoir, mieux qu'il ne l'avait fait autrefois, soit de ce qui manque aux notions mathématiques pour tout expliquer, soit, et par suite, de ce que l'esprit mathématique peut avoir d'inconvénients lorsqu'il est exclusif ou seulement même lorsqu'il devient dominant. Et, d'autre part, une ardente affection, s'emparant de lui, le disposa à donner à la vie affective sur la vie même la plus intellectuelle une grande prépondérance, et à chercher le dernier mot de la science elle-même dans l'amour. On peut ajouter encore que sa raison, fatiguée soit par l'extraordinaire contention d'un travail incessant, soit par les orages de sa vie, semble avoir laissé un cours toujours plus libre aux mouvements impétueux et désordonnés quelquefois d'une imagination de plus en plus ardente, d'une âme de plus en plus tendre et enthousiaste.

Dans ses dernières années, il ne se détournait des labeurs de la composition que pour lire des poètes italiens et espagnols, davantage encore l'*Imitation de Jésus-Christ*, et pour entendre de la musique. Vivre pour autrui était devenu sa devise; la chevalerie du moyen âge, son idéal.

Peu à peu sa philosophie se changea en une religion, religion rapprochée de la croyance toute primitive dans laquelle autrefois il n'avait vu qu'un rêve de l'humanité enfant. Les premiers hommes avaient tout conçu à l'image de l'homme, donné à toute chose une âme, vu dans tout mouvement un acte de volonté : c'était le fétichisme, auquel avaient succédé par degrés, à mesure que la nature avait été comprise comme plus indépendante de la volonté, le polythéisme d'abord et, en dernier lieu, le monothéisme. Il fallait maintenant, disait Auguste Comte, un nouveau fétichisme : il fallait de nouveau adorer dans les choses, partout présents, partout actifs, le vouloir et l'amour.

Dans la religion d'Auguste Comte, il n'y a point de Dieu, il n'y a pas d'âme non plus, du moins d'âme immortelle : c'est par où, après tant de changements, il resta le même. L'Être suprême, pour lui comme pour M. Pierre Leroux et beaucoup de nos contemporains, c'est l'humanité. Il l'appelle le « grand Être ».

Le grand Être a pour origine la terre, source commune de tous les êtres, mère de tous les fétiches particuliers, et qu'on peut appeler « le grand Fétiche ». La terre est dans l'espace, dont les lois sont les conditions premières de toutes les existences, et auquel convient la dénomination de « grand Milieu ». Le grand Milieu, le grand Fétiche et le grand Être, telle est la trinité qu'honore le culte positiviste. Le grand Milieu a vu se produire d'abord en lui le grand Fétiche, dont tous les membres furent originairement supérieurs en vitalité, en puissance, à ce qu'ils sont aujourd'hui; le grand Fétiche, pour donner lieu à l'avènement du grand Être, s'est réduit, abaissé, sacrifié. Ce sacrifice mérite à la terre notre vénération reconnaissante; mais c'est dans l'humanité que l'humanité honore la perfection suprême, pour laquelle le grand Fétiche lui-même s'immola; et dans l'humanité la forme la plus parfaite, parce que c'est celle où prédominent les facultés affectives, c'est la femme. Mais, l'humanité n'existant que dans la succession des individus passagers, quel culte lui rendre? Le culte qu'Auguste Comte appelait le culte subjectif, et qui n'était autre qu'une pieuse commémoration des morts. C'est, selon lui, dans le souvenir des vivants que consiste pour les individus dignes de subsister, pour les femmes surtout qui réalisèrent dignement l'idéal de dévouement et de tendresse pour lequel elles furent faites, c'est dans ce souvenir seul que consiste l'immortalité, couronnement de la vie.

Dans cette métamorphose du positivisme, que devient la maxime sur laquelle il était fondé tout entier, savoir que, dans l'ensemble de la nature la généralité étant liée à la simplicité, la généralité diminue comme la complexité augmente? Auguste Comte ne s'est pas expliqué à cet égard, mais il n'est peut-être pas impossible de suppléer à son silence. Évidemment il faut ajouter maintenant, en premier lieu, qu'avec la complexité va croissant certaine simplicité : avec la complexité des éléments, l'unité simple, qui en fait un ensemble; en second lieu, qu'avec cette unité va croissant aussi, par une conséquence nécessaire, certaine généralité. C'est une remarque dont le fond appartient à l'auteur de la *Métaphysique*. Les éléments inférieurs, très simples dans leur pauvreté, sont par cela même en tout, à titre de matière des principes supérieurs. Le principe suprême est en tout, à son tour, dans ce sens qu'à différents degrés et sous des formes différentes il agit partout, il fait tout. « Il y a, dit l'auteur du *Siris*, dans tout ce qui existe, de la vie; dans tout ce qui vit, du sentiment; dans tout ce qui sent, de la pensée. » Chaque cause se trouve ainsi et dans l'ordre de choses où elle est tout ce qu'elle peut être, et dans tous les ordres inférieurs qui, dans différentes proportions, reçoivent son influence et participent d'elle. L'âme, en un sens, est dans tout; et, plus encore que l'âme, Dieu, en ce sens aussi, est l'être universel. Ce n'est pas que Dieu soit tout comme une matière dont tout serait composé, ainsi que l'entend la doctrine qu'on nomme panthéisme; c'est que, cause suprême, il est par conséquent le réel et le vrai de tout. « En Lui nous vivons, en Lui nous sommes. »

Auguste Comte, dans un de ses derniers ouvrages, le *Catéchisme positiviste*, publié en 1852, appelle encore Hume son principal précurseur philosophique. A cette époque pourtant il approchait beaucoup de ce que nous avons appelé le positivisme spirituel ou métaphysique. Jamais il n'abandonna cette proposition, qu'il n'y a pour nous rien que de relatif. Jamais non plus il ne se plaça, ni ne voulut admettre qu'on pût se placer à ce point de vue où apparaît, dans la cause que nous sommes, cet absolu auquel se mesure, en définitive, tout relatif, point de vue qui est celui de la réflexion de l'esprit sur lui-même. Par l'observation seule, ou prétendue seule, des choses du dehors, qui s'éclairent de notre lumière intérieure et nous présentent, bien qu'altérée, notre propre image, il en vint, après avoir longtemps écarté toute idée de cause, à faire à la cause, et à la cause comprise comme finale, intentionnelle, une part toujours plus grande. Restait, pour connaître le véritable caractère d'une telle idée, à en reconnaître la véritable origine. Le lecteur assidu de l'*Imitation de Jésus-Christ* et des mystiques du xve siècle, l'apôtre de l'*altruisme*, y serait venu sans doute si le temps ne lui eût fait faute.

X

M. Littré, comme on l'a vu, ne suivit pas Auguste Comte dans la seconde partie de sa carrière; il voulut rester au point que celui-ci avait dépassé, et maintenir encore plus sévèrement que M. Stuart Mill les termes du positivisme primitif. Lui-même cependant ne réussit pas à s'y renfermer.

On a vu que M. Herbert Spencer, tout en préconisant cette grande maxime du positivisme, que nous ne connaissons rien que de relatif, admet au delà du relatif quelque existence absolue dont nous avons, sinon une connaissance véritable, du moins une obscure conception; idée par laquelle il revient, à peu près, au système de l'école écossaise, de Kant, des éclectiques. M. Stuart Mill, dans son livre publié en 1865 sous le titre *Auguste Comte et le positivisme*, fait un reproche à Auguste Comte de ce que, au lieu de s'en tenir, comme le prescrit le positivisme, à la seule expérience, il la dépasse par la négation, en déclarant impossible toute conception d'une origine des choses et d'une cause première. M. Stuart Mill voudrait que, tout en suivant pour l'étude de ce monde la méthode positive, tout en se bornant à considérer la nature comme un composé de phénomènes qui se suivent ou s'accompagnent, on admit comme possible quelque principe surnaturel, universel antécédent dont tout l'ensemble du monde surnaturel serait la conséquence et l'effet; il voudrait qu'on admit comme possible qu'un semblable principe fût une intelligence; en un mot, qu'on admit, sinon la réalité, au moins la possibilité d'un Dieu.

Le second reproche que fait M. Stuart Mill à Auguste Comte, c'est de n'avoir jamais voulu admettre aucune psychologie en dehors de la physiologie, de n'avoir jamais voulu admettre aucune étude directe des sentiments, des idées et des volontés, qui composent ce que l'école positiviste, d'un terme emprunté à la philosophie allemande, appelle ordinairement le « subjectif ».

De ces deux critiques, M. Littré n'admet ni la première ni la seconde. A la première il a répondu[1] qu'on ne peut, si l'on admet les principes du positivisme, considérer comme une question ouverte, ainsi que s'exprime M. Mill, la question de l'existence d'une cause première, d'une intelligence créatrice et directrice, d'un Dieu, d'une providence.

Quant au second point, M. Littré accorde que les sentiments, les idées, les volontés, peuvent être les objets d'une étude directe et fournir la matière de sciences particulières. Il maintient seulement que ce sont des phénomènes cérébraux, et qui, à ce titre, rentrent dans la physiologie. Mais par cela seul que les phénomènes subjectifs sont, en cette qualité, les objets d'un mode tout particulier de connaissances, qui est la conscience proprement dite, il est évident que des modifications du cerveau qui se connaissent par la vue et le toucher, ne les constituent pas entièrement, et n'en sont que des conditions ou moyens. Or expliquer entièrement des faits par ce qui n'est que leur condition, c'est expliquer le supérieur par l'inférieur; c'est donc, d'après la profonde sentence d'Auguste Comte, quelque opinion qu'on ait concernant la matière, et n'en admît-on pas même la notion, c'est donner des choses une explication toute matérialiste, dès lors insuffisante.

L'athéisme et le matérialisme sont-ils donc, comme on l'a dit, toute la doctrine de M. Littré?

Nous avons vu qu'arrivé en présence de l'organisme et de la vie, le fondateur du positivisme reconnut, en termes plus ou moins explicites, la réalité de la cause, et de la cause finale; M. Littré, en des termes différents, a fait le même aveu.

C'est la maxime ordinaire du matérialisme, depuis Épicure,

[1]. *Revue des Deux Mondes*, 1866.

que les ailes n'ont pas été faites pour voler, comme le disent ceux qui trouvent dans la nature des marques de dessein, mais que les oiseaux volent parce qu'ils ont des ailes; autrement dit, que ce ne sont pas les fonctions qui rendent raison des organes, mais les organes, au contraire, qui rendent raison des fonctions.

M. Littré, autrefois, était de ceux qui n'admettaient point que les organes fussent faits pour les fonctions; et il avait publié, dans la *Revue des Deux Mondes*, un travail composé tout exprès contre la doctrine des causes finales. A cette époque, il n'appartenait pas encore à la philosophie positive. Elle ne put d'abord que fortifier chez lui l'aversion pour une doctrine qui était précisément celle que le positivisme avait eu pour premier objet de renverser. Depuis, sous l'influence peut-être de quelques-unes des idées qui remplirent la seconde partie de la carrière d'Auguste Comte, mais peut-être aussi par l'effet seul de ses propres réflexions, il arriva à un point de vue différent. Considérant de près celui de nos organes qui, par la complication et en même temps par l'unité de sa structure, a toujours fourni aux partisans des causes finales le plus d'arguments, c'est-à-dire l'œil, il reconnut qu'il y avait dans cet organe une appropriation incontestable d'un ensemble de moyens à une fin. Il en reconnut une semblable, plus ou moins manifeste, dans tout l'organisme; et la doctrine de la finalité universelle, qu'il avait combattue jadis, et de son chef et au nom du positivisme, devint la sienne.

Cependant, en l'adoptant, M. Littré n'a pas entendu être infidèle à la philosophie positive, comme M. Paul Janet le lui a reproché dans les pages de sa *Crise philosophique* (1865) qu'il lui a consacrées. « Ce serait l'être, dit M. Littré, que d'expliquer l'appropriation du moyen à la fin, soit par une âme ou une providence, soit par une propriété générale de la matière; mais dire que la matière organisée s'ajuste à des fins, c'est énoncer un fait sans en rechercher la cause, c'est s'en tenir au phénomène primitif. » On connaissait ces faits, dit M. Littré, que le tissu vivant a la propriété de croître, le tissu musculaire celle de se contracter : c'est un fait de plus à ajouter à ceux dont la physiologie est en possession, que la matière organisée a la propriété de s'accommoder à des fins. — On peut cependant remarquer, ce semble, que si la contraction d'un muscle, la croissance d'un organe, sont des faits d'expérience que les sens attestent, peut-être n'en est-il pas de même de l'appropriation de parties matérielles à une fin. Les sens nous attestent que tels organes prennent telle ou telle forme, telle ou telle situation; mais que ce soit « pour une fin », c'est un jugement de notre esprit, et ce jugement implique qu'il y a dans le corps un sentiment ou une conception, si obscure qu'on veuille la supposer, d'un but de ses mouvements. « Pour une fin » et « en vue d'une fin » sont des expressions synonymes, dont la première seulement enveloppe sous un terme abstrait et équivoque ce que la seconde exprime plus nettement. Dire, comme M. Littré, dans sa préface du livre de M. Leblais, que « les organes ne naissent pas autrement que par ou pour une accommodation de la nature organisée à ses fins », c'est donc, ce semble, attribuer à la nature vivante des mouvements intentionnels, c'est avouer que tout phénomène de la vie révèle la pensée.

Sans doute cette intelligence plongée dans la matière, comme s'exprimaient Cudworth et Leibniz, ne se suffit pas à elle-même; cause suffisante, peut-être, des phénomènes vitaux, il faut, sans doute, avec les métaphysiciens, avec Aristote particulièrement, lui chercher une cause supérieure dans une intelligence en pleine possession de soi. Selon l'expression employée, dans une leçon publique (1864) sur les preuves de l'existence de Dieu, par un jeune maître chargé depuis d'une partie de l'enseignement philosophique à l'École normale (M. Lachelier), il faut dire que la nature est comme une pensée qui ne se pense point, suspendue à une pensée qui se pense. Mais, sans aller jusque-là ni même jusqu'où s'avança Auguste Comte, c'est s'éloigner beaucoup de ce qui fut le point de départ du positivisme que de reconnaître que rien dans la nature vivante ne saurait se comprendre sans le dessein, par conséquent sans la pensée. C'est assurément rétablir, quoique peut-être ce ne soit pas le rétablir dans tous ses droits, l'élément supérieur que le positivisme primitif, au lieu d'en étudier et d'en approfondir l'idée, prétendait supprimer.

Il est difficile de croire que le docte M. Littré n'aille pas plus avant dans la direction où celui qu'il avoue pour son maître l'a précédé, où les plus éminents parmi les autres disciples de celui-ci s'acheminent de plus ou moins loin à sa suite, et où lui-même a déjà fait un pas si décisif.

XI

M. Taine, dans un ouvrage intitulé *les Philosophes français du XIXe siècle*, qui fut publié en 1857, entreprit, en se plaçant sur un terrain peu éloigné de celui du positivisme, de battre en brèche la forte position qu'occupait alors l'école éclectique.

Auguste Comte s'était borné à reprocher en termes généraux à cette école de se renfermer dans de stériles considérations sur ce qu'elle appelait les faits de conscience et la méthode psychologique, et dans des recherches de logique nécessairement vaines, parce qu'elles ne portaient pas sur des applications précises aux objets des différentes sciences, mais sur des généralités complètement abstraites.

M. Taine voulut démontrer, par l'examen des doctrines ou des ouvrages de Royer-Collard, de Victor Cousin, de Jouffroy, auxquels il joignait Maine de Biran, que la philosophie qui régnait alors presque exclusivement dans l'enseignement public et qui y tient encore la plus grande place, n'avait rien de scientifique ; que, sous ces formes littéraires, qui offraient, à différents égards, de si éminents mérites, elle n'expliquait rien, ne rendait compte de rien ; et en même temps il essayait lui-même d'indiquer, au moins par des traits généraux, les théories et les méthodes par lesquelles il croyait que les théories et les méthodes de cette philosophie devaient être remplacées.

On a vu plus haut qu'après que Berkeley eut fait voir ce qu'il y a d'incomplet et de vide dans ces idées de facultés, de puissances, de causes, de substances, par lesquelles la philosophie vulgaire croyait expliquer les phénomènes, après que Hume en eut conclu que les phénomènes sensibles formaient à eux seuls tout ce qui était réel, si l'école écossaise sentit que les idées qu'on avait proscrites et dont la proscription laissait le champ libre au scepticisme répondaient à des vérités importantes, objets de légitimes croyances, elle n'alla guère plus loin, et que l'école par laquelle elle se continua parmi nous ne fit guère aussi que restituer, comme des objets inconnus ou à peine connus de conceptions nécessaires, ces êtres de raison dont Berkeley avait montré le défaut.

Le principal objet de la critique de M. Taine est de démontrer l'inanité absolue de ces principes que voulurent rétablir, comme au-dessus des phénomènes sensibles, Royer-Collard, Victor Cousin, Jouffroy, Damiron et leurs successeurs. Dans « ces petits êtres spirituels cachés sous les phénomènes comme sous des vêtements », il voit, il cherche à faire voir de pures fictions, du moins de simples abstractions érigées en êtres. Et sur plus d'un point il rend sensible l'insuffisance de cette psychologie et de cette méthode psychologique tant recommandées, qui se terminent, après quelques observations peu fécondes sur nos états et nos opérations intérieures, à une simple énumération de facultés ou de forces de même nom.

On ne voit pas sans quelque étonnement que M. Taine confonde parmi les partisans des entités abstraites, auxquelles il fait la guerre, un penseur qui, au contraire, les répudia, qui démêla mieux que personne l'erreur que renfermait la méthode, appelée psychologique, par laquelle on y arrive, et qui, par ses méditations, prépara à la science de l'homme intérieur une méthode toute différente. Si Maine de Biran aussi a laissé beaucoup à faire pour l'analyse des conditions empiriques de ce qu'on peut appeler les phénomènes psychologiques, il ne s'est pas arrêté du moins, pour les expliquer, à des facultés et puissances, objets invisibles, indéterminés, de conceptions et de croyances ; au contraire, en pénétrant plus profondément dans la voie que traça le premier avec précision le fondateur de la métaphysique, et où s'avancèrent après lui Plotin, saint Augustin, Descartes, Leibniz, il rapporte les faits psychologiques, comme à leur principe immédiat, à une action que nous connaissons par la plus intime expérience, que rien, par conséquent, ne surpasse et même n'égale en réalité positive. Est-ce bien là faire ce qu'il condamnait lui-même, prendre pour des êtres effectifs d'abstraites généralités, et des mots pour des choses ?

Des principaux philosophes du xix⁰ siècle, celui qui trouve auprès de M. Taine le plus de faveur est l'un des premiers en date, Laromiguière. M. Taine approuve en lui le continuateur à plusieurs égards de la philosophie du siècle précédent, le partisan déclaré de la méthode que Condillac exposa dans sa *Logique*, sa *Grammaire*, sa *Langue des calculs*, et qui consiste non point, comme celle dont l'éclectisme emprunta le principe à l'école écossaise, à ne s'appuyer un moment sur quelques faits, dont le choix même est à peu près indifférent, que pour passer aussitôt à des principes d'un autre ordre, ce qui ne saurait jamais faire, selon l'expression de Fichte, une philosophie d'une seule pièce, mais plutôt à décomposer nos connaissances, à les réduire par des abstractions successives à leurs parties intégrantes les plus simples et aux relations de ces parties, et à résoudre ainsi toutes nos idées en des combinaisons, opérées au moyen d'équations successives, de quelques éléments.

Cette méthode, appelée « l'analyse des idées », est, selon M. Taine, le fond de ce qu'on nomma chez nous, au commencement du siècle, l'idéologie. A son avis, elle serait la seule conforme à notre génie national.

L'analyse, selon l'auteur des *Philosophes français du XIXe siècle*, n'est pas seulement la méthode à employer dans l'étude de notre intelligence : c'est aussi la méthode pour connaître les choses. C'est ce que le positivisme ne lui paraît pas avoir assez compris, et par où il cherche à le compléter.

M. Taine, en 1863, a publié dans la *Revue des Deux Mondes* un travail intitulé *le Positivisme anglais, étude sur M. Stuart Mill*. Dans ce travail, il expose, en les confirmant de son assentiment, les théories qui sont la base du positivisme, de celui du moins qu'exposa d'abord Auguste Comte. En même temps il y ajoute, et, par ce qu'il ajoute, il modifie, il change tout.

M. Taine admet avec M. Stuart Mill ce principe, mis en avant, comme on l'a vu, par Berkeley, mais que Hume prit pour l'unique fondement de sa philosophie, que la substance, la force et tous les êtres prétendus métaphysiques des modernes sont un vain reste des entités toutes logiques de l'École ; il admet avec lui qu'il n'y a rien de réel que les faits tels qu'ils s'offrent à nos sens, avec leur ordre de temps et de lieu, lesquels faits ne sont autres, en fin de compte, que nos sensations mêmes, d'où il suit que la science consiste uniquement dans la connaissance que tels et tels faits sensibles, que telles sensations se suivent ou s'accompagnent.

Et pourtant la logique de M. Stuart Mill paraît incomplète à M. Taine.

Nous n'avons pas seulement, remarque-t-il, la faculté d'ajouter, nous avons encore celle de retrancher; les mathématiques ne consistent pas dans l'addition seulement : la soustraction y joue son rôle. Nous n'assemblons pas seulement des parties en des touts, nous décomposons des touts en leurs parties. Cette seconde opération, l'inverse de la première, M. Taine l'appelle l'abstraction; c'est par elle, selon lui, que nous déduisons d'une vérité une foule d'autres vérités, d'un principe une infinité de conséquences; c'est par elle que se forment toutes les sciences : aussi appelle-t-il la faculté d'abstraire ou de soustraire une « faculté magnifique, source du langage, interprète de la nature, mère des religions et de la philosophie, la seule distinction véritable qui sépare l'homme de la brute et les grands hommes des petits ».

M. Stuart Mill aussi avait dû admettre que, les faits élémentaires une fois trouvés par l'observation et l'induction, on en peut tirer des conséquences; mais, selon lui, les déductions ne seraient encore que des inductions déguisées ou plutôt renversées. En tirant des propositions que l'induction a formées leurs conséquences, on ne ferait autre chose, à son avis, que retirer de ces propositions, partie par partie, ce qu'on y avait mis d'abord. Suivant M. Taine, autant du moins que nous pouvons saisir sa pensée sous les figures dont il se plaît à la parer, déduire n'est pas seulement détailler en des propositions particulières ce qu'on avait réuni d'abord dans une proposition générale : c'est d'une proposition tirer d'autres propositions qui avaient pu ne contribuer aucunement à la former; c'est, par exemple, d'une propriété du cercle faire sortir des propriétés différentes, que, jusqu'alors, on ignorait. — Mais une telle déduction, qui d'une idée tire une autre idée, comment est-elle possible, sinon à la condition de concevoir que la seconde était renfermée dans la première, qu'elle y était contenue comme la partie est contenue dans le tout? C'est là une relation qui n'est plus de simple voisinage, mais de mesure; c'est là une conception de rapports ou de raisons qui n'est plus un fait passif de sensation, mais qui est le résultat d'une action de comparer, d'évaluer, chose d'un tout autre ordre, et qu'on appelle la raison. Par l'abstraction avec tous ses effets, dont le dernier est le raisonnement, ce que M. Taine a en vue, c'est, au fond, cette opération, qui, en effet, est le propre de l'homme, et par laquelle, s'élevant au-dessus de l'état purement sensitif, il calcule les relations, il mesure les relatifs les uns aux autres, et tous, plus ou moins explicitement et formellement, à l'absolu de quelque unité.

Parler comme le fait M. Taine de l'abstraction et de l'analyse, c'est donc rétablir, au-dessus de la pure expérience, seule avouée de M. Stuart Mill comme de Hume, les droits de la raison.

Ce n'est pas tout : tandis que la pensée dominante de M. Stuart Mill est de bannir de partout l'idée de cause pour ne laisser à sa place que la simple succession ou juxtaposition des phénomènes, M. Taine invoque comme universel ce qu'il appelle l'axiome des causes, et qu'on nomme d'ordinaire le principe de causalité. Tout, selon lui, a une cause, et c'est pourquoi tout doit pouvoir se prouver.

M. Taine, il est vrai, rejette les causes telles que les imagine, dit-il, l'école écossaise et éclectique, distinctes de tous les faits et pareilles à de petits êtres cachés derrière eux. Les causes des faits ne sont, suivant lui, comme suivant Auguste Comte, que d'autres faits. Mais pour vouloir que la causalité réside dans les phénomènes mêmes et non ailleurs, il n'en prétend pas moins la rétablir, comme la raison, dans tous ses droits et toute sa force.

Selon le positivisme vulgaire, il n'y a à chercher, au lieu de ces causes mystérieuses des faits, desquelles se préoccupe la métaphysique, que les faits dont ils sont ordinairement précédés. Suivant M. Taine, des groupes de faits inséparable étant ainsi formés, il faut chercher en outre à quel fait plus simple ils peuvent être réduits. Ce fait plus simple est ce qu'on nomme la cause. Ne dit-on pas que la chute des graves, l'ascension des vapeurs, l'équilibre des liquides, ont pour cause commune la pesanteur? Le positivisme vulgaire se borne à réunir, par un travail d'assemblage ou de synthèse, les phénomènes que fournit l'expérience; il faut de plus, par un travail d'abstraction ou d'analyse, séparant de ces faits leurs circonstances accidentelles et variables, les réduire à leur plus grande simplicité et, par conséquent, à la plus grande généralité possible. C'est la condition et en même temps le terme de la science. Des faits particuliers d'un certain genre réduits à un seul fait, c'est ce qu'on nomme une science; les faits généraux réduits, à leur tour, s'il se pouvait, à un seul et même fait, ce serait la science universelle.

« Le progrès de la science, dit M. Taine, consiste à expliquer un ensemble de faits, non point par une cause prétendue, hors de toute expérience, mais bien par un fait supérieur qui les engendre. En s'élevant ainsi d'un fait supérieur à un fait supérieur encore, on doit arriver pour chaque genre d'objets à un fait unique, qui est la cause universelle. Ainsi se condensent les différentes sciences en autant de définitions d'où peuvent se déduire toutes les vérités dont elles se composent. Puis le moment vient où nous osons davantage : considérant que ces définitions sont plusieurs et qu'elles sont des faits comme les autres, nous y apercevons et nous en dégageons par la même méthode que chez les autres le fait primitif et unique d'où elles se déduisent et qui les engendre. Nous découvrons l'unité de l'univers, et nous comprenons ce qui la produit. Elle ne vient pas d'une chose extérieure au monde, ni d'une chose mystérieuse, cachée dans le monde. Elle vient d'un fait général semblable aux autres, loi génératrice d'où les autres se déduisent, de même que de la loi de l'attraction dérivent tous les phénomènes de la pesanteur, de même que de la loi des ondulations dérivent tous les phénomènes de la lumière, de même que de l'existence du type dérivent toutes les fonctions de l'animal, de même que de la faculté maîtresse d'un peuple dérivent toutes les parties de ses institutions et de tous les événements de son histoire. L'objet final de la science est cette loi suprême; et celui qui, d'un élan, pourrait se transporter dans son sein, y verrait comme d'une source se dérouler, par des canaux distincts et ramifiés, le torrent éternel des événements et la mer infinie des choses. C'est à ce moment que l'on sent naître en soi la notion de la Nature. Par cette hiérarchie de nécessités, le monde forme un être unique, indivisible, dont tous les êtres sont les membres. »

Par là M. Taine entend-il qu'au fur et à mesure du progrès de nos connaissances, les propriétés d'un ordre de choses se doivent réduire aux propriétés plus simples d'un ordre inférieur, et enfin celles des ordres divers du plus bas degré, où se trouve encore quelque diversité, à des propriétés communes, les plus élémentaires qui soient? Ce serait, d'après la sentence d'Auguste Comte, expliquer chaque chose par ce qui en forme la matière; par conséquent, l'analyse ainsi appliquée, en conduisant la science, de degré en degré, à une cause première prétendue, qui ne serait, en définitive, que le plus simple et le plus abstrait de tous les faits, ne ferait que la réduire au pur matérialisme.

Resterait de plus à expliquer, et c'est ce que M. Taine ne paraît pas avoir encore essayé, comment on pourrait concevoir que le fait le plus simple et le plus abstrait, tel que serait, par exemple, la pesanteur, eût produit, par voie seulement de complication croissante, tous les faits d'ordre supérieur, les combinaisons chimiques, l'organisation, la vie, la pensée. Resterait enfin à savoir si le fait de mouvement le plus élémentaire et le plus simple, si même l'étendue se peut comprendre sans rien de plus que ce qui en fait la matière, sans quelque principe de forme et d'union. Ce sont des difficultés que jusqu'à présent aucune doctrine matérialiste n'a pu résoudre.

Mais ce serait une erreur de croire, d'après le passage que nous venons de citer et d'autres analogues, que M. Taine s'en soit tenu, pour toute philosophie, au matérialisme. Loin de là : il lui est arrivé ce qui était arrivé à Auguste Comte. En présence de la nature organisée, de la vie, il lui est apparu, à lui aussi, que, parmi les faits qui se suivent ou s'accompagnent toujours, il y en a qui en exigent d'autres et les commandent. Quand ils sont simplifiés par l'analyse, dégagés des circonstances accidentelles et variables, on voit d'autant mieux, dans les êtres animés, que tels faits, par cela seul qu'ils sont à tels autres dans le rapport de l'achèvement au commencement, de la perfection à l'imperfection, les nécessitent, les obligent d'être. La nutrition exige pour la digestion, pour la déglutition, pour la mastication, pour la préhension, qu'il y ait de tels et tels organes, construits de telle et telle manière. Mais la nutrition elle-même, la déperdition la rend nécessaire, et quelque chose rend nécessaire la déperdition, savoir la conservation du type : la conservation du type est le fait principal, le fait dominateur duquel dépendent tous les autres, qui les commande tous.

Arriver à cette pensée, ce n'est plus borner toute idée de cause à celle d'un antécédent physique, comme le fait le positivisme vulgaire, ni même à celle du fait simple dans lequel l'analyse résout le fait complexe, c'est rétablir, quoique en la plaçant, non pas peut-être sans contradiction, dans la matière, dans le corps, la causalité complète que devait bannir le positivisme, la causalité active intentionnelle. Concevoir en effet que la perfection, en cette qualité même, commande, nécessite, évidemment c'est concevoir qu'elle produit le désir et par le désir le mouvement. S'exprimer comme le fait M. Taine, c'est dire, quoique en des termes qui veulent être éclaircis, que ce qui détermine les choses, ce qui fonde leur être, ce n'est point, comme le vulgaire des savants se le persuade, leur matière à elle seule, mais bien ce à quoi elle tend et qui est la perfection dont elle est susceptible.

Partagé entre deux directions opposées auxquelles nous inclinent les deux ordres différents de connaissances qu'a embrassés l'étendue de ses études, entre la direction qui aboutit au matérialisme, et c'est celle dans laquelle nous engagent les mathématiques et la physique, et la direction qui mène au spiritualisme, et c'est celle où acheminent la biologie et surtout les sciences morales et esthétiques, M. Taine, vraisemblablement, avec sa haute intelligence si sensible à toute sorte de beauté, se prononcera de plus en plus pour la seconde.

XII

M. Ernest Renan, l'un de nos érudits les plus renommés, l'un de nos plus brillants écrivains, ne fait pas profession de philosophie et n'en a traité nulle part méthodiquement et en détail ; il n'en est pas moins vrai que de ses écrits on peut extraire beaucoup de traits qui forment, rapprochés, des éléments d'une doctrine philosophique.

Les premières études de M. Renan eurent pour objet la théologie. Une idée le frappa dans le cours de ses études, et devint, ce semble, sa préoccupation constante : ce fut la difficulté d'accorder avec les résultats des sciences naturelles ou historiques, qui nous montrent en tout, de plus en plus, des lois constantes, l'opinion théologique selon laquelle une puissance supérieure à la nature y intervient par des déterminations particulières pour en interrompre le cours, de manière à déconcerter toute prévision. C'est l'objet qu'il se propose principalement dans ses travaux si divers, soit qu'ils se rapportent aux religions, à l'histoire, aux langues ou à la philosophie même, de montrer que les phénomènes s'expliquent par des lois naturelles dont la régularité exclut toute intervention supérieure exceptionnelle ou, d'un seul mot, tout miracle.

En outre, et ne se bornant pas à rejeter ce surnaturel que l'on fait consister dans une volonté toute-puissante suspendant par ses décisions arbitraires les lois naturelles, M. Renan a paru incliner d'ordinaire à rejeter pareillement le surnaturel pris en ce sens plus large où il désigne une existence supérieure aux conditions de l'existence physique et sensible, et à nier, par conséquent, toute métaphysique. Aussi s'est-il exprimé quelquefois, au sujet des idées de l'âme humaine et de sa destinée, de la Divinité et de sa providence, dans des termes qui lui ont été souvent reprochés comme incompatibles avec les croyances morales qu'un lien étroit rattache à ces idées.

Et en effet, quoiqu'il n'ait jamais donné aucune adhésion formelle à ce qu'on nomme les doctrines positivistes, il se rapproche beaucoup, par les assertions qui lui sont le plus familières, des écoles qui professent ces doctrines. Il répète souvent qu'il n'est pas de science absolue, que nos idées sont toutes relatives. Sans s'attacher à tirer en logicien toutes les conséquences de ces principes, il semble du moins se complaire souvent dans le scepticisme qu'il est si facile d'en déduire. Il a dit que le vrai et le faux ne diffèrent guère que par les nuances ; il a parlé de substituer à la philosophie une pure critique qui examinerait, comparerait sans prononcer.

Pourtant que ce fût là le dernier mot de l'écrivain qui, dans un article de journal publié à propos de l'Exposition universelle de 1855 et demeuré justement célèbre, revendiquait en termes si dignes, contre l'ascendant de la matière, les droits de l'ordre moral, la prééminence de l'intelligence, et qui, dans plusieurs de ses ouvrages, a émis sur les choses de l'esprit tant de pensées élevées, c'est ce qu'on ne devait pas croire aisément.

En 1863, M. Renan a exposé, dans une lettre adressée à

l'éminent chimiste M. Berthelot[1], des vues relatives à l'avenir de la science et de la métaphysique ; il y esquisse l'histoire passée et future, telle qu'elle lui apparaît, de la nature et de l'humanité. Deux idées y dominent : celle du progrès continu des choses et celle d'une cause de ce progrès.

M. Taine a très bien exprimé cette idée que la science, à mesure qu'elle avance, interpose, entre deux faits dépendant l'un de l'autre, un nombre de plus en plus grand de faits intermédiaires. Par cette intercalation de moyens termes, la science va toujours établissant entre les termes extrêmes, qui sont l'un à l'autre dans le rapport de la cause à l'effet, une plus parfaite continuité. Par la continuité, on voit disparaître, soit dans la suite des faits, soit dans celle des formes, ces lacunes, ces hiatus qui semblent exiger, pour les combler, l'intervention de quelque puissance étrangère. C'est par le passage insensible d'une modification à une modification très voisine que M. Darwin, dans son célèbre traité *De l'origine des espèces*, a cherché à faire voir comment avait pu s'opérer, à la longue, le passage d'une forme organique élémentaire à des formes organiques extrêmement différentes. Et c'est la pensée que M. Grove, le savant auteur du traité de la *Corrélation des forces organiques*, a exprimée, dans sa généralité, comme fournissant une clef pour l'explication de tous les phénomènes de la nature, dans le *Discours sur la continuité* qu'il a prononcé en 1866 dans une réunion de la *British Association*. Rappelons en passant, sans remonter jusqu'à Aristote, que celui qui, le premier après lui, énonça comme une loi universelle la loi de la continuité et en fit comprendre l'usage, soit dans les mathématiques, soit dans toutes les autres sciences, fut le digne héritier de tant de grandes pensées de l'auteur de la *Métaphysique*, le profond penseur Leibniz.

Le livre de M. Darwin avait fait sur l'esprit de M. Renan une

---

1. *Revue des Deux Mondes*, 15 octobre.

forte impression : c'était un document considérable à l'appui de sa pensée favorite que tout s'explique dans le monde par le développement seul des lois cosmiques. Ce que le naturaliste anglais avait voulu faire avec détail pour le règne organique, il essaya de le faire à son tour en termes généraux et sommaires pour l'ensemble des choses. Il essaya de faire voir comment on peut comprendre qu'avec beaucoup de temps le monde ait passé, par une suite continue de transformations, d'un état primitif où il n'y aurait eu que des atomes avec des propriétés purement mécaniques, à l'état actuel, où la vie s'est élevée enfin, de formes en formes de plus en plus complexes, à ce point de perfection qui est sur notre planète la condition actuelle de la meilleure partie de l'humanité, et dont l'intelligence, avec la conscience de soi-même, est le plus éminent caractère. « Pour cela, dit M. Renan, il n'a point fallu des créations successives procédant, en quelque sorte, par saccades. L'action lente des causes ordinaires rend compte de tous les phénomènes qu'on expliquait autrefois par des causes extraordinaires. » Il ajoute : « Le temps fut l'agent par excellence. »

Est-ce donc à dire que, pour que la matière de simples atomes acquière des propriétés physiques et chimiques, puis vitales, et enfin intellectuelles et morales, c'est assez d'une grande longueur de temps ? Qu'une telle assertion sans aucun correctif fût insoutenable et même dénuée de sens, c'est ce qui ne pouvait échapper à la pénétration de M. Renan. Lamennais avait parlé d'une sollicitation interne qui pousse au développement des êtres naturels. M. Renan ajoute au temps, ce « coefficient universel », un deuxième facteur, qu'il nomme la tendance au progrès. « Une sorte de ressort intime, poussant tout à la vie, et à une vie de plus en plus développée, voilà, dit-il, l'hypothèse nécessaire. » — « Il faut admettre dans l'univers, ajoute-t-il, ce qui se remarque dans la plante et dans l'animal, une force intime qui porte le germe à remplir un cadre tracé d'avance. » — « Il y a, dit-il encore, une conscience obscure de l'univers qui tend à se faire, un secret ressort qui pousse le possible à exister » ; puis, avec plus de précision : « L'univers est une lutte immense où la victoire est à ce qui est possible, flexible, harmonieux. L'organe fait le besoin ; mais il est aussi le résultat du besoin. En tout cas, le besoin lui-même, qu'est-il, sinon cette conscience divine qui se trahit dans l'instinct de l'animal, dans les tendances innées de l'homme, dans les dictées de la conscience, dans cette harmonie suprême qui fait que tout est plein de nombre, de poids et de mesure? Rien n'est que ce qui a sa raison d'être ; mais on peut ajouter que tout ce qui a sa raison d'être a été ou sera. »

Qu'est-ce à dire, sinon, comme l'ont entrevu et plus ou moins exprimé Auguste Comte, M. Littré, M. Taine, que la cause universelle est un idéal où les choses aspirent, et que le grand ressort du monde est la pensée?

M. Renan, non plus que M. Taine, non plus que M. Littré et qu'Auguste Comte, ne se rend pas pour cela entièrement à la métaphysique. Suivant lui, il en est de la métaphysique à peu près comme des mathématiques et comme de la logique. Les mathématiques nous font connaître, au moyen de leurs formules, qui sont celles des transformations de la quantité par le simple développement du principe d'identité, non pas ce que sont les êtres, mais les conditions auxquelles ils seront nécessairement sujets, les catégories dans lesquelles ils seront nécessairement compris, si une fois ils sont. Ainsi en est-il de la logique, ainsi de la métaphysique. « Ce ne sont point des sciences à part et progressives : ce sont seulement des ensembles de notions immuables ; elles n'apprennent rien, mais elles font bien analyser ce qu'on savait. Ne nions pas qu'il y ait des sciences de l'éternel et de l'immuable ; mais mettons-les bien nettement hors de toute réalité. » D'après ces expressions, c'est donc quelque chose, et non pas un vain mot, comme le croit le positivisme vulgaire, que cet objet de la métaphysique qu'on nomme le parfait, l'absolu, l'idéal ; c'est quelque chose d'où dépend toute réalité, et qui pourtant n'est rien de réel : opinion intermédiaire entre l'empirisme positiviste et la métaphysique, mais qui, approfondie, devra se résoudre dans la théorie conséquente suivant laquelle l'idéal, cause de la réalité, ne peut être lui-même que la réalité parfaite absolue.

M. Renan, déjà, a dit dans ses plus récentes publications, que l'idéal seul est la réalité véritable, et que le reste n'a de l'être que l'apparence.

XIII

M. Charles Renouvier a proposé, comme M. Renan, de remplacer ce qu'on appelle généralement philosophie par ce qu'il appelle la « critique » ou le « criticisme » : c'est l'objet de ses *Essais de critique générale*, dont le premier volume a été publié en 1854, le deuxième en 1859, le troisième et le quatrième en 1864.

M. Renouvier s'est proposé de continuer l'entreprise du célèbre auteur de la *Critique de la raison pure*. Il admet avec Kant cette maxime de toutes les écoles qu'on peut nommer empiriques, que notre connaissance ne dépasse pas les phénomènes. Toute existence qu'on imagine dans une autre sphère que celle de l'expérience sensible est à ses yeux une pure chimère. Des choses existant en elles-mêmes, hors des relations que nos sens nous font connaître, des substances telles que les conçoivent ou croient les concevoir la plupart des métaphysiciens, telles qu'ils imaginent Dieu et les âmes, ne sont que de vaines idoles, et la métaphysique n'est qu'« idolologie ». Dans la conception de quelque chose de parfait, de complet, d'un infini, d'une unité pure, d'une intelligence qui se considère elle-même, et même d'un ordre ou d'une science universels, il ne voit rien que de contradictoire et d'absurde ; la poursuite d'un absolu, quel qu'il soit, ne conduit, selon lui, qu'à un abîme d'erreurs ou plutôt de non-sens. Ces idées sont les mêmes qu'énoncèrent dans des termes peu différents, si ce n'est même, le plus souvent, identiques, et Hamilton, et surtout Auguste Comte, MM. Littré, Bain, Stuart Mill, Taine, et tous ceux qui ont déclaré la guerre, comme M. Renouvier, à la métaphysique.

M. Renouvier n'adhère pas pour cela à la doctrine dite positiviste : il lui reproche son « sensualisme, partout supposé, démontré nulle part » ; ce sensualisme lui paraît « grossier ». C'est être arriéré, à son avis, que de ne tenir aucun compte de ce que Kant a acquis à la science : savoir, que le sensible n'est dans les phénomènes, dans ce qui nous apparaît, qu'un élément, et qu'il y en a un autre sans lequel il ne saurait apparaître, savoir les formes sous lesquelles nous le saisissons et qui sont de notre fait, ces manières de comprendre que Kant, après Aristote, nomma les catégories. Le positivisme, comme les doctrines matérialistes en général, prend les phénomènes hors de notre conscience, comme se suffisant par eux-mêmes, et sans considérer aucunement ce que nous leur donnons de forme et d'unité. Avec Kant, M. Renouvier remarque, au contraire, que le phénomène n'est ce qu'il est pour nous que dans la représentation que nous nous en faisons. Et, d'autre part, cette représentation même, nous nous la représentons en en prenant conscience. On y peut donc distinguer deux facteurs, le représenté et le représentant, ou, comme l'appelle M. Renouvier, le « représentatif » ; autrement dit, l'objet et le sujet de la représentation, deux termes distincts, contraires, à un point de vue, et qui pourtant, à un second point de vue, qui est comme symétrique du premier, ont chacun le caractère même de leur contraire. Le sujet, en effet, est dans la conscience, au moins lorsqu'elle s'élève jusqu'à la réflexion, un objet pour lui-même ;

et l'objet étant dans la conscience une représentation, une idée qui ne diffère réellement pas de la pensée même qui la considère, et par conséquent du pensant, l'objet est sujet, et tout représenté selon les expressions de M. Renouvier, est aussi un représentatif. Les deux éléments de la représentation ne sont donc que deux faces inséparables d'un même fait, deux termes d'un rapport. De cette observation, l'auteur des *Essais de critique générale* conclut que le réalisme matérialiste, qui ne voit que le représenté, abstraction faite de ce qu'y joint le représentatif, et l'idéalisme spiritualiste, qui considère le représentatif seul, sont deux théories également fausses : la vraie doctrine, suivant lui, mettra la réalité dans l'assemblage, dans le rapport des deux termes.

C'est ainsi, à peu près, que, entre le matérialisme des épicuriens et le spiritualisme de Platon et d'Aristote, une doctrine moyenne intervint, celle des stoïciens, qui faisait du principe passif et du principe actif deux parties également nécessaires d'un tout indivisible.

M. Renouvier réfute aisément le réalisme matérialiste. Peut-être n'en est-il pas tout à fait de même de la doctrine opposée. Si l'élément matériel ne peut évidemment se passer de ce qui lui donne forme et unité, peut-être n'est-il pas aussi évident que celui-ci ne puisse absolument se suffire à lui-même. La multitude ne se conçoit pas sans quelque unité qui en fasse un nombre; l'unité, au contraire, se conçoit toute seule. Ce qui est vrai du négatif, qui à lui seul n'est rien, ne l'est pas pour cela du positif.

La représentation n'est possible, remarque, après Kant, M. Renouvier, que sous la condition de ces modes de représenter qu'on nomme les catégories; et il reprend, après Kant, la tâche difficile de les énumérer et de les classer. Tout étant, à son avis, relatif dans la représentation, il met au premier rang, comme dominant toutes les autres catégories, la catégorie de la relation ; il place ensuite celles du nombre, de l'étendue, du temps et de la qualité, qui déterminent les caractères sous lesquels se présentent dans notre expérience les relations phénoménales; enfin celles que les positivistes, et que Kant lui-même prétendent éliminer ou réduire aux premières, les idées de cause, de fin, et celle de personnalité, qui les implique l'une et l'autre. Nous ne pouvons, en effet, concevoir qu'une cause détermine un mouvement sans concevoir qu'elle se propose une fin; et se proposer une fin ou vouloir n'appartient, à y bien regarder, qu'à ce qui, comme nous, dit ou peut dire « moi », et c'est ce qu'on appelle une personne.

L'analyse à laquelle M. Renouvier se livre le conduit à ce résultat que si, dans telle représentation, telle ou telle catégorie domine, il n'est pas néanmoins une seule représentation où ne concourent toutes les catégories, pas un seul représenté qu'elles ne contribuent à déterminer. M. Renouvier, en conséquence, fait cette importante remarque que tout est soumis aux catégories supérieures; que rien ne tombe sous notre connaissance où nous ne trouvions et la force et la cause finale, où nous ne trouvions quelque chose, à quelque degré que ce soit, de la personnalité ; c'est-à-dire que nous ne pouvons nous représenter la nature que sous les conditions de l'esprit. C'est là un résultat original et très important de ses laborieuses recherches. Quant à la proposition correspondante et inverse, que nous ne nous représentons rien que sous les catégories ou conditions de représentation physiques, peut-être, conformément à l'observation que nous venons de faire sur l'indépendance du principe supérieur, peut-être y a-t-il lieu encore de remarquer que, tout en admettant que nos représentations, en général, sont en effet soumises aux catégories de la nature, il y en a une pourtant qui en est exempte, savoir l'idée de l'activité même par laquelle nous formons ces représentations, activité qui n'est autre que nous.

Selon M. Renouvier, ennemi de tout absolu, de toute parfaite unité, être pensant n'est, comme s'exprime habituellement aussi M. Taine, qu'être un groupe ou une série de pensées qui se succèdent ; proposition avec laquelle, par parenthèse, ne se concilient facilement ni l'identité personnelle ni la mémoire. Personnalité n'est donc, pour M. Renouvier, comme tout le reste, que relation ; mais, selon lui aussi, et par cette proposition il se place fort au-dessus du positivisme matérialiste, relation c'est pensée, c'est vouloir, c'est personnalité.

C'est dire que l'âme retrouve partout l'âme, au moins dans des ébauches, et ne peut rien concevoir sinon de conforme au type qu'elle porte et qu'elle aperçoit en elle-même.

En étudiant ce type de plus près, et c'est l'objet du second de ses *Essais*, l'auteur de la *Critique générale*, sur les traces de l'auteur immortel de la *Critique de la raison pure*, y reconnaît pour le trait caractéristique, essentiel, dominateur, la liberté. La liberté, pour lui, est le fond de l'homme ; elle n'est pas seulement le principe de nos actions, elle est celui même de nos convictions.

L'évidence, disait Descartes, est le fondement de toute certitude ; l'évidence n'appartient, selon M. Renouvier, qu'à la perception simple des simples phénomènes. Pour tout le reste, être certain, selon lui, se réduit à croire ; et ce qui est le fondement de la croyance, c'est, parmi tous les désirs, le choix libre. Ce dont nous sommes certains, c'est, au fond, ce que nous approuvons comme conforme à notre destination morale, et cette approbation est acte de liberté. Dira-t-on qu'une telle certitude n'est pas sans renfermer bien de l'incertitude ? M. Renouvier en convient : « C'est, dit-il, le propre du sot de douter rarement, du fou de ne douter jamais : l'homme de bon sens se reconnaît à ce qu'il doute beaucoup. »

A quelques critiques que ces idées puissent être sujettes sous la forme que M. Renouvier leur a donnée, c'est une théorie qui assurément mérite considération, que celle qui établit entre la certitude et la croyance, entre la croyance et la volonté, une intime connexion. Si, comme disait Platon, c'est le bien qui est le premier principe et la dernière raison, le bien est en définitive la règle suprême du vrai. Mais qu'est-ce qui est juge du bien, sinon ce qui est fait pour lui, sinon le cœur? Et pourquoi, par conséquent, ne dirait-on pas, avec Pascal, que c'est le cœur qui juge les principes? Or le cœur, c'est l'amour, et l'amour vrai et la vraie liberté ne sont-ils pas même chose? « L'esprit est l'amour », dit le christianisme; et ailleurs : « L'esprit souffle où il veut ».

Il faut ajouter ici qu'une partie des idées de M. Renouvier sur la liberté lui ont été communes avec un autre penseur qui fut son ami, Jules Lequier, dont il a publié, avec un soin pieux, plusieurs écrits posthumes.

L'homme trouvé libre, sa liberté maintenue parmi les mouvements des choses naturelles qu'elle plie à sa propre destinée, une question s'élève : cette destinée est-elle bornée dans le temps? Doit-elle, au contraire, se prolonger dans l'infini? C'est la question de l'immortalité.

Sans prétendre démontrer, M. Renouvier estime que des inductions légitimes nous garantissent une vie indéfinie. Ces inductions se tirent et de l'analogie de la nature, où rien ne périt, où tout dure en se transformant, et surtout des convenances, des analogies de l'ordre moral. Des consciences destinées à durer toujours, et sans doute de plus en plus lumineuses, ce sont comme autant de dieux ; et pourquoi, pense M. Renouvier, n'y aurait-il pas encore bien des existences d'un ordre supérieur à la nôtre, et auxquelles se rattacheraient comme à leurs principes les phénomènes actuels? Des dieux donc, et peut-être aussi quelque dieu supérieur les régissant tous ; mais un Dieu tel que le comprennent et le christianisme et la métaphysique, un Dieu sans bornes et sans défauts, un infini de pouvoir, de sagesse et d'amour, c'est ce que M. Renouvier ne peut admettre. Comme un autre écrivain distingué de notre temps, M. Louis Ménard, M. Renouvier semble être conduit par des idées favorites de politique démocratique à des idées analogues en théologie. Tandis que tous les métaphysiciens ont cru que, soit que l'on considérât la nature avec ses harmonies, ou qu'on se réglât sur ce qu'exige l'ordre moral, on était conduit nécessairement, dans la recherche des principes, à l'unité; selon M. Louis Ménard et selon M. Renouvier, si l'on ne s'en tient à la pluralité, on tombera dans tous les inconvénients qu'entraînent pour la société humaine le despotisme et la tyrannie. — Peut-être cependant suffira-t-il pour les éviter de concevoir l'unité divine, non telle que la conçut Spinoza, d'un point de vue, au fond, tout physique, comme une sorte de matière universelle dont les individus ne seraient que des modifications nécessaires, et qui ne laisserait place nulle part à aucune individualité et aucune liberté, mais telle que la conçoit la métaphysique digne de ce nom, comme une Beauté absolue qui n'est la cause des choses que par l'amour qu'elle met en elles, et qui, en conséquence, par la manière même dont elle les détermine, les fait indépendantes et libres. Pascal a dit : « La multitude qui n'est pas unité est anarchie; l'unité qui n'est pas multitude est tyrannie. » Et le poëte grec : « Montrer comment tout est un, et comment néanmoins chaque chose est à part, c'est là la question. »

M. Renouvier a en aversion le panthéisme, qui confond tout dans l'unité d'un prétendu Dieu. Plutôt que de s'y laisser entraîner, il eût volontiers penché du côté de l'athéisme. Dans son premier volume, il était allé jusqu'à dire, par une sorte d'émulation du suprême paradoxe de Proudhon, que l'athéisme était la vraie méthode scientifique. Dans les volumes suivants, il se radoucit, comme Leibniz le dit quelque part de Spinoza, et ne veut pas se laisser inscrire au nombre des athées. Du moins demeure-t-il toujours l'adversaire déclaré de toute théologie ou philosophie qui conclut et à l'unité, et à l'infini, et à la perfection.

Il est vrai de dire néanmoins que de ce qu'on pourrait appeler le phénoménisme ou le représentationisme décidé de la première partie de ses *Essais*, M. Renouvier, dans les parties suivantes, semble revenir sur plus d'un point à des idées moins éloignées de celles des métaphysiciens.

Arrivé, dans l'étude des différentes parties de la nature, et particulièrement dans celle de l'humanité, à reconnaître que « tous les êtres ont évidemment une destinée, qu'une loi générale de finalité est une partie essentielle de l'ordre du monde », qu'en conséquence « tous les individus dont il est composé doivent se perfectionner par un progrès sans terme », assertions qui dépassent ce qu'on devrait attendre des principes d'où étaient parties ses recherches, M. Renouvier reconnaît que, pour assurer les moyens de réalisation des fins particulières, pour constituer et pour maintenir l'ordre moral du monde, il faut enfin en venir à la croyance en un Dieu réel, suprême, auquel se terminent tous les biens, à la croyance « dans l'existence et le règne de Dieu ». — « Le théisme et l'absolu même reparaissent ainsi, ajoute-t-il, dans l'idéal de la perfection morale, dans l'affirmation du Bien comme loi du monde, et d'un ordre moral qui enveloppe et domine l'expérience. » Aussitôt, il est vrai, il ajoute que de cet absolu nous ne savons rien hors des relations qui sont les conditions de notre conscience, que ce n'est, en conséquence, qu'une sorte d'absolu relatif, et que, dans cette expression même, absolu ne signifie que négation, indétermination, ignorance. C'est à peu près, avec un caractère moral plus prononcé, le langage de M. Herbert Spencer, relativement à ce grand inconnu dont il faut, suivant celui-ci, comme nous l'avons vu plus haut, admettre l'existence par delà l'horizon, où le positivisme matérialiste essaye de se renfermer, des phénomènes sensibles. Mais, connu ou non, ou, pour mieux dire, plus ou moins connu (car comment avoir de ce qui serait entièrement inconnu et indéterminé le plus léger soupçon?), c'est à un absolu, c'est à un infini, et c'est à un absolu en possession de la perfection morale que tendent en définitive et que vont se terminer irrésistiblement, comme les spéculations d'Auguste Comte et de M. Herbert Spencer, comme celles de M. Taine et de M. Renan, celles de M. Renouvier.

XIV

M. Vacherot débuta par une édition des *Leçons* de Victor Cousin sur la morale et le droit naturel. Il se fit connaître bientôt après par une thèse relative à la théorie d'Aristote sur les premiers principes, puis par une *Histoire de l'école d'Alexandrie*, que nous avons déjà mentionnée, et à laquelle l'Académie des sciences morales et politiques décerna un prix. Dans sa thèse, dans son histoire, il annonçait déjà des opinions qui s'écartaient, jusqu'à un certain point, de celles de l'école dont il faisait partie.

Dans l'ouvrage étendu qu'il a publié depuis sous ce titre : *la Métaphysique et la science*, M. Vacherot est arrivé à un système où l'on retrouve ce qu'ont de commun les théories de M. Taine, de M. Renan, de M. Renouvier. On peut dire que MM. Taine, Renan, Renouvier, Vacherot se sont proposé de réformer, à différents égards et points de vue jusqu'à un certain point différents, l'idée que les théologiens et les métaphysiciens se sont faite, en général, de la Divinité comme d'un être infini et parfait, volonté toute-puissante et personnalité en pleine possession d'elle-même. Si M. Renan crut devoir surtout écarter l'idée d'une volonté maîtresse de la nature, capable d'en changer le cours à son gré, et M. Renouvier l'idée d'une substance infinie et parfaite, M. Vacherot, d'accord en cela avec M. Taine, trouve particulièrement insoutenable l'idée d'une parfaite personnalité. Ce qui lui est propre surtout, c'est que la perfection est, à ses yeux, incompatible avec l'infinité, et en même temps avec la réalité.

« Les deux grands objets de la métaphysique, dit M. Vacherot dans l'avant-propos de la deuxième édition de *la Métaphysique et la science* (1863), sont Dieu et le monde. Le monde, c'est la réalité, objet des sens, laquelle est infinie; Dieu, c'est la perfection, objet de l'intelligence, c'est l'idéal. » — « La pensée de ce livre, ajoute-t-il, est la distinction profonde du parfait et de l'infini, l'un étant conçu comme l'idéal suprême, l'autre comme la réalité universelle. » Ce qu'il se propose surtout de démontrer, soit par l'analyse des principaux systèmes philosophiques de tous les temps, soit par celle de l'intelligence et par l'examen critique de nos connaissances, c'est que, s'il est une idée de perfection que tout exige, à laquelle tout conduit, idée que représente le nom de Dieu, cette idée exclut par elle-même celle d'existence réelle. Toute l'existence réelle est donc bornée au monde; le monde est tout le réel, Dieu est l'idéal.

« Le réel se connaît, dit M. Vacherot, l'idéal se conçoit. » Connaître et concevoir, tout l'avenir de la philosophie est, à son avis, dans cette distinction.

Cette distinction entre ce que l'on perçoit et ce que l'on conçoit est, comme on l'a vu, celle qu'établit surtout l'école écossaise, et de laquelle sortit, sous l'influence des théories esthétiques alors dominantes, la doctrine éclectique de l'idéal considéré comme incompatible avec la réalité. Seulement Victor Cousin faisait, en quelque sorte, une exception pour Dieu : en Dieu se trouvait, selon lui, l'idéal réalisé. M. Vacherot, par une application plus rigoureuse du principe général que le réel seul se connaît, et que ce qui se conçoit seulement n'est qu'idéal sans réalité, se rapprochant davantage de la doctrine commune des écoles empiriques, supprime l'exception.

Selon M. Vacherot, le vide étant une idée contradictoire, le réel forme un tout continu et infini. Cette proposition cosmologique est, dit-il, la principale conclusion de son livre. Et, en effet, infini, universel, le monde va tenir dans ce système la place qu'occupe en beaucoup d'autres la Divinité : il restera à Dieu, avec la perfection, une existence purement idéale. Aussi M. Vacherot, tout en distinguant Dieu du monde, donne-t-il souvent au monde tel qu'il le conçoit ce grand nom de « Dieu ». M. Vacherot approuve M. Renan d'avoir dit que Dieu est la catégorie de l'idéal ; il le blâme de laisser en doute si Dieu, tout en étant un idéal pour la pensée, ne serait pas encore en lui-même quelque chose de réel.

Bossuet, résumant la doctrine de tous les grands métaphysiciens ses contemporains ou ses devanciers, adressait ces paroles à ceux qui, de son temps, proposaient l'opinion que renouvelle aujourd'hui M. Vacherot : « On dit : le parfait n'est pas ; le parfait n'est qu'une idée de notre esprit s'élevant de l'imparfait, que l'on voit de ses yeux, jusqu'à une perfection qui n'a de réalité que dans la pensée. On ne songe pas que le parfait est le premier et en soi et dans nos idées, et que l'imparfait, en toutes façons, n'en est qu'une dégradation. » Et ailleurs : « Le parfait est plutôt que l'imparfait, et l'imparfait le suppose. » Et ailleurs encore : « Pourquoi l'imparfait serait-il et le parfait ne serait-il pas ? Est-ce à cause qu'il est parfait ? Et la perfection est-elle un obstacle à l'être ? Au contraire, la perfection est la raison de l'être. » On lit de même chez l'auteur de la *Monadologie* : « La perfection n'est autre chose que la grandeur de la réalité positive prise précisément, en mettant à part les limites ou bornes dans les choses qui en ont, en sorte que là où il n'y a point de bornes, c'est-à-dire en Dieu, la perfection est absolument infinie »; et encore : « Chaque possible a droit à l'existence précisément à mesure de la perfection qu'il enveloppe. »

Dans ces profondes sentences, M. Vacherot ne voit rien de solide, et il n'a même pas jugé utile de les réfuter, tant l'absurdité lui en paraît manifeste. Sur quoi M. Paul Janet, dans sa *Crise philosophique*, a dit : « M. Vacherot suppose partout, comme un postulat évident par soi-même, que le parfait ne peut exister, par cette raison que l'idéal ne peut être réel. On a pu contester aux cartésiens que l'existence fût une perfection : il serait étrange pourtant que ce fût une imperfection. Être vaut mieux, après tout, que ne pas être. »

La pensée de M. Vacherot paraît être, non pas absolument sans doute que c'est une imperfection d'exister, mais que l'existence réelle a des conditions qui impliquent imperfection. C'est qu'il suppose qu'il n'y a rien de réel que ce que nous font connaître les expériences des sens; et, comme l'ont remarqué M. Caro dans *l'Idée de Dieu et ses nouveaux critiques*, et M. Paul Janet dans sa *Crise philosophique*, cette supposition est le principe sous-entendu de toute sa philosophie.

« Ce que suppose la démonstration de M. Vacherot, dit M. Caro, c'est que toute existence est mobile, qu'elle se développe dans le temps et dans l'espace, qu'elle ne se produit qu'au sein de la nature ou de l'histoire. » A quoi il ajoute : « Ce sont les définitions exclusivement empiriques qui créent cette incompatibilité prétendue entre la perfection et la réalité, les définitions telles que celles-ci : Toute réalité est un phénomène qui passe. » De même M. Paul Janet : « Je vois bien à la vérité que le réel qui tombe sous mes sens, qui est en contact avec ma propre existence imparfaite, est lui-même imparfait; mais pourquoi en conclure que toute réalité, c'est-à-dire toute existence, est nécessairement imparfaite? »

Seulement à ces remarques il est juste, peut-être, d'ajouter : d'une part, que si M. Vacherot, au lieu d'admettre des phénomènes matériels et sensibles et d'autres qui ne le sont point, a reconnu que tous les phénomènes, sans en excepter ceux que l'école éclectique appelle les psychologiques, sont à quelques égards sensibles et matériels, on ne peut que lui en faire un mérite, et que, dès lors, partant de ce principe de la philosophie écossaise et de l'éclectisme, qu'il n'y a de perceptible, d'une perception immédiate, que les phénomènes, il n'en a pas tiré sans raison cette conséquence que dans les phénomènes sensibles est renfermée toute réalité ; d'autre part, que, sous les termes tout relatifs d'idéal et de perfection, dont la philosophie éclectique se contente peut-être trop souvent lorsqu'elle essaye de caractériser ce qui, à son sens, dépasse les phénomènes, on a peine à voir, en effet, rien de positif, rien de réel, rien qui soit autre chose que concept abstrait et général, résultat de quelque comparaison de notre esprit. Cet idéal, ce parfait, cet accompli, qu'est-ce enfin en soi? C'est ce qu'on laisse trop dans le vague ; au moins les sens nous offrent-ils quelque chose d'effectif et de déterminé ; rien de surprenant si c'est de leur côté que semble se trouver toute réalité. Il n'est donc, ce semble, que naturel de voir naître sur le tronc de l'éclectisme ce rejeton, qu'il désavoue, de la philosophie de M. Vacherot.

Que, avec Aristote, avec Leibniz, on définisse la perfection par l'action, l'action elle-même par le vouloir, qui n'est pas un objet de simple conception, mais de conscience intime, les objections de M. Vacherot contre l'existence réelle de la perfection tombent; on a le principe d'une philosophie avec laquelle lui-même est peut-être aujourd'hui peu éloigné de s'accorder. Ne dit-il pas, dans un récent *Mémoire sur la psychologie*, que nous avons en nous-mêmes l'expérience immédiate d'une action qui n'est pas seulement une réalité comme les sensations, mais qui est ce qu'elles ont par excellence de réel? Mais cette philosophie n'est pas celle qui remplit *la Métaphysique et la science.*

Suivant la pensée de M. Vacherot telle qu'il l'expose dans cet ouvrage, les seuls objets réels sont les objets des sens.

On devrait, ce semble, en conclure que pour lui il n'y a rien, à proprement parler, que les divers phénomènes dont le monde sensible est composé.

Cependant ce n'est pas sa pensée de ne voir dans l'univers, comme les positivistes, qu'une multiplicité de phénomènes. Sous cette multiplicité, qui est l'objet de la science, il y a, suivant lui, une unité, qui est l'objet de la métaphysique. Il n'y a point de vide au dehors non plus qu'au dedans des choses; l'existence forme un continu que rien n'interrompt et que rien ne termine, rien dans l'espace, rien dans le temps; le monde est infini, éternel, nécessaire. Par l'harmonie de toutes choses dans l'espace, dans le temps, il est manifeste, d'ailleurs, qu'au fond de toutes choses il y a une unité. Non seulement donc les phénomènes ne sont pas tout; mais tout n'est qu'un seul être, sans bornes, et dont les phénomènes ne sont que des modifications.

Il y a plus, et la réalité dont l'être unique et infini est la totalité exige un autre principe encore, qui est l'objet de la théologie. L'harmonie des choses n'est pas invariable, immobile; tout dans ce monde change nécessairement et tend, en changeant, à passer du pire au meilleur, de la confusion à l'ordre, et d'un ordre à un ordre supérieur. Le monde est en progrès, en progrès perpétuel. A ce progrès, il faut une cause : cette cause est la perfection. Chaque ordre des choses n'est pas, comme le matérialisme l'imagine, une simple complication des éléments des ordres inférieurs, mais un nouvel état auquel s'élève, en vertu de sa constante tendance à la perfection, l'Être universel et infini.

Ainsi se complète l'idée de l'être infini par celle du parfait qui l'attire, et la métaphysique par la théologie.

M. Vacherot a reconnu, en se plaçant, comme disait Auguste

Comte, au point de vue de l'ensemble, qu'aux choses particulières qui forment pour ainsi dire le détail de l'univers, il faut ajouter un Dieu. Ce Dieu, dont il répugne avant tout à faire un individu, une personne, il le partage en deux : d'un côté, au-dessus des choses, la perfection, qui est la cause finale ; de l'autre, au fond des choses, l'existence absolue, qui est la cause efficiente, et qu'appelle à soi la cause finale.

M. de Rémusat, dans une publication toute récente[1], à propos de l'ouvrage de M. Grote sur Platon, a émis l'opinion que les platoniciens de l'école de Plotin, si ce n'est Platon lui-même, avaient attribué à leurs « idées » une existence toute particulière, toute différente de celle des réalités. Et il se montre disposé à admettre lui-même, non seulement pour les idées ou types des choses, mais « pour l'idée des idées », selon le langage de Platon, c'est-à-dire pour Dieu, cette sorte d'existence. « Ne reconnait-on pas, dit-il, que des motifs, qui sont des idées, ont une force, exercent une puissance? C'est reconnaître qu'ils agissent; et dès lors il faut bien admettre que, tout en n'étant pas des êtres, ils existent. » A cela on peut répondre que l'action, comme l'existence, n'est attribuée à des idées que dans un sens détourné et figuré, et qu'il n'y a là qu'une preuve de ce qu'ont de vague et d'ambigu ces termes abstraits d'action et d'existence. C'est pour dissiper ce vague et cette ambiguïté, qui en effet donnèrent lieu à certains platoniciens, sinon à Platon lui-même, de considérer comme existant, à l'égal, pour le moins, des véritables êtres, des qualités, des quantités, des rapports qu'Aristote distingua, comme nous l'avons déjà dit, dans ses *Catégories*, ce qui est réellement et véritablement, ou la substance, et ce qui n'est qu'en elle et par elle. Et à quoi reconnaître les substances? A ce qu'elles agissent. Mais l'action elle-même, puisqu'on peut l'attribuer encore métaphoriquement à une idée, à un motif, à

---

1. *Revue des Deux Mondes*, janvier 1868.

quoi la reconnaître? A l'effort, à la volonté, a ajouté Leibniz. C'est ce qui répond enfin au doute de M. de Rémusat, et donne à la notion de l'existence sa dernière et nécessaire précision. On n'ira point, sans doute, jusqu'à attribuer à des idées, sans les réaliser en un esprit, de l'effort et de la volonté.

L'opinion proposée par M. de Rémusat est l'expression la plus rigoureuse peut-être de la théorie qui, au lieu de réduire les idées, l'idéal à des opérations de l'intelligence, veut les mettre en dehors de toute réalité ; et elle constitue l'idéalisme le plus conséquent avec lui-même.

Au contraire, avec Descartes, Leibniz, Bossuet et bien d'autres, parmi lesquels il faut peut-être ranger, contrairement à l'opinion de M. de Rémusat, et Platon, et Plotin surtout, M. Vacherot a pensé que les idées ne pouvaient subsister qu'en quelque intelligence, et, n'admettant pas, avec ces métaphysiciens, la réalité de l'existence et de l'intelligence divine, il ne lui restait qu'à les placer dans la seule intelligence humaine. Si, d'après l'ensemble de *la Métaphysique et la science*, l'idéal explique, à titre de cause finale, la vie et le mouvement de la nature, de plusieurs passages formels il résulte qu'il n'existe que dans l'esprit de l'homme, d'où il suit qu'il est contingent comme l'homme même et périssable avec lui. « Si l'on supprime l'homme, dit quelque part M. Vacherot, Dieu n'existe plus ; point d'humanité, point de pensée, point d'idéal, point de Dieu, puisque Dieu n'existe que pour l'être pensant. L'être universel, le Dieu *réel*, s'il est permis de parler ainsi, existerait toujours, attendu que l'être est nécessaire, et que l'être pensant n'en est qu'une forme contingente, si supérieure qu'elle soit ; mais le Dieu *vrai* aurait cessé d'exister. »

Sans parler de beaucoup d'autres objections qu'on pourrait élever contre cette doctrine, on se demande comment, si l'idéal n'existe que dans notre esprit, il peut agir sur la nature, comment surtout il a pu agir sur elle avant que l'homme fût. En tout cas, si c'est l'opinion expresse de M. Vacherot que l'idéal n'existe que dans l'esprit de l'homme, sa doctrine semblerait être, dès lors, que la nature, à la rigueur, se suffit à elle-même, et que le Dieu réel, comme il le nomme, est la cause unique et totale de son propre mouvement. Mais si maintenant on recherche en quoi consiste, suivant lui, l'existence de l'être universel, on trouve qu'elle se réduit à une virtualité dont les choses particulières sont les différentes réalisations. On demandera ici comment on peut comprendre qu'une existence toute virtuelle puisse d'elle-même, par elle seule, devenir réalité. On demandera ce que c'est que d'être virtuel seulement, et si c'est être. On demandera enfin si l'être infini de M. Vacherot, en qui il veut mettre toute la force efficace qu'il refuse à son Dieu, si cet être, réduit à une virtualité, n'est pas, comme ce Dieu, une pure conception, entièrement semblable, à ce titre, à toutes ces substances de la métaphysique vulgaire auxquelles on veut les substituer, et si enfin il ne se réduit pas, comme l'a dit M. Lachelier dans un article de la *Revue de l'instruction publique* (25 juin 1864) que nous avons déjà cité, « à l'abstraction de l'être en général, c'est-à-dire à la plus vide de toutes les abstractions ».

Si cela est vrai, quelqu'un pensera peut-être que M. Vacherot, dans le développement ultérieur de sa philosophie, abandonnant ces deux moitiés de la nature divine, dans lesquelles il ne voit déjà que des objets de simple conception, sera conduit à se réduire, avec les matérialistes, aux phénomènes sensibles, au détail du monde physique.

Mais si l'on considère qu'il est très éloigné des explications matérialistes des phénomènes naturels et que c'est l'objet même de son ouvrage que de prouver la nécessité de compléter les connaissances positives par la métaphysique, en même temps que de fournir les moyens qu'il croit y convenir; si l'on considère avec quelle force il fait ressortir comment toute chose limitée et imparfaite ne se peut comprendre sans l'infinité et sans la perfection; si l'on considère que, dans la dernière de ses productions, dans son *Mémoire sur la psychologie*, il se montre porté, comme nous l'avons remarqué tout à l'heure, à attribuer à l'action, qui est l'objet de notre conscience intime, qui dépasse la sphère des phénomènes et à laquelle il est difficile de ne pas accorder aussi plus de perfection qu'aucun phénomène n'en saurait présenter, une réalité supérieure à celle des sensations; si l'on considère enfin quel attachement il professe pour la morale élevée qui n'est guère séparable du spiritualisme, bien plutôt sera-t-on porté à croire que l'auteur de *la Métaphysique et la science* préférera de plus en plus, des deux voies entre lesquelles il semble hésiter encore, celle qui conduit aux hauts lieux de la science, aux sommets où se complurent ces penseurs auxquels, aujourd'hui, il va quelquefois jusqu'à dénier le vrai génie philosophique, l'auteur de la *République* et du *Phédon*, l'auteur de la *Métaphysique*, ceux des *Méditations*, de la *Théodicée*, des *Élévations*.

XV

Un physiologiste qu'ont rendu célèbre des découvertes capitales, M. Claude Bernard, après avoir été préoccupé, dans tout le cours de sa carrière, des questions de principes et de méthodes, en a traité expressément et avec développement, dans un livre publié en 1865 sous le titre d'*Introduction à l'étude de la médecine expérimentale*, et qui intéresse éminemment la philosophie générale.

L'objet de ce livre est d'établir que la médecine admet, comme les sciences physiques et chimiques, non seulement l'observation, mais les expériences, et que c'est par les expériences seulement que, déterminant avec précision les phénomènes dont elle s'occupe et leurs rapports, elle passera de l'état où elle est encore, d'une science en grande partie conjecturale, à l'état d'une science positive, c'est-à-dire d'une science telle qu'elle mette en état et de prévoir les phénomènes avec certitude, et, dans une certaine mesure, de les modifier.

Pour démontrer cette thèse, M. Claude Bernard expose avec détail la manière dont il comprend les objets que considère la science de la vie, et, par suite, ses méthodes. Rien de plus instructif que les exemples que tire un tel maître de son expérience personnelle, que le tableau qu'il fait de la marche de son esprit et de ses travaux dans la découverte successive des vérités auxquelles il est parvenu. Mais nous n'avons à rendre compte ici que des idées générales et des résultats principaux qu'il expose, dans leur rapport avec la philosophie proprement dite.

En résumant à cet égard le travail de M. Claude Bernard, on peut dire que, s'il s'appuie d'abord sur les principes généraux qui forment la base de ce qu'on peut appeler avec Auguste Comte la doctrine positiviste, telle que celui-ci la conçut d'abord et telle que la comprennent encore nombre de médecins et de physiologistes, bientôt l'illustre savant y ajoute des conceptions qui lui appartiennent en propre, et qui procèdent d'une manière de penser toute différente.

Comme ceux qui se nomment positivistes, et comme tous ceux qui prétendent tirer toutes nos connaissances des données seules des sens, M. Claude Bernard proclame que rien d'absolu ne nous est accessible, et que nous ne pouvons connaître que les relations qu'expriment les phénomènes. Trouver les lois de ces relations, en y comprenant les déterminations précises des quantités, c'est à ses yeux le but où se termine toute science. C'est, comme l'a dit Auguste Comte, tout ce qu'il faut, soit pour prévoir les phénomènes, soit pour les modifier à notre usage.

Il n'en est pas moins vrai que M. Claude Bernard se fait de la science une tout autre idée que le positivisme. Suivant ce dernier système, tel que l'a exposé M. Stuart Mill, la science se ferme par des inductions qui étendent au delà des limites de l'observation les relations observées, inductions qui ne sont en aucune manière des déductions ou raisonnements, et qui ne se fondent sur aucune raison. M. Claude Bernard a compris, comme Leibniz, qu'induire « c'est toujours tirer des conséquences »; il a su reconnaître que l'induction, au fond, est une déduction; et, tandis que M. Stuart Mill, après Bacon et Locke, réduit à néant le syllogisme, qui n'est que la déduction sous sa plus simple expression, le physiologiste qui a enrichi la science par tant de fécondes inductions ne craint pas de dire que toute induction n'est autre chose qu'un syllogisme.

L'induction, selon M. Claude Bernard, est une conjecture par déduction. Comment, maintenant, la conjecture se vérifie-t-elle? En vérifiant les conséquences auxquelles, à son tour, elle donne lieu. Dans la pensée de M. Claude Bernard, l'induction doit donc être une déduction provisoire et conditionnelle, qui se change, par la vérification de l'expérience, en une déduction inconditionnelle et définitive.

Tandis que, suivant M. Stuart Mill, on passe, en induisant, d'une affirmation sur un fait à une affirmation sur un fait analogue, par un pur mécanisme, dont il n'y a aucune raison à chercher, selon M. Claude Bernard, au contraire, on se fonde, dans ce passage, sur un principe, sur un axiome *à priori*, sur une véritable idée innée, laquelle, à vrai dire, se confond avec la constitution même de notre intelligence, à savoir qu'il y a en tout de la proportion et de l'ordre, en d'autres termes, qu'il n'est rien sans raison; ce qui, par parenthèse, est la pensée dominante de cette métaphysique pour laquelle l'éminent physiologiste est quelquefois un peu sévère. Il dit quelque part, en des termes qu'on retrouverait chez Descartes, chez Leibniz, chez Platon, et qui forment avec la doctrine de mécanisme brut de M. Stuart Mill le plus parfait contraste, que dans la méthode expérimentale comme partout, le critérium définitif est la raison. Notons ici qu'un autre médecin philosophe, qui a souvent opposé à la physiologie matérialiste des considérations justes et élevées, M. Garreau, disait, en 1842, dans un *Essai sur les bases ontologiques de la science de l'homme, et sur la méthode qui convient à l'étude de la physiologie humaine*, que l'induction et l'hypothèse, à vrai dire, ne faisaient qu'un, et ajoutait que c'était l'idée nécessaire de l'ordre toujours présente à nous qui nous faisait conclure, quand nous induisons, de l'ordre connu à l'ordre inconnu ; d'où il tirait cette conséquence que le principe et le type de l'induction était identique à la raison, qui est l'ordre même.

M. Adolphe Franck, dans son *Rapport à l'Académie des sciences morales et politiques* sur le mémoire de Javary ayant pour sujet *la Certitude*, a dit, dans un sens tout semblable : « L'unité et l'identité, ou plutôt la notion de l'être qui les renferme toutes deux, tel est le principe de l'induction aussi bien que du raisonnement déductif. »

La forme physique sous laquelle se présente, pour ainsi dire, ce principe général que tout a sa raison, c'est que tout phénomène physique se produit à des conditions physiques et définies. Ce principe, M. Claude Bernard l'a exposé avec une force et une précision toutes nouvelles sous le nom, qu'il lui a donné, de principe du « déterminisme universel ».

Des conséquences qu'il en tire, de l'application qu'il en fait aux êtres organisés il résulte une théorie qui d'abord semble réduire ces êtres à la condition des choses inorganiques et donner raison au matérialisme, mais que bientôt son auteur modifie en y ajoutant un élément tout différent de ceux dont il l'avait d'abord exclusivement composée.

On est d'accord que tous les phénomènes que présentent les corps inorganiques se produisent à la suite de circonstances déterminées, qui sont ce qu'on nomme leurs causes physiques.

On n'est pas également d'accord pour les phénomènes physiologiques. On dit souvent, au contraire, qu'ils sont l'effet d'une force particulière qu'on nomme la force vitale, et qui agit dans une certaine indépendance des circonstances extérieures ; à mesure que les organismes sont plus complexes et plus parfaits, ils semblent plus indépendants des milieux où ils se trouvent, et paraissent se déterminer par eux-mêmes avec une véritable spontanéité. C'est, dit M. Claude Bernard, qu'ils possèdent un milieu intérieur où se trouvent les conditions physiques qui échappent à une observation superficielle, mais qu'atteint une observation plus profonde. La plante dépend pour sa vie, pour ses fonctions, de conditions définies de chaleur et d'humidité de la part du milieu où elle est; l'animal semble être plus indépendant des circonstances ambiantes et souvent même s'en affranchir entièrement par une puissance vitale spontanée ; c'est qu'il trouve dans le sang qui est renfermé en lui, mais qui n'en est pas moins un milieu ambiant et extérieur pour les organes qui y plongent, les conditions physiques définies de leurs fonctions; ces conditions remplies, les fonctions de l'animal s'accomplissent avec la même nécessité que celles de la plante. M. Claude Bernard fait rentrer ainsi sous la loi du déterminisme nombre de faits qui semblaient jusqu'à présent ne s'y point réduire, et derrière lesquels se retranchaient comme dans un fort les doctrines qui expliquaient au moins une partie des phénomènes qui se produisent dans les êtres vivants par une ou plusieurs forces supérieures à l'ordre inorganique, en un mot, les doctrines plus ou moins vitalistes, depuis celles qui se bornent à attribuer aux organes ou à leurs éléments ce qu'elles nomment des propriétés vitales, jusqu'à celles qui expliquent la vie par un principe vital réellement distinct des organes, comme l'a fait Barthez, ou même, comme l'a fait Stahl, par l'âme pensante. Les phénomènes qu'on observe dans les corps organisés étant une fois rapprochés des circonstances ambiantes, y compris celles des milieux intérieurs, on voit que ces phénomènes, en l'absence de ces circonstances ne s'accomplissent jamais, en leur présence s'accomplissent toujours; que par conséquent les êtres vivants ne possèdent point l'indépendance et la spontanéité que généralement on leur attribue, mais que les phénomènes qu'ils présentent s'opèrent en eux de la même manière et avec la même nécessité que les phénomènes physiques et chimiques.

La vie et la mort, la santé et la maladie sont donc, dit M. Claude Bernard, des mots auxquels rien de réel ne correspond. « Ce sont des mots qui signifient ignorance ; car, quand nous qualifions un phénomène de vital, cela équivaut à dire que c'est un phénomène dont nous ignorons la cause prochaine ou les conditions ; ce sont des expressions purement littéraires dont nous nous servons parce qu'elles représentent à notre esprit l'apparence de certains phénomènes, mais qui n'expriment aucune réalité objective. »

S'il en est ainsi, les êtres organisés, comme le pensaient Cabanis, Magendie, Broussais, Gall, comme le pensent tous les biologistes qui se rattachent aujourd'hui à l'école positiviste, ne sont que des corps bruts plus compliqués que d'autres ; il n'est rien au monde que des corps bruts, que des machines plus ou moins complexes, et le déterminisme universel est un universel mécanisme.

En accordant que le déterminisme, consistant dans la liaison de tout phénomène à telles et telles circonstances physiques, s'étend beaucoup plus loin que ne le suppose le vitalisme, on peut demander s'il est démontré, tel du moins que M. Claude Bernard le définit, pour tous les phénomènes qu'offrent les êtres vivants. Nulle preuve encore qu'il s'étende à tous les phénomènes de mouvements, et que la locomotion, par exemple, se réduise toujours à un phénomène uniquement physique et mécanique. C'est une question que nous retrouverons, du reste, à propos des découvertes et des théories de la physiologie moderne relativement à ce qu'elle nomme les mouvements *réflexes*.

Mais, en supposant même que les phénomènes qu'offrent les êtres organisés soient tous semblables en tous points à ceux qu'offrent les corps bruts et que notre art peut reproduire, il ne s'ensuit pas, selon M. Claude Bernard, que les êtres organisés eux-mêmes, dont l'imitation passe notre pouvoir, ne diffèrent en rien des corps bruts. Outre les phénomènes, en effet, il faut considérer l'ensemble qu'ils forment, l'ordre dans lequel ils s'accomplissent, et c'est ce que la physique et la chimie ne suffisent pas à expliquer.

Tant qu'on s'en tient au détail, avait dit Auguste Comte, les propriétés des êtres organisés se ramènent plus ou moins facilement à celles des minéraux. Quand on se place au point de vue de l'ensemble, il en est autrement.

Un penseur comme M. Claude Bernard comprend mieux que personne que, outre les différents phénomènes qu'il explique par des faits physico-chimiques, il y a dans l'organisme l'ordre et le concert que forment ces phénomènes; il est frappé surtout de cet ordre tel qu'il se montre dans l'évolution graduelle qui est propre aux êtres organisés, et, reconnaissant qu'un tel ensemble, si régulier et si constant, ne se peut expliquer par l'action irrégulière et variable des circonstances physiques et extérieures, il y voit l'effet d'un type défini, préexistant, auquel l'organisme se conforme comme un ouvrage d'art s'exécute d'après une pensée déterminée à l'avance; et il appelle ce type, en conséquence, une « idée organique ». Cette idée organique passe, ajoute-t-il, par tradition de génération en génération; conception qui rappelle celle de Harvey, dans son immortel *De generatione*.

M. Claude Bernard énonce quelque part cette pensée, que la vie peut être définie la création. C'est pourquoi il appelle encore idée créatrice l'idée organique. Créatrice de quoi? Non pas, encore une fois, des phénomènes particuliers, qui devront tôt ou tard être réduits tous, sans exception, par la science à des faits physiques et chimiques, mais de la machine à laquelle ils appartiennent, et qui est l'organisme. « De sorte que ce qui caractérise la machine vivante, ce n'est pas la nature de ses propriétés, si complexes qu'elles soient, mais bien la création seule de cette machine. » Quand un poulet se développe dans un œuf, ce ne sont point les combinaisons chimiques des éléments qu'il faut attribuer à la force vitale, ces combinaisons étant le résultat des propriétés physico-chimiques de la matière ; ce qui n'appartient ni à la chimie, ni à la physique, ni à rien autre, mais qui est le propre de la vie, c'est l'idée directrice de l'évolution organique. Dans tout germe vivant, il y a une idée créatrice. L'être vivant, tant qu'il dure, reste sous son influence, et la mort arrive lorsqu'elle ne peut plus se réaliser. « Tout dérive donc de l'idée qui seule dirige et crée ; les moyens de manifestation physico-chimiques sont communs à tous les phénomènes de la nature, et restent confondus pêle-mêle comme les lettres de l'alphabet dans une boîte où cette force va les chercher pour exprimer les pensées ou les mécanismes les plus divers. »

Comme on le voit, la création dont parle M. Claude Bernard, et qui est à ses yeux la vie même, c'est cet arrangement simultané et successif des parties de la machine qui en fait un organisme ; c'en est, pour employer une formule favorite d'Auguste Comte, et l'ordre et le progrès, et le progrès surtout. A cet ordre et à ce progrès il y a une cause ; cette cause est une idée à laquelle ils répondent et se conforment.

Qu'est-ce que cette théorie, sinon, comme le remarque M. Paul Janet dans la critique de l'ouvrage de M. Claude Bernard qu'il a publiée dans la *Revue des Deux Mondes* (15 avril 1866), une théorie de ce que les métaphysiciens appellent la cause finale ?

La cause finale est ce qui répond à la question « pourquoi ? »

Que devient alors dans la philosophie de M. Claude Bernard cette proposition, qu'il reproduit cependant plusieurs fois, à l'exemple de toute l'école positiviste, que nous pouvons connaître le « comment » des phénomènes naturels, c'est-à-dire leurs conditions physiques d'existence, mais jamais le « pourquoi »? De son propre aveu, dès qu'il s'agit de la vie, la considération de l'idée directrice et créatrice est indispensable; elle est même le principal; elle est l'objet propre de la science.

En présence de cette partie supérieure du système de M. Claude Bernard, où sa pensée change entièrement d'aspect, la théorie générale du déterminisme universel devient toute différente.

Dans l'interprétation qu'il en donnait et les applications qu'il en faisait pour ramener les phénomènes de la vie à la physique et à la chimie, le déterminisme universel signifiait que tout phénomène suit nécessairement d'autres phénomènes de même nature et de même ordre, qu'on nomme causes physiques. De ses réflexions sur l'harmonie et l'unité vitales résulte cette conséquence, qu'il y a une autre sorte de déterminisme, consistant en ce que l'organisme, dans son ensemble harmonique, a une cause toute différente des éléments, des parties de la matière, une cause que M. Claude Bernard ne définit point, d'ailleurs, si ce n'est par ce caractère que, sous son influence, les parties, les éléments matériels s'accordent et se concertent comme dans l'unité d'une seule et même pensée. C'est là, en tout cas, un déterminisme tout autre que le premier, et que M. Claude Bernard appelle lui-même un « déterminisme supérieur ».

Maintenant comment « l'idée organique » est-elle effectivement une idée créatrice? En d'autres termes, comment comprendre qu'elle détermine, conformément à l'ordre dont elle est le type, ces phénomènes physico-chimiques par lesquels seuls se forme et s'entretient l'organisme, et qui pourtant sont toujours le résultat nécessaire de circonstances toutes physiques? Peut-être ne le comprendra-t-on que si l'on suppose une activité que l'idée organique détermine, et qui accommode les parties selon son ordre typique, par les mouvements convenables, aux situations et aux distances à la condition desquelles les phénomènes physico-chimiques se produisent, activité élémentaire, comparable à l'activité tonique de Stahl, qui serait comme une ébauche et un premier état de cette activité plus haute au moyen de laquelle l'être entre en pleine possession du gouvernement de lui-même et se fait sa propre destinée, c'est-à-dire de l'activité locomotrice.

Quoi qu'on en doive juger, et soit que l'on puisse ou non concevoir pour une puissance qui tend à un but un autre mode d'action que le mouvement, une idée, une idée directrice et créatrice ne se peut comprendre sans une intelligence qui la conçoive, une volonté qui la poursuive. Dans la théorie par laquelle M. Claude Bernard s'élève au-dessus du matérialisme, qu'il qualifie d'absurde et de vide de sens, il est difficile de voir autre chose qu'une première forme de la seule théorie où elle puisse passer en quelque sorte du sens figuré au sens propre, et de l'abstrait au réel. De « l'idée créatrice » le physiologiste philosophe ne semble pouvoir manquer d'arriver à l'esprit, seul organisateur et créateur.

XVI

Plusieurs théologiens appartenant à l'Église catholique ont combattu la plupart des doctrines dont il a été question jusqu'ici, comme incompatibles avec les dogmes du christianisme et même avec la religion naturelle et la morale. Il n'entre pas dans le plan du présent travail de rendre compte des productions de ceux qui se sont placés principalement au point de vue théologique.

Il n'en est pas de même des ouvrages du père Gratry, de l'Oratoire. Le père Gratry a cru découvrir dans une conception d'un moderne philosophe allemand le principe de tout ce qu'il trouve d'erroné dans les doctrines modernes, et dans une conception directement opposée le principe qui conduit à toute vérité. Il a établi ainsi toute une théorie philosophique.

Il y a peu d'années, on croyait voir dans tous les systèmes de la philosophie moderne, y compris l'éclectisme, la doctrine qui identifie Dieu avec toutes choses, ou le panthéisme. C'est la pensée qui a été développée notamment par l'abbé Maret, depuis évêque de Sura, dans son *Essai sur le panthéisme* (1852); par M. l'abbé Bautain et, depuis, par divers autres écrivains appartenant pour la plupart à l'Église. M. Adolphe Franck, d'un point de vue très différent, a souvent exprimé, à l'égard de diverses théories contemporaines, des idées analogues. Selon le père Gratry (et Buchez, dans sa *Logique*, avait déjà dit quelque chose de semblable), ce n'est pas le panthéisme qui est la première source des erreurs de notre temps : le panthéisme n'est qu'une conséquence d'une proposition philosophique empruntée à Hegel, et que lui-même avait renouvelée des sophistes de l'antiquité, savoir, la maxime qu'au fond tout est identique, que par conséquent le oui et le non, l'être et le non-être ne font qu'un. Et à ce principe, destructeur de toute raison, à la méthode qui en est le développement, le père Gratry oppose un principe et une méthode propres, selon lui, à raffermir tout ce que menace ce qu'il nomme la sophistique moderne. Tel est l'objet principal des différents écrits qu'il a publiés de 1851 à 1864, savoir : une *Étude sur les sophistes contemporains*, ou *Lettre à M. Vacherot*; un *Traité de la connaissance de Dieu*; un *Traité de la connaissance de l'âme*; une *Logique*; enfin *les Sophistes et la Critique*, ouvrage composé à l'occasion de *la Vie de Jésus*, de M. Renan.

Les auteurs que le père Gratry a surtout en vue, MM. Vacherot, Renan, Scherer, se sont exprimés sur le compte de l'hégélianisme.

à beaucoup d'égards, avec faveur ; on retrouve dans leurs théories certaines tendances ou certains résultats analogues aux tendances et aux résultats principaux de la philosophie de Hegel ; mais on ne voit point qu'ils aient adopté ses principes ni suivi sa méthode ; on ne voit point surtout qu'ils aient, à son exemple, érigé en règle l'identité des contradictoires, la négation du principe de contradiction.

M. Vacherot, comme on l'a vu, sépare, oppose même l'un a l'autre, comme tout à fait incompatibles, le réel et l'idéal ou rationnel, et, en conséquence, refuse à Dieu toute réalité. Hegel a dit, au contraire : « Ce qui est rationnel est aussi réel, et ce qui est réel est aussi rationnel » ; il a traité de superficielle et de fausse la théorie selon laquelle la perfection même de l'idéal serait un obstacle à sa réalité. Dieu, selon ses expressions, qui reviennent ici à celles de Leibniz, « Dieu est la réalité la plus haute et, à vrai dire, la seule réalité ». Il s'en faut donc de beaucoup qu'on puisse considérer comme identiques la philosophie de M. Vacherot et celle de Hegel. Aussi ne voyons-nous pas que M. Vacherot invoque nulle part ni qu'il mette en usage la maxime hégélienne, quelle qu'en soit d'ailleurs la véritable signification, de l'identité des opposés, ni que, par conséquent, il se range lui-même, ou puisse être rangé parmi les partisans du système de l'absolue nécessité.

Il en est de même de M. Scherer. Dans un article de la *Revue des Deux Mondes* (15 février 1862), intitulé *Hegel et l'hégélianisme*, s'il exprime pour la grandeur du système et pour la force d'esprit de son auteur une haute admiration, il déclare néanmoins que, à son avis, l'hégélianisme est un « système contradictoire en son essence et dans ses termes, et, somme toute, stérile ». S'il semble approuver cette opinion, qu'on attribue au philosophe allemand, qu'une assertion ne serait pas plus vraie que l'assertion opposée, c'est en ce sens que la contradiction des termes opposés conduirait toujours à une conciliation supérieure; et toute conciliation de ce genre reviendrait, selon lui, à ce principe, que « les jugements absolus sont faux, parce que tout est relatif ». C'est là une maxime commune à M. Scherer et à M. Renan, et, ainsi qu'on l'a vu plus haut, c'est la maxime fondamentale de l'école positiviste. Mais quoi de plus éloigné du sens de Hegel?

Il est donc douteux que le père Gratry soit fondé à signaler dans l'hégélianisme la source commune des théories de M. Vacherot, de M. Renan, de M. Scherer, et à dire que le principe hégélien de l'identité des contradictoires est la clef de ce qu'il nomme la sophistique moderne.

Quant à la maxime générale dans laquelle le père Gratry trouve le résumé de tout l'hégélianisme, peut-être ne suffit-il pas, pour la faire apprécier, de la rapprocher, comme il le fait, de ce que les sophistes de l'antiquité ont pu dire de semblable. Hegel lui-même, dans son *Histoire de la philosophie*, a signalé cette ressemblance. Mais, comme il l'a fait remarquer aussi, ce n'est pas assez pour identifier deux systèmes, que de relever deux propositions, même importantes, fort semblables entre elles; encore faut-il examiner où elles tendent et d'où elles viennent. « Videndum est, » dit Cicéron, « non modo quid quisque loquatur, sed etiam quid quisque sentiat, atque etiam qua de causa quisque sentiat. » Malgré ce que la méthode que Hegel peut avoir, soit en apparence, soit même en réalité, de sophistique, il est difficile de confondre la doctrine moderne où tout se réduit à la pensée, avec l'antique sensualisme de Protagoras et de Gorgias. L'opinion de Hegel est, au fond, que les oppositions, les contrariétés même que présentent les degrés inférieurs, soit de l'existence, soit de la connaissance, trouvent à un degré supérieur leur harmonie, leur unité; et, de plus, que c'est la fonction par excellence de la pensée, dans sa plus haute perfection, que d'opérer ce mariage, cette intime union des contraires. Une telle conception, dont l'origine prochaine remonte, par Schelling et Fichte, jusqu'à Kant, mais à laquelle ne fut pas étrangère, dans l'antiquité, la doctrine même des plus grands adversaires des sophistes, n'est-elle que méprisable? Reste à chercher, sans doute, sous les formules par lesquelles Hegel a exprimé cette succession alternative de contrariétés et d'harmonies, quel en est le principe; et peut-être a-t-il eu le tort de prendre ici la forme pour le fond, et, en général, de tout réduire au logique, au rationnel seul. Il ne lui en restera pas moins le mérite d'avoir montré avec une précision toute nouvelle, comme avec une rare étendue de vues, l'enchaînement rationnel des conditions logiques qui forment en quelque sorte le mécanisme du monde intellectuel.

Le père Gratry croit trouver une relation intime entre le système hégélien de l'identité universelle et la méthode de déduction. Cette méthode, en effet, consiste, selon lui, en une suite de transformations par lesquelles, développant une notion sans y rien ajouter, on va du même au même. Par là on n'apprend rien; apprendre c'est, au contraire, ajouter à une notion une notion qui n'y est point contenue; et c'est à quoi on arrive par la méthode de « transcendance ».

Cette méthode, si opposée à la déduction, est, pour le père Gratry, l'induction. L'induction, identique, selon lui, avec la dialectique platonicienne, aurait trouvé, de plus, sa forme la plus parfaite dans cette sorte de calcul qui constitue la partie la plus haute des mathématiques, c'est-à-dire le calcul différentiel et intégral, et qu'on nomme l'analyse infinitésimale. La vraie méthode philosophique, diamétralement contraire à la méthode de déduction et d'identité, serait donc la méthode du calcul de l'infini appliquée à la métaphysique, à la théologie naturelle.

Le grand problème de la philosophie est, dit le père Gratry, d'atteindre l'infini, qui est Dieu. La méthode déductive, procédant du même au même, ne peut, à son avis, en partant du fini pour arriver à l'infini, qu'identifier l'infini et le fini, ce qui est le panthéisme. La méthode infinitésimale, qui, par voie d'induction, selon le père Gratry, s'élance du fini dans l'infini, est donc la méthode même par laquelle doit se résoudre le problème principal de la philosophie. « Que fait-on lorsque des perfections finies qui se trouvent en nous, de la volonté, de l'intelligence, on conclut, en suivant la marche tracée par Descartes, à des perfections infinies en Dieu? On procède, comme dans le calcul infinitésimal, du fini à l'infini. Donc la méthode du calcul infinitésimal est celle même par laquelle on démontre l'existence et la nature de Dieu. La théologie naturelle procède exactement comme les mathématiques supérieures; des deux parts, même marche et même certitude. »

Pour ce qui concerne le rapport que le savant et éloquent auteur établit entre le système de l'identité universelle et la méthode déductive, peut-être y a-t-il lieu de remarquer que, si la déduction consiste, effectivement, en tirant des conséquences d'une notion, à développer ce qu'elle renferme, et, par suite, à montrer que chaque conséquence n'est que le principe même, présenté dans une condition et sous une forme différentes, si même on peut ajouter, avec Aristote et Leibniz, que toute déduction régulière, toute démonstration se ramène à une définition qui est une proposition réciproque ou identique, c'est-à-dire où le sujet et l'attribut sont une même chose, et si, de plus, les axiomes auxquels toutes les déductions sont soumises comme à des règles universelles se ramènent à des vérités identiques, il ne résulte pas de là que toutes les notions qui servent de principes spéciaux à différentes séries de déductions soient les mêmes, et que, par conséquent, tout soit identique.

D'autre part, sur ce que le père Gratry, pour échapper à cette identité universelle où il croit que mène l'usage de la déduction, voudrait qu'on n'employât en philosophie que l'induction qui, au lieu de tirer une notion d'une autre, ajouterait à une notion une notion différente, comme le fait l'expérience, pensée dans laquelle il s'accorde avec tous ceux qui prennent leur point de départ dans l'observation seule des phénomènes, et particulièrement avec M. Stuart Mill, il y a lieu de remarquer, peut-être, que l'induction, selon l'observation de M. Claude Bernard, d'accord avec Leibniz, se réduit elle-même, en définitive, à la déduction; seulement, à une déduction hypothétique et provisoire, qui se combine avec l'expérience.

D'autre part encore, à cause de cela même que l'induction a de provisoire, d'hypothétique et, par suite, de simplement probable dans ses conséquences, il est permis de douter qu'il soit possible, comme l'avance le père Gratry, de la confondre avec l'analyse, et particulièrement avec l'analyse infinitésimale. Le savant auteur croit pouvoir s'appuyer, sur ce point, des autorités si considérables de Wallis, de Newton et de Laplace. Si pourtant on regarde de près les passages de ces grands auteurs auxquels il renvoie, on a peine à admettre l'interprétation qu'il en donne. Wallis, dans son *Arithmétique des infinis*, où, selon Leibniz, il a frayé le chemin au calcul différentiel par la considération des nombres, comme Cavalieri, sur des ouvertures données par Galilée, l'avait fait par la considération des figures, Wallis avait fait, dans la formation des séries convergentes, un grand usage de l'induction. Il y voyait un excellent mode d'investigation, et, dans certains cas, une méthode suffisante (*satisfactoria*) de démonstration. Nulle part il ne l'a pour cela confondue avec l'analyse, qui peut être rigoureusement démonstrative. — Laplace a défendu Wallis contre Fermat, qui aurait voulu partout, au lieu d'inductions, des démonstrations rigoureuses par la méthode géométrique des anciens; il a approuvé l'emploi de l'induction comme moyen de recherche et souvent même de preuve; il n'a pas dit pour cela qu'analyse et induction fussent même chose. — Newton, dans les pages qui terminent ses *Principes mathématiques de la philosophie naturelle*, a dit que la méthode pour découvrir les lois de la nature est l'induction, qui, en recueillant les analogies, réduit les faits complexes à des faits plus simples, par conséquent plus généraux. Mais il a vu aussi bien et a énoncé aussi fortement que qui que ce soit, dans ces mêmes passages, que l'induction ne peut donner qu'une probabilité plus ou moins grande, selon le nombre des expériences. On ne trouvera pas, si nous ne nous trompons, que nulle part il ait identifié l'induction et l'analyse. Ce qu'il a dit, ou fait entendre, c'est que l'analyse est le genre dont l'induction est une espèce.

Le père Gratry a surtout reproduit et développé cette pensée que la méthode du calcul infinitésimal est celle même par laquelle on s'élève de la créature finie à l'infinité de Dieu. Il a trouvé jusqu'à présent, sur ce point, moins d'approbateurs que de contradicteurs. Et, en effet, la méthode infinitésimale se fonde sur ce principe, énoncé par celui à qui on en est surtout redevable, que « les raisons ou rapports du fini réussissent dans l'infini ». Elle consiste à conclure, de ce que sont les rapports de deux quantités dont l'une varie avec l'autre suivant une loi, à ce qu'ils deviennent si l'on suppose les deux quantités réduites à une valeur plus petite que toute valeur assignable; par suite, à déterminer, au moyen des rapports de grandeurs finies, ceux de leurs éléments infinitésimaux, d'où résulte, avec la loi de génération de ces grandeurs, la découverte d'un grand nombre de leurs propriétés, inaccessibles à la géométrie et à l'analyse ordinaires. Mais l'infinitésimal que calcule aussi le géomètre n'est qu'une entité logique, comparable, dit le principal inventeur du calcul différentiel, aux racines imaginaires de l'algèbre. La méthode qui nous y conduit, comme à la limite idéale de la décroissance graduelle et continue des grandeurs réelles, est-elle bien celle même par laquelle on s'élève à cet absolu de réalité, qui est l'infini que considèrent la métaphysique et la théologie?

De même que, d'une manière générale, si les choses inférieures peuvent servir à nous faire apercevoir des supérieures, les choses sensibles, par exemple, des intelligibles, elles ne nous servent pas proprement à les comprendre et à les prouver, mais que c'est par le supérieur au contraire que se comprend et se démontre l'inférieur, de même ce n'est pas ce qu'on nomme dans les mathématiques l'infini, et qui n'en est qu'une ombre, qui peut servir à la démonstration scientifique de l'infini véritable, objet de la métaphysique; c'est plutôt par l'infini véritable qu'est intelligible l'infinitésimal des géomètres.

Descartes a pu représenter notre esprit s'élevant de la considération de ses perfections limitées aux perfections illimitées de Dieu. Il n'en a pas moins bien su et moins fortement exprimé que nous avons avant tout l'intime connaissance du véritable infini. Autrement, comment le reconnaîtrions-nous sous telles ou telles formes, dans telles ou telles limites? L'infini est la lumière intérieure par laquelle nous voyons originairement et elle-même et tout le reste. A plus forte raison, n'est-ce point par l'infinitésimal des mathématiques que nous pouvons acquérir une plus parfaite connaissance et une plus exacte démonstration de l'infinité divine.

Dans le calcul différentiel on n'a pas proprement affaire à l'infini, mais à quelque chose qui en est une incomplète imitation, à une quantité considérée à un degré de petitesse inférieur à toute valeur donnée, ce que nous exprimons par la fiction ou le symbole d'un infiniment petit; fiction, car pour qu'un infiniment petit, rigoureusement parlant, fût possible, il faudrait que le nombre des divisions ou des soustractions par lequel on y arriverait pût être infini, et un nombre infini est une contradiction. Mais si nous pouvons poursuivre indéfiniment entre deux quantités un même rapport au-dessous de toute valeur déterminée, ou par delà toute limitation de ces quantités, c'est que, la même raison subsistant toujours, nous sommes toujours en droit de continuer comme nous avons commencé. C'est de la même manière que nous concevons qu'il n'y a de limites assignables ni au temps ni à l'espace. La source de cette idée d'une chose, indépendamment des bornes et des quantités, est donc l'idée que nous portons en nous de l'absolu et de la perfection indépendants de toute limitation. « Le véritable infini ne se trouve point, dit Leibniz, dans des touts composés de parties, et formés par addition successive. Cependant il ne laisse pas de se trouver ailleurs, savoir dans l'absolu, qui est sans parties, et qui a influence sur les choses composées, parce qu'elles résultent de la limitation de l'absolu. » Et ailleurs, après avoir expliqué que nous étendons indéfiniment nos idées de l'espace et du temps parce que nous concevons toujours la même raison de le faire, il ajoute : « Cela fait voir que ce qui donne de l'accomplissement à la conception de cette idée se trouve en nous-mêmes et ne saurait venir des expériences des sens. L'idée de l'absolu est en nous intérieurement comme celle de l'être. » Et ailleurs encore : « Nous avons l'idée d'un absolu en perfection, car pour cela on n'a besoin que de concevoir un absolu, mettant les limitations à part. Et nous avons la perception de cet absolu parce que nous y participons en tant que nous avons quelque participation de la perfection. » Loin donc que la considération du calcul différentiel puisse contribuer en rien à la démonstration de l'infini, c'est de la notion de l'infini véritable, qui est l'absolu, trésor inné de notre raison, que se forme la notion de cet infini apparent et imaginaire de la quantité, dont le vrai nom, avait dit Descartes, nom qui exprime seulement la possibilité de dépasser toujours tout fini, est l'indéfini.

Est-il vrai, maintenant, que l'analyse infinitésimale présente ce caractère, que le père Gratry lui attribue, de passer « comme d'un bond » d'une notion à une notion d'un ordre différent ? Selon Leibniz, au contraire, c'est l'essence de la méthode infinitésimale que la continuité. « Un postulat, dit-il, en est le fondement ; c'est que, toutes les fois qu'il s'agit d'un passage continu se terminant à quelque limite, on peut instituer un raisonnement où cette limite elle-même soit comprise. » Peut-on admettre enfin que ce soit, d'une manière générale, le caractère de la vraie méthode, que de procéder par « sauts », par « bonds », par « élans », comme s'exprime d'ordinaire le père Gratry? Ce caractère ne semble-t-il pas être plutôt de rattacher une notion à une notion par un enchaînement suivi et imperceptible? « La nature ne fait rien par saut », disait celui à qui l'on doit et le calcul sublime qui est une application de la loi de continuité et cette loi même; et l'on pourrait dire la même chose de la science: « tout s'y entresuit », disait Descartes.

Les théories du père Gratry sur les méthodes, théories auxquelles il a imprimé un cachet qui lui est éminemment propre, peuvent s'expliquer néanmoins par cette maxime généralement reçue, comme on l'a vu plus haut, depuis le dernier siècle, d'après laquelle nous ne connaissons positivement et directement que les phénomènes qui sont l'objet de l'expérience; d'où il suit que nous ne pouvons atteindre à des principes d'un autre ordre qu'en nous élançant, en quelque sorte, de ce monde sensible, qui est comme le sol sur lequel posent nos pas, dans le monde supérieur des purs intelligibles. Aussi Émile Saisset, critique d'ailleurs sévère du père Gratry, est-il à cet égard en complet accord avec lui. Il désapprouve sa tentative pour appliquer aux choses métaphysiques la méthode du calcul différentiel; mais il n'élève pas un doute sur ce point, qu'on ne peut passer du fini à l'infini, du sensible à l'intelligible que par une sorte de « saut ».

Mais de même aussi que l'éclectisme, perdant de plus en plus les espérances qu'il avait fondées longtemps sur une méthode de « transcendance », selon l'expression du père Gratry, a incliné, vers la fin, comme on le voit surtout par la *Philosophie religieuse* d'Émile Saisset, à la remplacer par une expérience immédiate et une vue directe des intelligibles, de même, tout en maintenant toujours ses théories ordinaires, s'inspirant néanmoins d'un auteur considérable de l'ancien Oratoire, le père Thomassin, lequel s'inspira lui-même et de saint Augustin et des néoplatoniciens, le père Gratry a cherché à établir que nous ne concevons pas seulement Dieu, mais que nous en avons, à proprement parler, le sentiment, l'expérience. Il existe dans l'âme, dit-il avec Thomassin, un sens secret par lequel elle touche Dieu plutôt qu'elle ne le voit ou l'entend. On peut, dit-il encore, rétablir, en l'entendant comme il faut, le fameux axiome : Rien n'est dans l'entendement qui n'ait été d'abord dans le sens ; on peut soutenir que toute connaissance vient des sens. L'expérience a chassé de la science naturelle le rationalisme scolastique qui prétendait, à l'aide de maximes abstraites, construire la nature *à priori*, et qui reparait dans Hegel « traitant avec le monde visible », au nom de la pure raison, « de créateur à créature ». L'expérience, un jour, bannira également le rationalisme et de la science de l'âme et de la science de Dieu. Ce sera lorsque, au lieu de se borner à la combinaison ou à l'analyse d'idées abstraites et de maximes générales, nous saurons retrouver en notre conscience le principe supérieur qu'elle réfléchit, sentir, toucher au fond de nous-mêmes, au delà de notre propre personnalité, immolée, sacrifiée, ce qui est meilleur que nous.

Le père Gratry dit encore : « Dieu même est la racine première de notre liberté. On puise en Dieu la force de vouloir, de bien vouloir ; on puise en Dieu cette force par l'amour. — Mais qu'est-ce qu'aimer ? C'est s'unir, c'est se conformer. Le sacrifice est la morale elle-même. Le sacrifice est l'unique voie qui nous rapproche de Dieu ; il est la relation nécessaire de la vie finie à la vie infinie. L'acte de liberté qui sacrifie, c'est-à-dire qui veut Dieu avant soi, rapproche de Dieu, rapproche de soi, augmente la liberté, pendant que l'acte contraire, qui ne sacrifie pas, qui se veut avant Dieu, éloigne de soi et diminue la liberté. » — C'est la parole de l'Évangile : « Qui veut sauver sa vie la perd ; qui consent à la perdre la sauve. »

Par les développements qu'il a donnés à ces hautes maximes,

pleines de l'esprit le plus pur du christianisme, plus encore peut-être que par ses ingénieuses mais contestables théories sur les méthodes, l'éloquent oratorien a bien mérité de la philosophie et de la théologie naturelle.

XVII

Comme le père Gratry, au nom des intérêts communs de la religion et de la philosophie, de même, au nom de la philosophie, le regrettable Émile Saisset, qui lui a été prématurément enlevé, M. Jules Simon et M. Caro se sont proposé, pour objet de remarquables travaux, le premier dans sa *Philosophie religieuse*, le second dans une partie de sa *Religion naturelle*, le dernier dans son livre intitulé *L'idée de Dieu et ses nouveaux critiques*, de maintenir contre les théories qui tendent à renfermer toute réalité dans les limites des existences relatives, l'absolu de la nature divine.

M. Jules Simon et Émile Saisset ne se sont pas attachés proprement à démontrer de nouveau, par les arguments que la métaphysique a si souvent reproduits, l'existence de Dieu. L'un et l'autre se sont montrés disposés, comme l'était vers la fin le chef de l'école qui les compte parmi ses maîtres les plus renommés, à abandonner devant la critique de Kant les preuves ordinaires de cette grande existence, et celle surtout qui, selon Kant lui-même, est tout le nerf des autres, celle que Descartes avait mise ou remise en honneur, et qui se tire de l'idée même de la nature divine. L'un et l'autre se sont montrés disposés à penser que l'existence de Dieu devait plutôt être considérée comme supérieure à toute démonstration, et d'une évidence que l'argumentation ne pouvait qu'obscurcir. L'un et l'autre, enfin, se sont proposé surtout de prouver que Dieu est une personne.

Émile Saisset particulièrement a cherché à dégager des principaux systèmes philosophiques de notre temps et même des temps passés ce qu'il appelle l'idée mère du panthéisme, à en montrer les défauts, et à mettre en lumière les arguments qui lui paraissent établir, à l'encontre des systèmes panthéistiques, qui confondent Dieu avec la nature et l'humanité, la nécessité d'un Être supérieur en qui se trouve la perfection de l'intelligence et de la volonté. Tous deux ont su rendre sensible le faible de cet argument ordinaire des adversaires de la personnalité divine, que la personnalité est une détermination, et que toute détermination étant, comme l'a dit Spinoza, une négation qui n'est pas compatible avec l'infinité, l'être infini ne peut avoir rien de personnel; ou encore, ce qui est la même idée prise au point de vue psychologique où se sont placés, pour la soutenir, Hamilton et M. Stuart Mill, que la conscience, attribut de la personnalité, ne saurait se trouver en Dieu, parce que la conscience implique une dualité, par suite une limitation réciproque d'objet pensé et de sujet pensant que l'unité et l'infinité de Dieu n'admettent point; et de même pour la volonté ou pour l'amour. Le défaut de cet argument est de prendre pour une condition absolue d'existence une condition relative à tel ou tel état déterminé de notre nature finie, et qui à l'infini s'évanouit. C'est ce qu'a mis aussi en évidence l'auteur de l'*Ultimum organum*, dont il sera question plus bas, et ce que l'un des philosophes les plus distingués de l'Allemagne contemporaine, M. Lotze, dans son *Microcosme*, a expliqué avec une remarquable clarté.

M. Jules Simon et Émile Saisset avaient surtout défendu la croyance à la personnalité de Dieu contre ce qu'ils croyaient trouver de plus ou moins contraire à cette croyance dans les systèmes de Spinoza, de Kant, de Hegel et même de Descartes, de Malebranche et de Leibniz. M. Caro la défend, comme l'indique le titre même de son livre, contre des théories plus récentes. De plus, M. Caro a joint à la question de la personnalité divine celle de l'immortalité de l'âme humaine.

Dans *L'idée de Dieu*, M. Caro s'est surtout appliqué à démontrer ce qu'il y a de superficiel, d'erroné et même de contradictoire dans les doctrines, issues du positivisme ou plus ou moins inspirées de ses principes, dont nous avons parlé précédemment, et qui essayent de remplacer par des forces naturelles, plus ou moins voisines de la plus simple matière, le Dieu du spiritualisme. Il n'a point cherché, dans ce livre, à renouveler à fond par ses propres recherches les doctrines qu'il défend. Néanmoins, dans les développements où l'a entraîné la critique, qui est son objet principal, on peut déjà remarquer des vues qui dépassent l'horizon ordinaire de ces doctrines. C'est une idée que nous avons rencontrée dans ce que nous avons eu occasion de citer de la savante mathématicienne Sophie Germain, mais que M. Caro a plusieurs fois reproduite avec des traits qui lui sont propres, soit dans ce livre, soit dans un livre plus récent encore sur la philosophie de Goethe, que l'ordre qui nous est montré dans les choses par l'expérience, la raison, avant toute expérience, en possède en elle-même les principes. Là se trouve, remarque-t-il, le fondement de l'induction : « Nous pressentons, nous affirmons *à priori*, que le *cosmos* est intelligible, c'est-à-dire que ses phénomènes sont de nature à être ramenés à une unité rationnelle. N'est-ce pas un fait singulier, que cette sorte d'accord préexistant entre notre constitution intellectuelle et la constitution rationnelle du monde, entre notre esprit et la nature ? Et ce sentiment de l'ordre, qu'est-ce autre chose, sous des formes vagues et obscures, que la croyance à une cause intelligente ? »

Si nous avons une conception naturelle de l'ordre, conception qui prouve une croyance naturelle en une cause intelligente qui le comprend et qui le veut, c'est que l'ordre n'est pas seulement un objet et un but pour l'intelligence, mais qu'il est l'intelligence même. Dans de récentes leçons sur la personnalité humaine, M. Caro s'est montré prêt, effectivement, à embrasser, au lieu du demi-spiritualisme de l'école éclectique, le spiritualisme véritable, celui qui retrouve jusque dans la matière l'immatériel et qui explique la nature même par l'esprit.

XVIII

Un mouvement remarquable s'est produit dans ces derniers temps parmi des théologiens philosophes, sous le nom d'*Ontologisme*, par opposition tout à la fois au *Traditionalisme* et au *Psychologisme*.

A ce qu'elle appelait le psychologisme, né de l'usage de la réflexion, tel que l'entendaient, non Descartes, qui en fit le point de départ de la philosophie, mais plutôt Locke et ses successeurs, et qui semblait faire trop dépendre des opinions de chacun la vérité et la certitude, la doctrine traditionaliste avait cru pouvoir opposer le consentement unanime, la tradition universelle. Mais pour juger entre les traditions, discerner de celles qui ne sont que particulières et temporaires celles qui sont véritablement universelles et constantes, bien plus, pour établir ce principe même que la tradition universelle et constante doit renfermer la vérité, c'est à la raison qu'il en faut revenir. Le traditionalisme détruit par la contradiction que renfermait son principe, une autre doctrine s'éleva, prétendant, non plus montrer la vérité indépendante de la raison, mais plutôt, en montrant la raison indépendante de la personnalité, rétablir son autorité. Cette doctrine consistait à mettre la raison en rapport immédiat avec l'être, comme avec un objet extérieur et supérieur à nous : de là le nom qu'elle prit d'Ontologisme. Exposée d'abord par des théologiens de l'université de Louvain, elle fit le fond de l'enseignement de l'abbé Baudry, professeur de philosophie au grand séminaire de Saint-Sulpice, mort récemment évêque de Périgueux, et on la trouve développée dans un ouvrage publié en 1856, sous le titre d'*Ontologie ou Étude des lois de la pensée*, par M. l'abbé Hugonin, alors directeur de la division ecclésiastique à l'école des Carmes. Dans ce livre, M. l'abbé Hugonin, d'après les idées de l'abbé Baudry et les siennes propres, a exposé comment notre intelligence a pour son plus haut objet immédiat des idées qui ne sont pas ses opérations mêmes ou des produits de ses opérations, mais qui en sont indépendantes, qui sont, au fond, l'être même, l'être universel, l'être absolu, Dieu.

L'abbé Rosmini avait cru que l'intelligence avait pour objet universel et nécessaire dans tous les objets particuliers et contingents ce qu'il appelait l'être indéterminé, lequel existait, puisque l'esprit l'aperçoit, mais d'une existence qu'on pouvait appeler une existence « en projet », ou virtuelle, assez semblable à celle de l'idéal dans plusieurs des théories contemporaines dont nous avons rendu compte précédemment. L'être universel inné à notre intelligence n'était donc pas, dans cette conception, quelque chose de réel et de subsistant, mais simplement un principe logique, une règle pour diriger notre esprit. Si l'on faisait abstraction de l'esprit qui le considère et qu'il dirige, il ne devait plus rien être.

Quelles que soient d'ailleurs les différences entre les idées de Rosmini et celles de M. Vacherot et de M. de Rémusat, on voit combien se ressemblent ici leurs principes. C'est que c'est à peu près la même manière de comprendre les objets de l'intelligence comme des entités séparées de toute réalité.

Les ontologistes s'efforcent de faire voir que les idées par lesquelles l'intelligence se règle et qui lui servent à comprendre et mesurer tout le reste, ne sont pas seulement des objets de conception, mais qu'elles sont des modes d'une existence réelle, actuelle, qui n'est autre que Dieu. C'est, disent ces auteurs, auxquels on peut joindre M. l'abbé Blampignon, auteur d'une thèse de théologie sur Malebranche, la doctrine de Malebranche et de saint Augustin; c'est aussi, suivant eux, la doctrine de Platon. Aristote, dit quelque part M. l'abbé Hugonin, a été psychologiste; Platon, ontologiste.

Platon, effectivement, a semblé faire des notions par lesquelles nous comprenons les choses des réalités distinctes que contiendrait une réalité totale, qui serait Dieu; on peut douter pourtant qu'au fond il ait mis en Dieu ces bornes et ces diversités; on peut douter qu'il soit possible de compter parmi les ontologistes, au sens des docteurs de Louvain et de M. l'abbé Hugonin, celui qui chercha Dieu, au delà même de tout ce qui s'appelle être, dans une absolue unité.

Aristote ne voulut mettre qu'en nous la distinction et diversité des idées : on peut douter qu'il faille néanmoins réduire au psychologisme, tel que l'entend et le repousse le moderne ontologisme, celui qui vit et vit le premier en Dieu, non seulement, comme l'ontologisme le dit de l'être, le plus haut objet de l'intelligence, mais la pensée suprême, source de toute pensée.

On peut douter enfin que ce soit assez perfectionner la conception de Rosmini, que de prendre comme lui pour principe « l'être », en ajoutant qu'il n'existe pas seulement en puissance, comme le disait le philosophe italien, mais qu'il subsiste réellement, que réellement il est. Hegel n'a pas dit, ce semble, sans raison que l'idée de l'être est la plus pauvre des idées, et qu'être sans rien de plus équivaudrait à ne pas être.

Peut-être l'ontologisme n'est-il qu'une première forme d'une doctrine plus décidée, où l'être sera défini par la vie et par la pensée. Cependant chez les théologiens philosophes qui le professent, de même que chez le père Gratry et M. l'évêque de Sura, aux diverses causes qui rendent toujours difficile de passer de ces généralités logiques, qui s'interposent entre l'esprit et les réalités, aux réalités mêmes, il s'ajoute un motif spécial de s'en tenir souvent à des idées et à des expressions incomplètement définies : l'appréhension constante d'entreprendre par la raison sur le domaine de la foi, et, dans les choses mêmes qui semblent relever de la raison seule, de ne pas se trouver néanmoins dans un suffisant accord avec telle décision intervenue ou à intervenir de l'autorité canonique. Le père Gratry, M. l'abbé Maret, M. l'abbé Hugonin, donnent à la philosophie qui se refuse aux lumières que fournit le christianisme le nom de « philosophie séparée ». Celle des théologiens en général pourrait être dénommée, plus encore aujourd'hui qu'au moyen âge, une philosophie dépendante. Or la philosophie veut, ce semble, une parfaite liberté.

Un temps viendra, prochainement peut-être, où prévaudra l'idée du développement dans la religion, non moins qu'en toute science, telle, par exemple, que l'a exposée l'éminent docteur catholique M. Newman ; idée qui gagne de jour en jour plus d'esprits. En ce temps s'établira une doctrine plus large d'interprétation. Plus libre, la théologie tirera plus d'utilité encore de la philosophie et lui rendra aussi plus de services. Et c'est alors qu'on pourra voir se vérifier enfin cette grande parole de saint Augustin, que la vraie religion et la vraie philosophie ne diffèrent point.

XIX

Un auteur qui avait déjà publié divers ouvrages en prose ou en vers sous le pseudonyme de Strada a fait paraître en 1865 un *Essai d'un ULTIMUM ORGANUM ou Constitution scientifique de la méthode*, 1re série, *Bases de la métaphysique*, où il exprime des idées qui ne sont pas sans analogie pour le fond avec celles des ontologistes, mais d'un point de vue tout différent et avec la plus entière liberté d'esprit.

Si l'on cherche, sous les formes souvent insolites du langage de l'auteur, la pensée qu'il a voulu exprimer, on trouve qu'à l'encontre des tendances qui semblent, du moins au premier abord, dominer dans le temps où nous sommes, il s'est proposé de restaurer la métaphysique, la science du surnaturel.

« Le mal de notre temps est, dit-il, que la pensée, lasse d'efforts et ne sachant où se fixer, se cramponne à la réalité matérielle et s'y repose. La vérité n'est plus, et avec elle meurent les idées élevées. L'esprit, dépourvu de critérium pour estimer le vrai, de méthode pour l'atteindre, va comme en vertige et finit par s'abattre au matérialisme athée. »

M. de Strada s'arrête peu à la critique des théories, trop évidemment incomplètes et superficielles, qui réduisent tout à la matière et aux sens, et qu'il appelle, d'un nom qui doit rester, « pseudo-positivistes »; mais il montre comment, dans la métaphysique même, s'est glissé un élément physique qui l'altère.

« L'objet de la connaissance est, dit-il, l'être; mais l'être, sous quelque forme qu'il se présente, a certaines qualités constitutives, lesquelles, par conséquent, sont, pour toute existence dans laquelle l'être est réalisé, des conditions, des lois. Et c'est pourquoi tout se déduit, tout se prouve. » Différent en cela de la plupart de ceux qui dans ces derniers temps ont défendu la métaphysique contre ses adversaires, et qui, par les causes que nous avons indiquées, montrant généralement peu de confiance dans la régularité du raisonnement, lui préfèrent ou une induction qui procède, selon leurs expressions, par élans et par bonds, ou des révélations inexplicables d'une mystérieuse raison, M. de Strada maintient qu'il n'est rien à quoi ne s'étende le raisonnement. Les qualités nécessaires de l'être peuvent, à son avis, être réduites aux trois suivantes : la détermination par l'expansion de la force, l'identité dans la durée ou permanence, et l'essence, en laquelle se réunissent les deux premières. Les qualités constitutives nécessaires sont, dit-il, l'objet de la pensée ; les réalisations contingentes sont l'objet de l'expérience ; toute réalisation contingente renferme nécessairement les qualités constitutives : en même temps donc que nous percevons un objet comme sensible, nous le pensons comme intelligible.

Peut-être conviendrait-il d'ajouter, avec Bossuet et avec Kant, que de plus nous l'imaginons. On sait cette théorie de Kant d'après laquelle les éléments sensitifs sont d'abord réunis en un tout par l'imagination, et c'est sur le résultat de la synthèse de l'imagination que s'opère à son tour la synthèse plus haute de l'entendement. Bossuet, déjà, avait dit que nous ne percevons rien par les sens qu'aussitôt nous ne l'imaginions. Avec cette insertion entre la sensation et la pensée du moyen terme de l'imagination, M. de Strada justifierait peut-être plus complètement cette théorie, qu'il propose, qu'aux propriétés des objets répondent trois moyens de connaissance : pour le réel, l'expérience ; pour le numérique, le calcul ; pour l'idéal, le syllogisme ; théorie qui rappelle la triple division de la science par Platon et Aristote en physique, mathématiques, ou science des « choses du milieu », et philosophie. Peut-être, en effet, serait-on fondé à dire, en combinant les idées de ces penseurs de l'antiquité avec celles de Leibniz et de Kant, que la quantité, qui est l'objet spécial des mathématiques, est proprement le monde de l'imagination, intermédiaire entre le domaine des sens et celui de l'intelligence pure.

Quoi qu'il en soit, telle est, selon M. de Strada, notre condition, que nous prenons connaissance à la fois, par des facultés indépendantes, de parties différentes des choses, sans qu'il nous soit possible de les tirer les unes des autres et, au moyen d'une de nos manières de connaître, de nous passer d'une autre. Vainement le matérialiste s'efforcera-t-il d'expliquer par le sensible l'intelligible ; mais vainement aussi les spiritualistes tâcheront-ils de prédire, de construire *à priori* la nature au moyen de pures idées. S'ils ont l'air d'y réussir quelquefois, comme par exemple Hegel, c'est qu'ils ont à l'avance transporté dans l'intelligible les propriétés sensibles qu'ils croient et qu'ils paraissent ensuite en tirer. Encore Hegel trouvera-t-il dans la nature une foule de détails dont toute sa logique ne pourra donner la moindre explication, et qu'il se contentera de mépriser. M. Vacherot avait déjà fait une observation à peu près semblable.

Nous percevons tous, dit M. de Strada, avec les réalisations contingentes, les qualités nécessaires qu'elles impliquent; nous ne les percevons pas tous au même degré. Voir clairement dans les réalisations contingentes les qualités nécessaires, c'est le propre du génie. S'élevant au-dessus des circonstances extérieures, ou, comme on dit, des milieux desquels dépendent les intelligences vulgaires, et qui suffisent à peu près pour les expliquer, le génie « plonge dans l'absolu droit et sans biais, et c'est ainsi que son œuvre est vraie pour tous les lieux et tous les temps ». C'est donc partout, toujours, le génie qui découvre, parce qu'il est en communication immédiate avec l'absolu, avec le divin; la foule ne fait que suivre.

Maintenant, ce n'est pas assez de montrer dans toute chose d'expérience l'idéal qu'elle implique; il faut, pour constituer la métaphysique, montrer que l'idéal, que l'absolu est indépendant du physique, du sensible, du contingent. La plupart du temps, au contraire, on fait pénétrer l'élément inférieur jusque dans le supérieur, et la physique dans la métaphysique. Kant a très bien connu que tout se présente dans la nature sous forme d'oppositions, d'antinomies, tout y étant comme formé de contraires. Hegel a fait plus : il a porté les antinomies jusqu'au sein de l'absolu; il en a fait les éléments de sa constitution. On a accusé ces deux grands penseurs, le dernier surtout, d'audace. Loin de là ; c'est, dit M. de Strada, de timidité métaphysique qu'il faut les accuser; « ce grand spectacle des antinomies leur a trop imposé » : ils les acceptent de l'expérience, et les érigent en principes universels et nécessaires; leur philosophie consiste donc à prendre la métaphysique physiquement. Il en faut dire autant de ces spiritualistes qui mettent en Dieu des notions séparées, par conséquent finies; en portant en lui la multiplicité, ils le font fini lui-même.

La philosophie, dit encore l'auteur de l'*Ultimum organum*, a pour objet les antinomies; mais il faut qu'elle comprenne qu'elles ne viennent qu'en second lieu, au-dessous de l'absolu, qui en est exempt. Sans doute, en présence du négatif, et limité par lui, le positif devient lui-même négatif, et il semble que l'un, comme l'autre, ne soit qu'à la condition de l'autre, et relatif à l'autre. C'est ce que disent, comme nous l'avons vu, non seulement Hegel, qui, du moins, dit M. de Strada, a le sentiment de ce qu'il y a d'insuffisant dans ce point de vue, et qui aspire à la résolution de ses antinomies, mais Kant, mais Hamilton, mais tous ceux qui prétendent ériger l'opposition et la relativité en loi universelle. Pourtant le négatif et le positif qui se rencontrent en toutes choses ne sont égaux ou équivalents que mathématiquement, dit encore M. de Strada, c'est-à-dire comme les abstraits 1 et 1 sont égaux dans un nombre, à quelques réalités qu'ils répondent. Le négatif tient du positif tout ce qu'il a de réel; la négation est un dérivé de l'affirmation; l'affirmation en elle-même n'a aucun besoin de la négation. « Une affirmation est posée; je la nie. Ma négation donne instantanément à l'affirmation la qualité de négation de ma négation (c'est l'argument de Hegel). Mais est-ce par soi que l'affirmation est négation? Non; c'est par une négation. » Vainement donc prétend-on exalter la négation et le non-être jusqu'à l'égalité avec l'être et l'affirmation. Toute négation n'ayant droit d'être que dans et par la réalité, le négatif est secondaire, le positif est primordial. Le positif est au négatif ce que 1 est à 0, ce que la réalité est à rien. « Un jour viendra, dit M. de Strada, où expliquer, en métaphysique, par l'union du non-être avec l'être, paraîtra aussi puéril qu'il le serait aujourd'hui en physique d'expliquer par le vide uni avec la matière. Il est temps que l'on comprenne que, si dans la nature le réel se montre partout limité, la limitation n'est pas pour cela de son essence. » L'esprit métaphysique consiste donc, selon lui, à comprendre qu'il y a, au-dessus de l'état d'antinomie et de contradiction, qui est celui de la nature et jusqu'à un certain point le nôtre, un état absolu où la négation, qui nous semble ici-bas la condition même de l'existence, n'a pourtant aucune place, et où il n'y a que réalité; c'est l'état propre de l'être.

L'être est l'objet de l'esprit; sollicité par l'être, l'esprit se l'approprie, d'une manière nécessaire et libre tout ensemble, « par l'abstraction et l'extraction ». L'être sert à l'esprit comme l'aliment à l'estomac, comme l'air aux poumons. L'esprit répondant ainsi à l'être, aux diverses propriétés de l'être correspondent les diverses fonctions de l'esprit. Dans chaque réalité se trouvent, quoique en des rapports différents, toutes les qualités de l'être. « L'homme entend Dieu dans tout et dans chaque fait; il est comme assourdi du bruissement et des clameurs éternels et incessants de l'absolu »; de même dans chaque acte de l'esprit, dans le premier, dans le plus simple, se trouvent, à des degrés différents de développement, toutes ses facultés, toutes ses opérations. Point de perception, si élémentaire qu'elle soit, qui ne renferme tout le raisonnement et toute la méthode. Reste à savoir comment, de quelle manière; autrement dit, de ces principes quelle méthode dérive.

La méthode, pour M. de Strada, c'est le mouvement, la marche de l'esprit. Chaque individu, chaque peuple a sa méthode, qui lui vient de chaque génie inventeur et initiateur, et qui, bien plus que les circonstances extérieures de temps et de lieu, explique son histoire. L'humanité se développe à la fois dans des sphères différentes comme nos facultés, et jusqu'à un certain point indépendantes les unes des autres : religions, arts, sciences, institutions sociales et politiques; ainsi vivent, jusqu'à un certain point indépendants, les poumons, le cœur, le cerveau. Ces développements libres, pourtant harmoniques, ont un même principe, duquel ils tiennent la cohésion et l'unité : ce principe est la méthode, la pensée. « Une idée reconnue vraie est, en effet, le fond et le nœud de tout rassemblement d'hommes. On a souvent demandé où est la patrie : elle est là. » C'est que la méthode elle-même est le développement dans l'esprit humain des lois nécessaires qui, en même temps, se développent dans les choses. « Dieu et l'homme font l'histoire : Dieu, par les lois nécessaires; l'homme, par sa méthode. En sorte que l'intelligence, par sa constitution, qui est la méthode, par sa connaissance, qui se tire des lois nécessaires, engendre toute cette matérialité des événements qui n'est qu'un vêtement... C'est l'esprit qui est l'histoire. La cause des changements dans les religions, les institutions, les philosophies, c'est l'esprit en recherche de méthode. »

A son tour, la méthode se réduit au *criterium*. Le criterium est le principe d'après lequel nous estimons le vrai, le principe absolu de certitude. Si ce sont des méthodes qui sont le fond de l'histoire, c'est qu'au fond des méthodes il y a des criteriums, sources de convictions et de passions. Les nations cherchent le criterium; c'est à sa poursuite qu'elles vont de changements en changements. « Qui fait la mobilité de l'homme? C'est sa recherche de l'absolu. Ses passions l'y poussent comme sa raison. En sorte que l'homme n'est variable que dans le but de ne l'être plus : haut attrait du stable et de l'immuable, anxiété et mobilité sublimes, qui n'auront de plus sublime que le repos dans les lois nécessaires trouvées et certifiées. »

Plusieurs criteriums, plusieurs principes prétendus de certitude, ont dominé tour à tour : chez les peuples primitifs, la force; l'observation et la logique chez les Grecs; au moyen âge, la foi ; depuis Descartes, l'évidence ; tous incomplets, insuffisants. La force est étrangère à l'esprit ; l'observation et la logique ont besoin de principes ; la foi a besoin de preuves ; l'évidence prétendue érige chacun en juge suprême. Aujourd'hui combats et destructions réciproques de criteriums ennemis. « Ainsi s'expliquent ces phénomènes contradictoires, restés problèmes, et problèmes d'épouvante : le matérialisme croissant dans une société qui aspire à l'absolu ; la liberté ne pouvant s'établir dans un âge ardent d'indépendance ; les sciences métaphysiques se mourant, et la haute science et la pensée en ruines. Déjà l'on tremble de voir les efforts de notre âge se terminer à l'abîme d'immoralité et d'esclavage du monde antique. Sommes-nous donc assis sur les ruines de l'esprit et de la liberté ? N'est-ce qu'une vaine poussière que les siècles viennent nous apporter ? Faut-il que le vent du désespoir dissipe toutes les choses de l'homme, toutes les pensées du génie faisant effort vers l'absolue vérité ? »

Non, ajoute M. de Strada. Un criterium reste à trouver, et est près d'être trouvé, qui doit résoudre les contradictions, fixer l'incertitude. Ce criterium qui doit, en fondant définitivement la méthode, constituer sur une base nouvelle et solide la science et la civilisation, ce criterium infaillible, absolu, c'est le fait.

Relativement aux choses, c'est être dans l'erreur que de s'en tenir au point de vue inférieur des antinomies ; c'est être dans une erreur semblable, pour le rapport de l'esprit aux choses par la connaissance, que de s'en tenir aux criteriums particuliers qui ont régné jusqu'ici et par lesquels l'individu borné se fait principe et règle. Tels surtout ceux qui sont en présence depuis le temps de Descartes, la foi et l'évidence, et pour lesquels on a abandonné le raisonnement.

En appeler à la foi, c'est s'en tenir à un sentiment dont on ne rend pas raison ; de même pour l'évidence, terme dérivé de celui de vue ; se fier de tout à l'évidence, c'est s'en tenir à de simples états de l'esprit, sans autres garants qu'eux-mêmes. Aussi la foi cherche-t-elle, au fond, un point d'appui extérieur : « Il n'y a foi que lorsqu'il y a évidence, sinon de toutes les affirmations, au moins de la vérité générale de la doctrine. Et quant à l'évidence, contestée, elle se réfère à une raison. » Donc la foi, l'évidence, ne s'opèrent que par raisonnement, même lorsqu'on croit sans raisonner, même lorsqu'on voit sans raisonner. Saint Augustin a eu le sentiment de cette vérité quand il a dit : « Nous ne pourrions même pas croire, si nous n'avions des âmes raisonnables, capables de raisonnement. » Ce sont donc la raison et les opérations du raisonnement, c'est-à-dire l'expérience, le calcul et le syllogisme, qui rendent capables de foi comme de science.

M. de Strada ajoute : « J'ai donc bien dit en soutenant que Descartes laisse la pensée dans un état antiméthodique, analogue à la foi. Mais quand la foi rattachait l'homme à Dieu, l'évidence ne le rattache qu'à lui-même. Descartes laisse l'homme dans la plus mesquine, la plus puérile et la plus impossible des fois, la foi à soi. Les conséquences en sont palpables dans les sociétés : le moyen âge avait l'élévation de son lien instinctif et ému à son Dieu ; l'âge moderne a l'abâtardissement de l'individualisme et de l'autocratie personnelle. Il dit avec le portefaix Protagoras : L'homme est la mesure des choses. Bassesse sans solidité. » — « Qu'est-ce, d'ailleurs, que dire de l'esprit qu'il arrive à voir par l'évidence? C'est dire qu'il voit parce qu'il voit. Il est vraiment commode de passer tout ce beau et secret mécanisme de la pensée, tout son bel accord avec l'être, tout son engrenage merveilleux avec chaque modalité de l'être, et de s'écrier en fin de compte, comme si l'on avait touché le secret : Je vois parce que j'ai la vertu de voir. »

Lorsque Descartes avait opposé à la méthode syllogistique du moyen âge, tirant de principes admis à peu près de confiance d'interminables séries d'inutiles conséquences, la simple lumière de l'évidence, à quoi revint aussi plus tard le « sens commun » des Écossais et de l'éclectisme, Leibniz avait judicieusement remarqué que c'était là une méthode bien sommaire, et qui à la science substituait l'arbitraire. L'évidence vraie fût-elle la dernière raison, encore fallait-il se rendre compte si l'on y était parvenu. Rien n'était vraiment évident que les propositions identiques, qui sont la raison même; toute vérité apparente devait, pour être jugée, appréciée à sa juste valeur, être réduite, au moyen de l'analyse, à ces identités.

« Tout se démontre, dit dans un sens analogue M. de Strada, quoique non pas par toute science. Les sciences secondaires acceptent des sciences primaires les notions sur lesquelles elles s'appuient sans les définir. C'est ainsi que la métaphysique définit les notions de temps, d'espace, etc., et les passe à la géométrie, qui, les yeux fermés, accepte, puis établit ses axiomes, ses définitions, ses hypothèses propres, et opère par l'instrument méthodique qui y convient jusqu'à démonstration; de sorte que, dans le cercle entier du savoir, tout se définit et tout se prouve. » Bien plus, rien d'aussi raisonné que les axiomes; ce sont les résultats de raisonnements si nécessaires et si fréquents qu'on ne s'en aperçoit plus; c'est ainsi que, sans y faire attention, sans en avoir conscience, nous aspirons et respirons l'air incessamment.

C'est donc par toutes nos facultés, c'est par le raisonnement combiné avec le calcul, avec la perception, que, nécessairement et librement tout ensemble, nous formons et nos connaissances et, avant tout, les éléments les plus simples de nos connaissances.

Au nom, en vertu de quel principe? Au nom, en vertu du fait.

Pour M. de Strada, le fait n'est pas seulement ce qui frappe les sens; c'est la réalité, soit qu'elle s'adresse aux sens ou à l'esprit. Sa préoccupation constante est de donner à la certitude un principe supérieur soit à la matérialité, qui n'est rien à elle seule, soit à l'individualité, qui, toute seule, n'est aussi que néant; il le trouve, ce principe, dans le fait conçu en sa totalité remplie de ce qu'il nomme les qualités nécessaires, remplie de l'absolu, renfermant en sa profondeur la substance de l'être universel. « Le fait, dit-il, est le lien du naturel et du surnaturel. On veut nier tout prodige : la vie de la pensée est un prodige perpétuel; Dieu se fait nature dans chaque fait; l'esprit infini dans chaque notion se fait esprit humain; dans chaque fait l'esprit possède Dieu. »

Le criterium est le fait, c'est pourquoi le criterium est Dieu. « Dieu criterium, tangible par le fait, voilà tout en un : c'est le fond de toute la doctrine et de toute la révolution méthodique. Le jour où l'homme sentira cette vérité, il sentira qu'il n'ignore rien de ce qui lui est nécessaire. » — « Depuis que je l'ai comprise, dit l'auteur que nous analysons, je suis dans la clarté et dans le repos, car tout fait manifeste Dieu, car je vois l'homme se nourrir de la substance de Dieu par le fait. Et c'est pourquoi je l'écoute à présent du cœur comme de l'esprit. Il faut l'aimer en même temps que l'étudier. Ce ne sont pas de beaux syllogismes, de belles expériences qui sont le fond de la science, c'est la communion avec l'être et avec Dieu par ce coup au secret du cœur que vous donnent la chose, l'idée, la grande œuvre d'art, de science ou de vertu; c'est la vie à deux, qui ne s'opère que par la connaissance et l'amour. Voilà l'âme de la méthode : expérience, foi, syllogisme, en sont l'extérieur et l'écorce. »

L'esprit en présence du fait commence, dans son ardeur de le posséder, et pour cela de se l'expliquer, par l'*à priori*, l'hypothèse : c'est le premier pas de la science; ensuite vient l'*à posteriori*, la vérification, la démonstration; par elle, la possession. Telle est la marche nécessaire de la méthode : hypothèse, immense désir, certitude, apaisement et joie sans fin. La méthode, c'est la vie même; la vie, c'est l'assimilation, la transsubstantiation, la transformation de l'être en la pensée.

Pour exprimer cette union, ce mariage de l'être et de l'esprit, M. de Strada trouve des paroles enflammées; son ouvrage se termine, comme il le dit, par une sorte de Cantique des cantiques de la science et de la métaphysique, et par cette ardente invocation : « O Dieu chaleur, ô Dieu pensée, ô Dieu sang, ô Dieu voix, vérité et vie, ô Dieu contrôle fixe et toujours présent, viens. L'homme t'appelle; sa faiblesse a soif de ta puissance; son ignorance, de ton savoir; sa petitesse, de ton infinité; son erreur, de ta certitude; sa négation, de ton affirmation. Viens, l'homme ne peut monter à toi sans toi, toujours présent par le fait. Viens, et qu'un avec toi, par la pensée que tu sollicites, par l'amour que tu soulèves, nous soyons confondus dans cette communion de l'absolu, qui est la vie par la science, l'art et la vertu. »

Et, pour terminer, dans une courte « post-face », s'adressant aux philosophes ses contemporains : « Je vous ai tous attaqués, dit-il. Je suis la réaction vivante de vos méthodes. Je vous ai dit : Vous êtes tous dans le faux... Je vous ai tous attaqués. Aucun de vous ne me soutiendra. Est-ce vous qui parlerez, théocrates? Je vous combats. Est-ce vous, physiciens? Je vous combats. Est-ce vous, évidentistes? Je vous combats. Je vous combats, mais pour vous unir. Je vous combats, parce que je combats l'homme et que je défends Dieu. Je suis le plus réaliste des philosophes, car je vais jusqu'à dire ce que nul n'a osé : que le fait est le criterium. J'en suis le plus spiritualiste, car il reste démontré que l'homme jugeant par le fait criterium ne juge que par Dieu. Les vieux antagonismes tomberont quand on aura compris le fait et son lien avec l'être, c'est-à-dire avec l'absolue vérité dont il est la manifestation incessante, toujours présente, partout vivante. Si j'ai été obscur, j'expliquerai. S'il y a des lacunes, je les comblerai dans la mesure de mes forces. » Et il appelle à lui ceux qui veulent fonder avec lui « l'école de l'être et du fait base, médiateur et criterium de la connaissance, l'école de la réalité universelle de l'être, l'école du Dieu méthode avec le fait criterium incessant. »

Quelque obscur que soit, en effet, très souvent, M. de Strada, plus préoccupé peut-être de rendre ses pensées dans toute leur force que de les éclaircir, et de les présenter sous leurs mille faces éblouissantes que de développer avec ordre les éléments qu'elles impliquent, on voit du moins clairement le but auquel il tend, qui est de tirer la science du cercle étroit où la renferme la considération exclusive ou presque exclusive de ce qui est ou de la nature ou de l'homme, et de la tourner vers ce surnaturel qui perce et rayonne par tous ces nuages, vers cet absolu et infini dont les choses finies et relatives ne sont, selon l'expression de Leibniz, que des fulgurations.

Mais dans cette entreprise, qu'il a embrassée avec tant d'ardeur, peut-être n'est-il pas aussi seul qu'il se le persuade. Si nous considérons le passé, nous trouverons que, parmi les physiciens, les plus grands ont su que, quelle que soit pour nous l'utilité, la nécessité de l'expérience, c'est à la raison qu'appartient le jugement en dernier ressort : témoin, dès la Renaissance, avant Galilée, Léonard de Vinci disant : « Force nous est d'aller de l'expérience à la raison, mais la nature va de la raison à l'expérience »; que, parmi les théologiens, les plus grands ont reconnu que la foi a le savoir pour principe, et pour fin le savoir : témoin saint Anselme intitulant son premier ouvrage : « La foi cherchant à comprendre »; et, quant aux philosophes, que Descartes lui-même, si, en présence de l'abus des raisonnements à vide, il a pu paraître accorder trop à la simple évidence, et mettre ainsi la science à la discrétion d'un prétendu sens commun, que Descartes n'en a pas moins dit que le vrai criterium pour estimer toute vérité, donner toute certitude, est l'idée de Dieu, et que toutes les vérités, à partir de cette vérité suprême, s'entre-suivent et s'enchaînent.

Quant à notre temps, de l'ensemble des travaux relatifs à la métaphysique et à la philosophie générale dont nous avons rendu compte il résulte que, si les esprits ont paru, jusqu'à présent, se partager entre des théories pseudo positivistes, inclinant au matérialisme, et les théories semi-spiritualistes, selon lesquelles on n'a des principes plus élevés qu'elles invoquent qu'une simple conception générale d'où le raisonnement ne peut déduire aucun de leurs effets, ou qu'un sentiment presque aussi insuffisant, il n'en est pas moins vrai qu'une doctrine se montre à un regard attentif, que quelques-uns à peine ont ébauchée dans son ensemble, mais dont ces différents systèmes subissent pourtant une secrète influence, et de laquelle ils tendent plus ou moins, mais de plus en plus, à se rapprocher. Et cette doctrine est celle qui donne aux choses un principe intelligible et réel à la fois, supérieur et aux apparences extérieures et sensibles dont le pseudo-positivisme se contente, et aux abstractions que l'entendement se forme pour se les expliquer, le principe que l'auteur de l'*Ultimum organum* lui-même et l'école ontologique ont en vue sous la dénomination, encore incomplète et obscure, de « l'être ». C'est ce que confirmera, si nous ne nous trompons, l'exposé qu'il nous reste à faire des principaux travaux consacrés, dans la période qui nous occupe, aux diverses parties de la philosophie et aux diverses questions qui s'y rapportent.

XX

Avant de passer à ces travaux plus spéciaux, nous devons mentionner encore un ouvrage récent, entrepris dans le dessein surtout de déterminer les principes les plus généraux de la physique, mais qui peut-être est de nature à contribuer principalement à la définition plus précise de l'objet de la métaphysique. Nous voulons parler de *La science et la nature*, de M. Magy (1868).

Descartes avait admis deux substances : le corps, consistant dans l'étendue; l'esprit, consistant dans la pensée. Spinoza avait vu dans l'étendue et la pensée deux attributs d'une substance unique. Leibniz, réduisant l'étendue ainsi que le temps à un mode de notre manière de connaître, n'avait voulu tenir pour substance que ce qui agit, que la force. Il y avait dans le corps, suivant lui, quelque chose de substantiel : c'est qu'il s'y trouvait, outre l'étendue, quelque chose d'actif qui était la source du mouvement. Le fond de la force est, ajoutait-il, la perception et l'appétit, ce que Descartes appelait d'un seul mot la « pensée ».

Malebranche, qui eut le système de Spinoza en horreur, s'éloigna moins, pourtant, de sa manière de voir que Leibniz. Il y avait, disait-il, deux sortes d'idées : les idées de grandeur, objet des mathématiques, et les idées de perfection, objet de la métaphysique ; ce qui revient à la division commune en matière, identifiée par Descartes avec l'étendue, et esprit, dont le propre est de se déterminer par le bien, ou la perfection, et qui est la perfection elle-même. Ces deux éléments hétérogènes étaient unis en Dieu. Il fallait concevoir en Dieu non seulement la pensée, perfection suprême, mais aussi l'étendue ; non, il est vrai, l'étendue matérielle et sensible que nous offre le corps, mais une étendue intelligible, dans laquelle l'étendue matérielle avait sa source.

Bordas-Dumoulin, dans son *Cartésianisme*, adopta les idées de Malebranche, les généralisa. Ce que Malebranche avait dit de Dieu, il fallait, selon lui, le dire de toute substance. Toute substance était, disait-il, composée de deux éléments : l'un susceptible d'évaluation précise et de calcul, c'était la grandeur ; l'autre échappant à toute mesure exacte, c'était la perfection, ou, perfection étant synonyme d'achèvement, la vie ou force, qui en est la cause. Dans le monde inorganique, la quantité ou étendue prédomine ; dans le monde organique, la force. Parmi les sciences, il en est dont la quantité seule est l'objet : ce sont l'arithmétique et la géométrie ; il en est d'autres où elle ne sert que de support et de symbole aux idées de force et de perfection :

ce sont les sciences qui considèrent les êtres vivants, comme l'histoire naturelle et la médecine, et davantage encore celles qui se rapportent aux choses de l'ordre intellectuel et moral, la métaphysique, la théologie, la morale, la politique. De ces deux sortes d'idées, les premières sont et les plus faciles à saisir et les plus faciles à traiter; on peut les représenter exactement par des symboles, chiffres ou lettres; de sorte qu'en opérant sur ces symboles d'après certaines règles très simples, on parvient à des résultats infailliblement vrais, propriété qui tient à ce que la quantité est par essence divisible en parties égales. De là la constante disposition de l'esprit humain à tout rapporter aux idées de grandeur, à ne voir partout qu'étendue et mécanisme. Au contraire, les idées de perfection échappent à toute définition rigoureuse, à toute représentation exacte par un symbole quelconque. C'est pourquoi est vaine, selon Bordas-Dumoulin, l'entreprise, rêvée par Descartes et Leibniz, d'une langue philosophique universelle au moyen de laquelle tout se pourrait démontrer et calculer. — Plusieurs de ces idées avaient été indiquées par Destutt de Tracy; Bordas-Dumoulin l'a suivi jusque dans la guerre qu'il avait déclarée à la logique, comme à une vaine et stérile imitation du calcul.

M. Magy, dans son opuscule, a soutenu et ingénieusement développé, en les appliquant à la nature, des idées analogues à celles de Bordas-Dumoulin. Seulement, au lieu d'appeler ses deux principes la grandeur et la perfection, selon les termes empruntés par ce dernier à Malebranche, il les nomme l'étendue et la force. De plus, M. Magy cherche à expliquer comment on peut comprendre que, par le mouvement, le second des deux principes procède du premier : c'est ce qu'il appelle l'explication dynamique de l'espace. Enfin, au lieu de considérer les deux principes comme essentiels à toute substance, il a essayé de montrer, comme Leibniz l'avait déjà fait, que de ces deux principes le premier, qui répond aux phénomènes sensibles, n'est rien que de subjectif, ou, comme s'exprimait Leibniz, d'imaginaire, tandis que le principe proprement intelligible, la force, est le fond même de toute réalité.

On peut dire que Bordas-Dumoulin, qui croyait ses deux principes partout inséparables, s'est montré physicien en métaphysique, comme jadis les Stoïciens et comme Spinoza et même, jusqu'à un certain point, Malebranche, et que M. Magy, dans son essai de physique générale, montrant le principe supérieur indépendant de l'inférieur, s'est montré surtout métaphysicien. Lorsqu'il prendra pour objet spécial de ses méditations la métaphysique, il saura, sans doute, sur les traces encore de Leibniz, après avoir achevé de mettre en lumière la pleine indépendance du principe supérieur, en démontrer et en approfondir la nature essentiellement spirituelle.

Citons enfin, parmi les travaux dont la métaphysique de notre temps peut s'honorer, les *Leçons* faites à Lyon pendant de longues années par M. l'abbé Noirot, et dont il est regrettable qu'on n'ait jusqu'à présent que des résumés trop sommaires; l'ouvrage étendu, où l'on remarque nombre de pensées ingénieuses et fortes, qu'un de ses élèves, M. Blanc Saint-Bonnet, a publié, il y a longtemps déjà, sous le titre : *De l'unité spirituelle;* diverses publications de MM. Lefranc, Charma, etc.

XXI

Dans la période qui nous occupe, la philosophie qui dominait s'étant tenue fort à part des sciences, on n'y a vu paraître que peu de publications importantes concernant ce qu'on a appelé la métaphysique de la physique. On doit mentionner, cependant, comme dignes de remarque, les recherches de M. Charles de Rémusat sur la *Matière*, qui font partie de ses *Essais*, et où, comme nous avons déjà eu occasion de le dire, il s'est attaché principalement aux idées émises par Kant dans ses *Principes métaphysiques de la science de la nature*, ainsi que la *Philosophie spiritualiste de la nature*, par M. Henri Martin, auteur de nombreuses et savantes publications relatives à l'histoire des sciences mathématiques et physiques dans l'antiquité.

XXII

Parmi de nombreuses productions relatives à la psychologie, entre lesquelles il faut citer, outre celles que nous avons déjà mentionnées en parlant de l'éclectisme, les ouvrages spéciaux de l'abbé Bautain et de M. Waddington-Kastus, l'*Essai* de Paffe *sur la sensibilité*, etc., et beaucoup d'articles du *Dictionnaire des sciences philosophiques* de M. Adolphe Franck, dont plusieurs sont dus à cet écrivain, on a remarqué dans ces derniers temps deux thèses soutenues devant la Faculté des lettres de Paris, l'une par M. Mervoyer, l'autre par M. Gratacap, et ayant pour sujet la question de l'association des idées et de la mémoire, à laquelle est étroitement liée la question générale de la constitution et du mode de développement de l'intelligence.

Hume, comme nous l'avons rappelé, avait réduit tout ce qui est à des impressions et à des idées, qui n'en étaient, selon lui, que des copies; c'est, comme nous l'avons aussi exposé, le principe de la philosophie qui prend le nom de positiviste. Remarquant, de plus, qu'à la suite de certaines idées il s'en présente ordinairement certaines autres, au lieu de se borner à ce phénomène, ainsi qu'il aurait dû le faire s'il eût voulu être parfaitement d'accord avec sa théorie générale, qui réduit à une pure illusion toute causalité, et ainsi que veut le faire M. Stuart Mill, il imagina que, comme les phénomènes chimiques s'expliquaient, d'après Newton, par une sorte d'attraction réciproque des corps, de même ce fait, qu'à de telles idées il en succède ordinairement de telles autres, se pouvait expliquer en supposant entre elles une attraction semblable. Peut-être, puisqu'il s'agissait d'un phénomène relatif à telles et telles circonstances, différent selon les différents caractères des idées entre lesquelles il a lieu, peut-être l'aurait-il comparé avec plus de justesse aux affinités électives des chimistes qu'à la gravitation universelle. Quelles sont ces circonstances, quels sont ces caractères auxquels est subordonnée l'attraction mutuelle, ou, comme on le dit en employant un terme qui n'implique aucune théorie sur la cause du fait, l'association des idées? Ce sont, selon Hume, la ressemblance, la contiguïté de lieu et de temps, et la causalité; énumération que les Écossais ont cherché à compléter en ajoutant aux rapports des choses entre elles leurs rapports à nous, et qui d'ailleurs, si l'on observe, d'une part, l'étroite relation qui existe entre la ressemblance et la contiguïté, de l'autre, celle que Hamilton a remarquée entre la ressemblance et la causalité, se ramènerait aisément à une classification plus simple.

Herbart, en Allemagne, exposa un système de psychologie dont une conception assez semblable à celle de Hume était le principe, mais une conception plus distincte, comprenant comme un de ses éléments la quantité, et par cela seul susceptible de tout autres développements, d'une tout autre variété d'applications. Suivant Herbart, tout se réduit chez nous à des idées ou représentations qui s'assemblent, se font obstacle, se tiennent en équilibre ou s'entraînent selon des lois de statique et de dynamique exactes, dont les effets sont par conséquent susceptibles de calcul. Toutes les représentations, au fond, existent simultanément; les unes seulement font obstacle aux autres ou concourent avec elles; elles s'empêchent ou elles s'ajoutent et se mêlent : de là toutes nos idées; de là aussi tous nos sentiments et nos désirs. Par les combinaisons des représentations se forme ce qu'on nomme raison et ce qu'on nomme sensibilité et volonté. Nous retrouvons en Angleterre la même conception, élaborée d'une façon plus ou moins différente par les philosophes qui appartiennent ou qu'on peut rattacher à l'école positiviste, M. Stuart Mill, M. Samuel Bailey, M. Alexander Bain, M. Herbert Spencer. Ce dernier particulièrement a exposé, avec une remarquable lucidité, cette théorie que tout le vaste ensemble de nos connaissances est le résultat de perceptions expérimentales ajoutées, accumulées, comme se sont formés, par l'entassement successif de zoonites presque imperceptibles, des îles, des continents entiers.

La nature, dit M. Spencer, nous offre des faits formant des séries régulières. Aux faits répondent en nous les représentations; aux séries de faits, les séries de représentations; plus celles-là se répètent, plus celles-ci, se répétant aussi, deviennent immuables. Ainsi se forment, par la répétition de propositions particulières, les propositions générales. Si maintenant on considère que les idées acquises, devenues une partie de la constitution intellectuelle, se transmettent en héritage, et dans les générations subséquentes sont des idées innées, on comprendra comment se peuvent expliquer, et d'une manière générale, les instincts, et particulièrement ces instincts intellectuels qu'on nomme quelquefois les jugements *à priori*. Quels sont ces jugements? Ce sont naturellement ceux qui se rapportent aux phénomènes les plus élémentaires. Les phénomènes les plus simples sont aussi, comme l'a remarqué Auguste Comte, et comme on l'avait remarqué longtemps avant lui, les plus généraux, ceux qui s'offrent en tout et partout; ce sont donc ceux dont la représentation s'imprime en nous et le plus tôt et le plus fortement. Les jugements qui représentent les suites ou connexions les plus élémentaires enracinés par hérédité depuis de nombreuses générations, nous les trouvons en nous sans en voir l'origine, sans pouvoir nous en défaire. Le contraire nous en paraît inconcevable; c'est ce que nous appelons, en conséquence, des croyances irrésistibles, des jugements absolus, des vérités nécessaires. Telle est la théorie de la formation des idées, ou, selon l'expression de M. Spencer, de la « croissance de l'intelligence » (growth of intelligence), théorie qui est commune, avec des différences peu importantes, à M. Spencer, à M. Bailey, à M. Bain et à M. Stuart Mill, et qui, effectivement, est le fond de ce qu'on peut appeler la psychologie positiviste ou empirique.

C'est toujours le système de Hume, invoquant pour l'explication des rapports nécessaires auxquels les choses nous paraissent soumises, au lieu des relations de leurs idées résolubles les unes dans les autres jusqu'à ce qu'on en vienne, comme l'a dit Leibniz, aux vérités identiques et aux attributs mêmes de Dieu, les relations tout extérieures et accidentelles de nos perceptions dans l'espace ou le temps.

M. Mervoyer a reproduit, dans une thèse sur *L'association des idées* (1865), quelques-uns des principaux traits de cette doctrine, qui a son approbation, telle surtout que l'a exposée M. Bain.

M. Gratacap, dans sa thèse sur *La Mémoire* (1865), s'est placé à un point de vue tout à fait opposé.

Reid avait dit, sans essayer d'ailleurs de le prouver, que l'association des idées devait se ramener à l'habitude. Dugald Stewart, penchant déjà bien plus que son maître pour l'explication par les seuls phénomènes, à laquelle se livra bientôt presque entièrement son successeur Brown, fut d'avis que, au contraire, c'était plutôt l'habitude qu'il fallait expliquer par la succession et l'association des idées. L'auteur d'une thèse sur *L'habitude*, soumise en 1838 à la Faculté des lettres de Paris, en ramenant à ce phénomène celui de l'association des idées, avait expliqué l'habitude elle-même par l'inclination qu'on a naturellement pour se répéter, s'imiter, inclination qui se pourrait réduire encore à la tendance, à l'effort de tout ce qui existe pour persévérer dans l'action qui est son être même.

M. Gratacap a cherché à montrer que soit la mémoire, soit

l'association des idées, qui n'en diffère guère, trouvent dans l'habitude leur explication. « On veut le plus souvent, dit-il, expliquer la mémoire par les traces qui subsistent dans le cerveau des impressions que font sur nous les choses du dehors, par des mouvements qui se continuent, des vibrations qui se prolongent : c'est à l'âme qu'il faut plutôt en demander le secret. » On veut expliquer le fait qu'on nomme l'association, à savoir qu'une idée se présentant à nous en amène aussitôt une autre avec elle, par des propriétés des objets auxquels ces idées correspondent, propriétés qui se sont traduites dans notre organisme par des mouvements et des impressions. Au contraire, selon M. Gratacap, l'association ne s'explique que par les opérations du sujet qui connaît. Comme Reid et Royer-Collard l'ont remarqué, nous ne nous souvenons pas des choses mêmes, à proprement parler, mais bien des perceptions que nous en avons eues; de même, si au sujet d'une chose nous nous souvenons d'une autre, c'est que nous les avions déjà unies dans une même perception, dans une même conscience. Et, en effet, plus a été une la perception, plus est indissoluble l'association, indestructible le souvenir. C'est que ce qu'on a fait, on tend naturellement à le refaire. Ce qui nous vient du dehors bientôt s'efface et disparaît; ce qui nous vient de nous va de plus en plus croissant et se fortifiant : c'est comme un ressort qui, à mesure qu'il agirait, au lieu de se relâcher, se tendrait de plus en plus. Ainsi se forme ce qu'on nomme l'habitude; ainsi se forment les souvenirs. « Tout ce qui s'impose au principe pensant, venant du dehors et trouvant un obstacle dans son inertie, dit M. Gratacap, l'inquiète et le trouble un moment, mais disparaît bientôt avec sa cause sans laisser aucune trace de son passage. Mais quand le principe pensant s'exerce spontanément, il contracte, en agissant, une secrète aptitude à agir encore : c'est l'habitude active, et cette habitude, c'est la mémoire même. » — Aussi, remarque encore M. Gratacap, les souvenirs sont d'autant plus rapides, et plus sûrs, et plus en notre pouvoir, qu'ils sont ceux d'opérations plus intellectuelles. »

A cette théorie peut-être sentira-t-il la nécessité d'ajouter que deux perceptions ne se rappellent pas l'une l'autre dans le cas uniquement où de fait elles se sont trouvées ensemble, ce qui est le cas auquel le positivisme réduit tous leurs rapports, mais aussi, mais surtout lorsqu'elles entrent en droit, pour ainsi dire, dans une même conscience, lorsqu'elles forment comme des parties d'une même idée, et que par l'une l'esprit complète l'autre. Comme l'œil, à l'aspect d'une couleur, voit aussitôt tout autour la couleur qui en est le complément ; comme l'oreille, en percevant un son, entend aussitôt des sons différents avec lesquels il forme des accords ; de même, et plus encore, l'intelligence, une notion se présentant à elle, conçoit immédiatement, ce qui, d'une manière ou d'une autre, la complète : non seulement donc les circonstances extérieures et accidentelles parmi lesquelles elle la conçut autrefois, mais davantage encore ce qui lui est ou semblable ou contraire, ce qui dépend d'elle ou dont elle dépend. En d'autres termes, le principe de l'association et de la mémoire n'est autre que la raison.

On peut ajouter que, par ces relations dans la connaissance comme dans la réalité, tout se tenant de plus ou moins loin, d'un objet l'esprit ne passe pas seulement à un second objet, mais de celui-ci à un troisième, et ainsi de suite indéfiniment, en sorte que, à chaque impression qui l'ébranle, il évoque, tout entière peut-être, quoique sans l'amener tout entière au jour de la pleine conscience, la multitude presque infinie de ses idées.

C'est la matérialité, sous la dépendance de laquelle sont en partie nos sens, qui met en nous l'oubli ; le pur esprit, au contraire, qui est tout action, étant par cela même tout unité, tout durée, tout souvenir, toujours présent à tout et à lui-même, tenant, sans se manquer jamais, sous son regard, tout ce qu'il est, tout ce qu'il fut, peut-être même, si l'on ose aller jusqu'où va Leibniz, tout ce qu'il sera, le pur esprit voit toutes choses, suivant une parole que nous avons déjà citée, sous forme d'éternité.

Les doctrines positivistes ou d'empirisme exclusif croient expliquer la formation de nos connaissances et de nos souvenirs par les sensations seules accumulées; elles oublient l'action intellectuelle qui, après avoir composé des éléments sensibles telle ou telle perception, fait de plusieurs perceptions des groupes, des ensembles dont les différentes parties, ensuite, se rappellent les unes les autres. « Le matérialisme, dit M. Gratacap, est une étrange erreur: il prend à l'âme ses manières d'être, les projette et les répand hors d'elle, en constitue la matière; et l'âme ainsi dépouillée au profit des corps, il la nie. »

Comme nous l'avons vu, les théories qui prétendent expliquer les actions vitales par les organes semblent ébranlées à leur base; on commence à tomber d'accord plus, ce semble, que par le passé, que c'est précisément l'action vitale qui fait l'organe, que vivre, selon l'expression de M. Claude Bernard, c'est créer et créer quoi? Justement l'organisme. De même, bien que la théorie qui prétend expliquer l'intelligence par les sens, qu'on peut appeler ses organes, ait fait des progrès considérables entre les mains soit de Herbart, soit des autres psychologistes de l'Allemagne ou de ceux de l'Angleterre, bien qu'elle rende compte, avec une précision toute nouvelle, des conditions empiriques du développement de l'intelligence, cependant il semble que, par cela seul, on voit mieux ou l'on est près de mieux voir qu'une part revient dans ce développement à l'intelligence elle-même, et que cette part, c'est presque tout; que l'action de l'esprit consiste, au fond, à retrouver partout, à exprimer de tout l'esprit, et, par conséquent, alors même qu'il prend pour objet la nature, à acquérir, à l'occasion et par le moyen de la nature, une connaissance plus étendue de ce qu'il peut et de ce qu'il est lui-même, à entrer, à l'aide même de ce qu'il rencontre de tout contraire à soi en apparence, dans une plus profonde et plus intime possession de soi; que les sensations ne sont que des matériaux pour l'activité intellectuelle, et que ces matériaux, c'est encore l'activité intellectuelle, dans une phase antérieure, qui se les est préparés; que s'il faut à l'âme pour se peindre à elle-même le tissu que lui offre le monde extérieur, ce tissu, c'est elle encore qui se l'est ourdi de sa propre substance.

« Si l'on veut, avait dit l'auteur des *Nouveaux Essais sur l'entendement humain*, que les principes des choses viennent se déposer sur notre intelligence comme sur une sorte de toile, il faut que ce soit une toile élastique et active, et qui modifie ce qu'elle reçoit. »

XXIII

Du commencement de ce siècle jusque vers son milieu, la philosophie n'eut que peu de rapports avec la physiologie. Maine de Biran, pour établir l'indépendance de l'homme à l'égard de la sensation, le définissant exclusivement par la volonté, l'éclectisme se renfermant dans l'observation de ce qu'il appelait les faits de conscience, ne s'occupaient guère des faits physiologiques que pour marquer les différences par lesquelles s'en distinguent ceux qui sont l'objet de la psychologie.

Dans un travail sur *L'habitude* que nous avons mentionné plus haut, on présentait ce phénomène comme une sorte de moyen terme entre les opérations instinctives et naturelles, qui semblait révéler, ainsi que l'avait dit Stahl, sous la diversité des effets, un principe identique.

La question des rapports du physique et du moral devenait, vers le même temps, le sujet d'études toutes nouvelles.

L'année 1843 vit naître les *Annales médico-psychologiques*, *journal de l'anatomie, de la physiologie et de la pathologie du système nerveux, destiné à recueillir tous les documents relatifs à l'aliénation mentale, aux névroses et à la médecine légale des aliénés,* et que publièrent : de 1843 à 1848, MM. Baillarger et Cerise; de 1849 à 1854, MM. Baillarger, Brierre de Boismont et Cerise; et, depuis 1855, MM. Baillarger, Moreau (de Tours) et Cerise. Beaucoup d'observations y ont été consignées, où la philosophie de l'esprit humain trouvera d'utiles matériaux. Il en est de même de l'ouvrage de M. Brierre de Boismont sur les *Hallucinations,* qui est parvenu, en 1862, à sa 3ᵉ édition, et de son traité *Du suicide et de la folie du suicide,* dont la 2ᵉ édition a paru en 1865; de diverses publications de MM. Falret, de M. Durand (de Gros), etc., et d'opuscules, les uns favorables, les autres contraires au matérialisme. Parmi ces derniers on a remarqué particulièrement *la Loi des deux substances et de leur concours hiérarchique,* par M. Jules Fournet, et la conférence de M. Chauffard sur *Le positivisme,* ainsi que ses *Fragments de critique médicale.* Enfin les anciennes querelles de l'organicisme, du vitalisme et de l'animisme recommencèrent.

Aristote, d'accord cette fois avec Platon, avait pensé que le concert, l'ordre qui paraît dans les opérations des êtres vivants, de quelque manière, d'ailleurs, qu'on explique chaque phénomène particulier, marque une tendance à un but et, par suite, une action dépendante de quelque intelligence. En second lieu, entre les phénomènes de la vie et ceux qui appartiennent à l'âme pensante il remarquait une liaison, une continuité qui ne permettait pas de les attribuer à deux principes différents. Selon lui, en conséquence, la vie venait de l'âme, de ce qui sent et qui pense.

L'âme, dit Descartes, c'est ce qui pense. Impossible, par conséquent, d'attribuer à l'âme des phénomènes vitaux dont on n'a pas conscience.

Cependant Leibniz observa qu'il y a des perceptions confuses, indistinctes, dont on ne s'aperçoit pas. Stahl fit de même, et il fit plus : il montra qu'il y a des opérations qui, bien que procédant de l'intelligence, ne peuvent être matière ni à mémoire, ni à réflexion ; ce sont celles qui, ne se rapportant à rien d'étendu et de figuré, ne peuvent être des objets de l'imagination. Les choses imaginables, impliquant figure et étendue, peuvent seules être la matière de ce qu'on appelle le raisonnement. Les opérations vitales, internes, pour échapper au raisonnement, parce qu'elles n'impliquent aucune perception de distance appréciable, n'en sont pas moins des opérations de la raison. Sans conscience ? Non ; mais sans cette conscience expresse et distincte à laquelle seule s'appliquent et la réflexion et la mémoire.

Leibniz a différé de Stahl sur un point : suivant Stahl, l'âme est vraiment et en tous sens la cause du mouvement dans le corps qu'elle anime; suivant Leibniz, l'âme n'a pas d'action directe sur le corps, et ne fait qu'accompagner de sa volonté et de sa conscience des mouvements qui sont des conséquences de mouvements antérieurs. Mais pour Leibniz comme pour Stahl rien ne se passe dans le corps à quoi ne réponde quelque chose dans l'âme; dans l'âme, c'est-à-dire dans la pensée, c'est-à-dire, si faiblement et obscurément que ce soit, dans la conscience.

Depuis le temps de Bichat, l'organicisme, se réclamant de ce grand physiologiste, régnait presque incontesté dans l'école de médecine de Paris, et le vitalisme, érigé en système par Barthez, dans celle de Montpellier; l'organicisme, qui explique la vie par les propriétés des organes; le vitalisme, qui l'explique par un principe spécial différent de la matière, non moins différent de l'esprit. L'animisme, qui rapporte la vie à l'âme, n'avait presque plus de partisans. Un théologien italien, déjà connu par différentes publications philosophiques, le théatin Ventura, en 1853, attaqua, au nom de la foi catholique, qui exigeait, disait-il, l'unité du principe de la pensée et de celui de la vie, la doctrine vitaliste de Montpellier. L'élève et successeur de Barthez,

M. Lordat, dans ses *Réponses à des objections faites contre le principe de la dualité du dynamisme humain*, défendit la doctrine de son maître et de la plupart de ses collègues, et l'on peut ajouter que l'évêque de Montpellier le félicita publiquement. L'abbé Flottes, professeur de philosophie à Montpellier, dans une courte brochure, essaya du moins de prouver que le vitalisme et l'animisme étaient également compatibles avec la religion et avec la morale. Néanmoins l'abbé Gunther, à Vienne, puis le chanoine Baltzer, à Breslau, ayant, bientôt après, avancé des opinions qu'on peut rapporter au vitalisme, le pape, par un bref en date du 30 avril 1860, déclara que la doctrine de l'unité substantielle du principe de la vie et de celui de la pensée était de foi, et condamna, comme ne s'accordant pas avec le dogme catholique, toute opinion contraire.

Quoi qu'il en soit de cette intervention de l'autorité théologique dans une question qui semble affaire de science plutôt que de croyance, la controverse continua et s'étendit. Plusieurs des membres les plus considérables de l'école éclectique commencèrent à y prendre part.

En 1857, l'Académie des sciences morales et politiques avait mis au concours l'examen de la philosophie de saint Thomas : c'était une occasion offerte aux concurrents d'étudier, entre autres questions, celle des rapports de l'âme et du corps, que l'Ange de l'École avait approfondie à la suite d'Aristote, et résolue dans le même sens que lui. L'auteur du mémoire couronné, M. Charles Jourdain, prit parti pour Aristote, pour saint Thomas et pour l'animisme. Dans son rapport sur le concours, M. de Rémusat, sans se prononcer formellement en faveur de l'animisme, déclara qu'il y voyait une doctrine plausible.

La même année, l'auteur d'une savante *Histoire du Cartésianisme*, couronnée *ex æquo* avec *Le Cartésianisme* de M. Bordas-Dumoulin, et d'une *Théorie de la raison im-*

personnelle, consacrée à l'exposé et à la défense des idées de Victor Cousin sur la raison, M. Francisque Bouillier enseignait, dans la Faculté des lettres de Lyon, l'identité de l'âme pensante et du principe vital; il publia le résumé de ses leçons l'année suivante. M. Jaumes défendit contre lui les doctrines de Montpellier dans une dissertation sur *l'Âme et le principe vital*, publiée la même année, et dans une *Introduction à la philosophie médicale*, publiée en 1861. M. Richard de Laprade, dans un mémoire que l'Académie de Lyon inséra dans son recueil en 1860, après la mort de l'auteur, mémoire intitulé *Animisme et vitalisme*, prit également contre M. Bouillier la défense des doctrines de Montpellier.

M. Albert Lemoine, en 1858, dans un mémoire lu à l'Académie des sciences morales et politiques, et intitulé : *Stahl et l'animisme*, exposait avec un grand détail et beaucoup d'exactitude les idées de Stahl, et appelait l'attention sur une part considérable de vérité qu'elles lui paraissaient renfermer : néanmoins, il n'accordait point que les opérations vitales pussent être attribuées à une cause raisonnable. De la doctrine de Stahl il admettait, disait-il, le vitalisme et rejetait l'animisme.

Émile Saisset, dans un article de la *Revue des Deux Mondes* du 15 août 1862, ayant pour titre *L'âme et le corps*, se déclara pareillement pour le vitalisme.

De même Adolphe Garnier, dans un rapport fait à l'Académie des sciences morales et politiques, sur le livre de M. Bouillier; de même encore, la même année, deux médecins distingués : M. Bouchut, dans son livre ayant pour titre : *La vie et ses attributs dans leurs rapports avec la philosophie, l'histoire naturelle et la médecine*, et M. Jules Fournet, dans *la Loi des deux substances*, que nous avons déjà citée.

M. Charles Lévêque, en 1863, dans le *Journal de l'Instruc-*

tion publique, chercha de plus à démontrer que l'animisme se prévalait à tort de l'autorité d'Aristote: et c'est ce que soutint également M. Philibert dans une thèse présentée à la Faculté des lettres de Paris, en 1864, sur *Le principe de la vie chez Aristote*.

M. Tissot, le traducteur de Kant et de Henri Ritter, prit, au contraire, la défense de l'animisme dans différents articles de la *Revue médicale* et dans un ouvrage étendu ayant pour titre *La vie dans l'homme*, publié en 1861. M. Charles présentait, la même année, à la Faculté des lettres de Paris une thèse, *De vita naturæ*, où il se montrait plutôt favorable aux opinions vitalistes. Un médecin philosophe que nous avons déjà cité, M. Garreau, dans un traité *De la différence de l'organisme et du mécanisme*, qui est également de l'année 1861, voulut relever contre l'animisme de Stahl l'occasionalisme de Descartes et de Malebranche, le système suivant lequel, dans les phénomènes mêmes qu'on appelle des mouvements volontaires, le vouloir seul est de nous, et le mouvement est de Dieu.

En 1862, M. Bouillier développa ses opinions et répondit aux critiques dont elles avaient été l'objet, dans un ouvrage ayant pour titre : *Du principe vital et de l'âme pensante, ou Examen des doctrines médicales et psychologiques sur les rapports de l'âme et de la vie*.

M. Bouillier s'est déclaré presque entièrement stahlien. Surtout il a fait ressortir avec force les raisons qui s'opposent à ce qu'on explique la vie soit par la matière, soit par un principe immatériel différent de l'âme qui pense. Un point l'arrête, et ce point est essentiel : comme M. Lemoine et comme M. Lévêque, comme tous les partisans du vitalisme, il ne peut admettre avec Stahl que les fonctions vitales soient œuvre de pensée ; mais, selon lui, elles n'en sont pas moins, comme les opérations le plus parfaitement intellectuelles, l'œuvre de l'âme.

C'est que c'est une erreur, à ses yeux, que de définir l'âme, comme l'a fait Descartes, par la pensée ; à plus forte raison refusera-t-il de souscrire à cette théorie leibnizienne selon laquelle la pensée est l'essence non pas seulement des âmes humaines comme le voulait Descartes, mais d'une infinité de principes simples ou monades répandus dans tout l'univers, et qui représentent par des perceptions plus ou moins confuses ou distinctes, obscures ou claires, l'infinité des phénomènes dont il est composé. Selon M. Bouillier, l'essence de l'âme, de toutes les âmes, de toutes les monades, si l'on veut, ce ne serait pas la pensée, ce ne serait pas la volonté, mais l'action, dont le penser et le vouloir ne seraient que les formes les plus parfaites, propres exclusivement à un état supérieur, qui est l'état de raison. Les fonctions vitales ne sont point pour lui des opérations de la raison, même définie comme la définit Stahl, « mais, dit-il avec M. Lemoine, d'un instinct sans intelligence, sans conscience de lui-même, d'un instinct aveugle ».

Pourtant, une fois parvenue à l'état de raison, l'âme, selon M. Bouillier, prend, jusqu'à un certain point, conscience de ses opérations instinctives ; de l'ordre inférieur où elles s'exécutent, elles retentissent en quelque sorte dans l'ordre supérieur ; et, à son tour, le supérieur réagit sur l'inférieur, le moral sur le vital et le physique. Ainsi se parfait l'unité de l'être vivant et pensant.

Dans ces termes, M. Bouillier invite les philosophes de l'école à laquelle il appartient, et en général les partisans des doctrines spiritualistes, à venir, abandonnant une psychologie trop abstraite et trop étroite, se réunir à lui dans cet animisme qu'il considère comme le spiritualisme véritable.

Peut-être cependant se demandera-t-on si expliquer la vie

par des actions de l'âme qui n'auraient rien d'intellectuel, ce n'est pas professer encore, sous le nom d'animisme, une doctrine de simple vitalisme. D'où part tout le raisonnement de Stahl? De l'ordre et du concert, caractères de la vie, qui marquent tendance vers un but : donc raison, intelligence. Dès lors ce n'est pas assez de dire que les fonctions vitales sont le produit d'une force, l'œuvre d'un instinct; il faut ajouter nécessairement : d'une force qui tend à un but, d'un instinct qui s'accommode à une fin, et c'est dire d'une pensée. Mais peut-être aussi M. Bouillier est-il, au fond, plus animiste, animiste au sens d'Aristote et de Stahl, que ses expressions ne porteraient à le croire. Il n'a pas voulu dire, sans doute, que l'instinct de l'âme, dans ses fonctions vitales, soit absolument et rigoureusement aveugle, c'est-à-dire entièrement dépourvu d'intelligence et de conscience; comment se ferait-il alors que cet instinct vînt quelquefois, comme M. Bouillier le fait voir, à entrer dans le cercle de la conscience? A bien y regarder, il semble très près de croire ce qu'ont cru Stahl et Aristote. Pour qu'il se range entièrement à la doctrine de ces profonds penseurs, il suffit qu'il en vienne à reconnaître, lui aussi, et il semble en être peu éloigné, que l'instinct en définitive, c'est encore la pensée, non, à la vérité, telle qu'elle se possède dans la pleine liberté de la réflexion, mais captive, ainsi que Plotin la représente, au sein de la nature, comme sous le charme de son propre objet, et devenue, pour ainsi dire, par l'effet d'une sorte de fascination, excentrique à elle-même, aliénée d'avec soi.

Ajoutons que, ce pas fait, M. Francisque Bouillier reconnaîtra encore, sans doute, et avec lui ceux de ses adversaires dont la pensée est bien proche de la sienne, notamment MM. Lemoine et Lévêque, non seulement, comme il le dit au commencement de son savant ouvrage, que l'âme se connaît et se voit directement elle-même, parce que son action, que la conscience a pour objet, et sa substance ne font qu'un, mais que distinguer de la pensée et de la volonté cette action de l'âme, comme quelque chose de plus profond et de plus général, c'est peut-être rester encore attaché à une de ces notions incomplètes, dont Descartes, Berkeley, Leibniz, montrèrent jadis l'insuffisance, et qu'il faut en venir enfin à reconnaître que l'action qui est l'être de l'âme et toute l'âme, et qui est le constant objet de sa conscience, c'est celle qui ne se sépare pas de la conception d'un but, d'un bien à atteindre, c'est le penser, c'est le vouloir.

A ces idées on peut rapporter, comme en étant peu différentes, celles qui ont été développées par M. Adolphe Franck dans un compte rendu de l'ouvrage de M. Bouillier, inséré dans le *Journal des Débats* des 11 et 13 novembre 1862 ; par M. Chauffard, dans un article du *Correspondant* du 25 octobre 1862, intitulé *Ame et vie;* et par M. Frédault, dans trois articles de *l'Art médical* des mois d'août, de septembre et d'octobre 1862.

XXIV

M. Paul Janet, dans un compte rendu, présenté à la Société médico-psychologique, de l'ouvrage de M. Bouillier, exprimait l'opinion que les raisons développées par celui-ci à l'appui de son animisme étaient concluantes dans l'hypothèse qu'il avait voulu d'abord établir, et qui était que le vitalisme en général avait gain de cause soit contre l'organicisme, soit, à plus forte raison, contre le matérialisme absolu. Mais cette hypothèse même, M. Janet n'estimait pas que M. Bouillier l'eût suffisamment démontrée, et c'est ce que depuis il s'est appliqué à faire lui-même dans un travail étendu, inséré d'abord dans la *Revue des Deux Mondes* des mois d'août et de septembre 1863, sous le titre : *Le matérialisme contemporain*, et réimprimé l'année suivante dans la *Bibliothèque de philosophie contemporaine* avec de nouveaux développements.

Dans cet opuscule, en exposant les formes que le matérialisme a prises récemment entre les mains de quelques physiologistes allemands, et particulièrement de M. Büchner, élève de M. Moleschott et auteur de *Matière et force*, ouvrage publié en 1856, qui a eu en cinq ans sept éditions et qui a été traduit dans notre angue, M. Paul Janet rapporte et apprécie les arguments par lesquels on a toujours prétendu et l'on prétend encore prouver que ce qu'on appelle la matière suffit pour rendre raison de tout.

Les arguments que M. Janet oppose à l'organicisme, à l'opinion selon laquelle la matière, une fois organisée, suffit à la vie, peuvent être ramenés aux deux suivants : en premier lieu, et c'est l'argument même qui, approfondi, mène jusqu'à l'animisme de Stahl et d'Aristote, le concert, l'ensemble ne s'explique pas assez par la vie supposée d'organes particuliers et plus ou moins indépendants ; en second lieu, en supposant que les organes suffisent à expliquer la vie, qu'est-ce qui explique la formation des organes eux-mêmes, si ce n'est précisément la vie ?

Maintenant, indépendamment et pour ainsi dire au-dessous de l'organisme, comment concevoir la matière ?

Le matérialisme de notre temps n'est plus, en général, celui qui expliquait tout par les éléments passifs des corps, mais celui qui prend pour unique et universel principe une matière active ayant en elle de la force.

Les fondateurs du matérialisme, Leucippe et Démocrite, avaient prétendu expliquer le monde par les figures et situations seules d'éléments corporels ; ils y ajoutaient cependant, pour rendre compte de leurs rencontres et des assemblages qui en résultent, des mouvements par lesquels ils auraient été de tout temps emportés en tout sens dans l'espace. Épicure, afin de réduire en quelque sorte au minimum l'absurdité de ces mouvements sans cause, n'en attribua à ses atomes, à titre de naturel ou primordial, qu'un seul, par lequel, si rien ne fût venu l'altérer, ils seraient tombés éternellement parallèles les uns aux autres, comme des gouttes de pluie, dit Lucrèce, dans le vide infini. Et afin d'expliquer qu'il y eût entre eux des rencontres, il osa leur donner une mystérieuse faculté de se détourner, de « décliner » de la ligne naturelle de leur chute; de décliner, à la vérité, aussi peu que possible; cela suffisait pour que, à la longue, ils vinssent à se rencontrer : la déclinaison réduite à si peu de chose, ces théoriciens qui ne jugeaient de rien que par les sens la croyaient acceptable.

Tel fut le matérialisme en ces lointaines époques. Dès la première, il lui fallait ajouter à la matière des mouvements que rien de matériel n'expliquait; dans la seconde, il lui fallait joindre à un prétendu mouvement naturel un second mouvement, portant plus visiblement encore le caractère de la spontanéité, de la libre volonté.

Comprenant que le mouvement ne se peut concevoir sans une activité ou force motrice, les Stoïciens virent dans la matière et la force deux éléments inséparables. C'est la doctrine à laquelle se réduit le matérialisme de nos jours. Ni matière sans force, ni force sans matière, dit M. Büchner. Mais cette doctrine, ce n'est plus, à proprement parler, le matérialisme, expliquant tout par la matière seule.

M. Paul Janet a fait voir qu'attribuer à la matière, comme un élément intégrant, de la force, y adjoindre ainsi ce que demandait Leibniz, c'est avouer que l'idée de la matière n'est point celle d'une chose qui se suffit à elle-même, mais bien celle d'une chose à laquelle il faut qu'une autre fournisse ce qui lui manque, par conséquent, d'une chose incomplète, d'une partie d'être, d'une abstraction qui ne prend que dans le terme par lequel nous l'exprimons l'apparence d'une vraie et entière réalité.

C'est que l'idée de la matière n'est réellement que l'idée de ce dont on fait une chose en lui donnant une forme, et qui passe ainsi d'un état relativement indéterminé et imparfait à un état de détermination et de perfection. D'où il suit que, si l'on veut chercher au delà de toute forme une matière première ou absolue, on n'arrivera qu'à un véritable rien.

Qu'est-ce en effet que l'idée de quelque chose qui n'aurait aucune manière déterminée d'exister ? C'est l'idée tout à fait abstraite de la pure et simple existence, qui équivaut, comme nous l'avons dit à propos de l'ontologisme, à celle du néant. Si donc on peut paraître, dans une telle théorie, tout expliquer par la seule matière, c'est qu'à l'idée de la matière on joint toujours l'idée de quelque chose de tout autre, qui constitue ce qu'on lui attribue de perfection. Le matérialisme absolu n'a jamais existé et ne saurait jamais exister.

Qu'est-ce donc alors que le matérialisme de tel ou tel système ? C'est la théorie qui, sans aller jusqu'aux dernières conséquences de son principe, explique les choses par leurs matériaux, par ce qui est en elles l'imparfait, et dans cet imparfait prétend trouver la raison de ce qui l'achève. Selon l'excellente définition d'Auguste Comte, que nous avons rapportée, et par laquelle du haut de sa seconde philosophie il a jugé lui-même la première, le matérialisme est la doctrine qui explique le supérieur par l'inférieur. Qu'est-ce qui en fait le faux ? C'est que précisément il est contradictoire, comme disait Aristote, que le meilleur provienne du pire, que le moins produise le plus. Et lorsque le matérialisme réussit en apparence à rendre compte, dans tel ou tel cas, du supérieur par l'inférieur, c'est que, par une subreption dont il ne s'est pas aperçu, il a mis déjà dans l'inférieur ce supérieur que, ensuite, il croit et semble en faire naître. Si l'on explique l'intelligence par la sensation, l'esprit par le corps, c'est, sans qu'on s'en rende compte, au moyen de ce que la sensation renferme nécessairement d'intellectuel, de ce qu'il y a, dans le corps le plus grossier, de nécessairement spirituel.

C'est l'œuvre achevée qui explique l'ébauche, le complet, le parfait qui explique l'incomplet et l'imparfait, le supérieur qui explique l'inférieur. Par suite, c'est l'esprit seul qui explique tout.

XXV

M. Vulpian, dans ses savantes *Leçons sur la physiologie du cerveau* (1867), a consacré un chapitre à la question du vitalisme. Il oppose à l'opinion qui donne aux fonctions vitales un principe spécial, différent des propriétés particulières des organes, deux arguments. D'abord, ce qu'on appelle le principe vital est, dit-il, toujours conçu comme un, et ne peut l'être autrement. Or on voit les parties de certains animaux inférieurs, séparées les unes des autres, continuer pourtant de vivre. « Le principe vital, cette force une, chez ces animaux était donc divisible. Mais pour nous, dire que le principe vital est divisible, c'est dire qu'il n'existe pas. » On pourrait ajouter, pour fortifier encore le premier argument de M. Vulpian, que c'est un résultat de la physiologie la plus avancée, d'envisager tous les organismes, sans excepter ceux de l'ordre le plus élevé, comme des composés de parties fort indépendantes. M. Claude Bernard a émis l'idée que tous les êtres vivants, plantes et animaux, étaient des composés d'organismes. M. Virchow, dans ses recherches si neuves et si profondes sur la pathologie cellulaire, montre que tout être vivant se résout en une sorte de société de cellules, qui sont des organismes complets. En second lieu, dans un grand nombre de faits, non seulement pathologiques mais physiologiques, les opérations vitales ne sont aucunement conformes à ce qu'exigerait le bien de l'individu : « donc, dit M. Vulpian, les diverses tendances qu'on avait regardées comme des attributs du principe vital, loin d'agir d'une façon plus ou moins intentionnelle, comme on le supposait dans cette hypothèse, se manifestent au contraire fatalement, nécessairement, aveuglément. Donc la fatalité existe dans le monde organique comme dans le monde inorganique. »

Ces objections ou des objections semblables ont été proposées de tout temps; les faits nouveaux dont on peut les appuyer aujourd'hui n'ont rien ajouté d'essentiel à ceux qui, dès l'antiquité, paraissaient les autoriser : les vitalistes et les animistes ne les ignorent donc pas. Il est vrai néanmoins que, le plus souvent, ils ne les discutent point. M. Vulpian, d'autre part, n'ignore pas ce qu'on a dit et ce qu'on peut dire de l'unité vitale, du concert évident des fonctions, et de ce qu'il nomme lui-même, quand il s'agit de la régénération d'un organe, « une sorte de conspiration de tous les éléments »; mais il se borne à en dire que « c'est là un fait profondément obscur, et que pourtant il faut bien admettre ». Il n'examine point si ce fait ne détruit pas sa théorie.

On fait donc valoir, d'un côté, pour l'organicisme les faits et les raisons qui établissent la pluralité et la fatalité vitales; de l'autre, pour le vitalisme et l'animisme, les faits et les raisons qui établissent l'unité et la finalité, ou intentionalité; et de chaque côté on mentionne à peine ce qui s'oppose à l'opinion qu'on croit vraie. C'est peut-être que les idées opposées semblent absolument incompatibles et qu'on désespère de les concilier; c'est qu'on pense plus ou moins distinctement qu'en les mettant directement en face les unes des autres, on n'arriverait qu'à neutraliser les unes par les autres les observations et les réflexions, pourtant évidemment vraies, sur lesquelles elles s'appuient respectivement.

Cependant si les idées opposées semblent ici inconciliables, ne serait-ce pas qu'on les considère, de part et d'autre, dans les termes plutôt que dans les choses, et plus logiquement que physiquement? De part et d'autre, ce semble, on prend les notions que l'on considère dans le sens exclusif qu'offre le nom qui les exprime et qui n'admet rien de son opposé. Mais en est-il bien de même dans la nature? Ce qui logiquement est incompatible, dans la nature souvent s'unit, s'harmonise ; ce que tranche et sépare cette raison imaginative qui fait le langage, en encadrant pour ainsi dire des notions dans des mots, comme l'on place en des lieux différents différents objets matériels, la nature, au contraire, à laquelle une plus haute raison doit se trouver conforme, nous le montre lié, continu, fondu ensemble.

Selon qu'on se place à une extrémité ou à une autre de l'immense série des êtres, ou même seulement à une extrémité ou à une autre de la série, si étendue encore, des êtres animés, on est porté soit à ne voir dans la nature que division, multiplicité, mécanisme, fatalité; soit, au contraire, à n'y voir qu'harmonie, union et spontanéité intentionnelle. Que l'on considère des phénomènes tels que ceux que nous offre la formation successive d'une habitude, où l'on voit des opérations volontaires, impliquant la plus complète unité d'action, se changer peu à peu en des mouvements instinctifs qui s'exécutent comme en dehors de l'activité centrale, par un mécanisme obscur, dans la multiplicité des organes, on sera plus aisément, peut-être, amené à cette pensée que, soit dans les diverses parties de notre être, depuis ce qu'il a de plus élevé jusqu'à ses plus infimes éléments, soit dans les divers ordres d'existence, où se retrouvent en grand les mêmes différences, c'est partout, sous des formes très variées et même contraires, un même principe, et qu'enfin la vie inférieure n'est que le dernier degré auquel descend, de métamorphose en métamorphose, la vie supérieure. Là comme dans d'autres sciences la continuité dans le progrès, dans la croissance et dans la décroissance enseigne l'unité.

XXVI

La question des rapports du physique et du moral, de l'âme et de l'esprit, se présente sous sa forme la plus précise dans l'étude du système nerveux et, avant tout, du cerveau.

Nous avons dit que la phrénologie, qui expliquait la pensée par les fonctions de différentes parties du cerveau indépendantes les unes des autres, avait définitivement disparu de la science. Un fait capital, établi surtout dans ces derniers temps par M. Vulpian, est venu ruiner par la base même la théorie de la localisation exclusive des facultés : c'est ce fait que les diverses parties du cerveau peuvent se suppléer, et qu'il ne faut que très peu d'une partie de la matière cérébrale pour remplir au besoin la totalité des fonctions. M. Vulpian, après avoir exposé sommairement la doctrine phrénologique et son histoire, a donc pu conclure ainsi : « D'une part, il n'y a pas encore de faits pouvant plaider sérieusement en faveur de la doctrine, et d'autre part, les résultats expérimentaux et un bon nombre d'observations pathologiques parlent contre cette dislocation des facultés, avec répartition dans des départements isolés de la substance grise. Gall et ses adeptes et les philosophes qui, à leur suite, ont cherché à instituer cette sorte de géographie cérébrale, ont fait une œuvre plus ou moins ingénieuse, mais sans base sérieuse, et qui doit être, par conséquent, bannie de la biologie positive, c'est à dire de celle qui ne s'appuie que sur des faits d'expérimentation et d'observation. L'expérience et l'observation nous apprennent ici que les diverses parties des hémisphères cérébraux, et surtout de leur substance grise, peuvent se suppléer; qu'une partie relativement minime, surtout chez les animaux, peut suffire à remplir les fonctions du tout; et conséquemment, je le répète, la doctrine de la localisation des diverses facultés instinctives, intellectuelles et affectives n'a aucune consistance. »

La phrénologie écartée, reste à définir et ce qu'on sait et ce qu'on est en voie d'apprendre concernant les rapports du moral, soit avec le cerveau, soit avec les autres parties du système nerveux.

Quant au cerveau proprement dit, il a été établi que cet appareil ou cet ensemble d'appareils sert à la sensibilité, à l'imagination, à la pensée même dans un certain sens et une certaine mesure. C'est le résultat des travaux de Vicq-d'Azyr, de Cuvier, de Gall, de Müller, etc.

Notons seulement que s'il a été prouvé que tout ce qu'on peut appeler les antécédents et les conditions de la pensée, sensations, imaginations, etc., ne peut être sans le cerveau, il ne l'a pas été que la pensée elle-même, dans son action centrale, nécessairement simple, en dépende en aucune façon. En ce for intérieur, plus rien de la matière, du corps, de l'organisme ; plus rien de tout ce qui est étendue et multitude. « C'est sans organe qu'on pense, » a dit Aristote : cette haute proposition est demeurée inébranlable, et vraisemblablement, pour qui saura l'entendre, ne sera jamais ébranlée.

Notons en second lieu que, si les diverses opérations intellectuelles cessent quand le cerveau est détruit ou même profondément lésé, néanmoins, pourvu que la vie subsiste, après un temps plus ou moins long elles se rétablissent. C'est l'un des résultats les plus importants des expériences de M. Flourens. D'après ces expériences, aux hémisphères cérébraux, qui sont le plus grand épanouissement du système nerveux principal, viennent suppléer, après quelque temps, les corps striés, épanouissement immédiatement inférieur de la moelle épinière, et dont la fonction normale est de servir aux opérations instinctives.

Il n'a donc pas seulement été trouvé vrai qu'une faible partie du cerveau suffit à la rigueur à toutes ses fonctions; il a été trouvé vrai qu'à tout le cerveau peuvent suppléer, pour les fonctions supérieures qui lui appartiennent en propre, les parties du système nerveux qui, dans l'état normal et habituel, ne servent qu'aux fonctions immédiatement inférieures. C'est dire que ce n'est pas l'organe qui cause la fonction, comme le matérialisme le soutient, mais que c'est la fonction, l'action, qui, sous certaines conditions physiques s'assujettit et s'approprie l'organe.

Cette partie supérieure de la moelle épinière qui pénètre dans l'encéphale, et qu'on appelle la moelle allongée ou le bulbe rachidien, est le siège physique des sensations et des mouvements instinctifs. Tandis que par le cerveau s'accomplissent les opérations par lesquelles s'ajoutent aux sensations les perceptions et se forment les volontés motrices, c'est dans l'isthme cérébral, c'est dans le bulbe rachidien qu'est le réceptacle des sensations proprement dites ainsi que le foyer des mouvements spontanés.

En un mot, selon l'état actuel de nos connaissances tel qu'on le trouve exposé dans l'ouvrage de M. Vulpian, les sensations se transmettent par les nerfs et la moelle épinière, et prennent dans la moelle allongée leurs caractères distinctifs et spéciaux ; et c'est dans le cerveau seulement, ou du moins au moyen du cerveau, qu'une élaboration supérieure ajoute aux sensations les perceptions, les idées. De même, en sens inverse, c'est du cerveau que procède la volonté qui excite dans la moelle allongée la puissance motrice, laquelle, enfin, par la moelle épinière et par les nerfs moteurs qui en procèdent, détermine le mouvement des muscles.

Or, quoique tel soit l'ordre normal, il n'en est pas moins vrai, selon Müller, que, le cerveau étant détruit ou annulé, la moelle allongée devient le foyer de fonctions, soit sensitives, soit motrices, entièrement analogues aux fonctions cérébrales.

C'est à la moelle allongée que l'expérience a conduit à rapporter les mouvements de la mimique et du langage, ceux de la circulation et de la respiration. N'est-il pas évident que, dans ces mouvements, il y a, entre l'instinctif et le volontaire, mélange, fusion intime, indivisible continuité?

Si maintenant de la moelle allongée on passe à la moelle épinière, du domaine des opérations auxquelles s'étend la volonté réflexive ou au moins la conscience, on descend, ce semble, sans retour, à celui des opérations purement machinales et aveugles.

Depuis les travaux de Robert Whyte, de Prochaska, de Legallois, mais surtout de Marshall Hall, on a reconnu chez l'animal des mouvements qui sont une simple réaction contre une impression externe, réaction à laquelle le cerveau et la moelle allongée sont étrangers, et qui procède de la moelle épinière. Ces mouvements, où l'on voit une sorte de répercussion ou réflexion immédiate, inconsciente, et, à ce qu'il semble, toute machinale, sont ceux qu'on a appelés en conséquence les actions réflexes.

Mais dans les faits mêmes qui ont été si bien décrits en dernier lieu par M. Vulpian, on voit des animaux auxquels il ne reste du système nerveux cérébro-spinal que la moelle épinière, ou même une partie de la moelle épinière, non seulement répondre par des mouvements à des excitations extérieures, mais concerter, pour se défendre d'une attaque, des mouvements divers de parties indépendantes. N'est-on pas autorisé à voir, avec Robert Whyte, Prochaska, Paton, Pflüger, dans des actions ainsi coordonnées des exertions d'une puissance quelconque de sentir, de percevoir, puis de viser à un but, de tendre à une fin, et dans ces profondeurs de la plus obscure vitalité, ne voit-on pas encore comme une lueur émanée de quelque chose qui connaît et qui veut? D'où la philosophie semble pouvoir conclure, comme dans la question, qui ne diffère pas de celle-ci, de l'organicisme, du vitalisme et de l'animisme, qu'au fond tout se réduit toujours à un même principe, quoique engagé dans des conditions d'existence qui, à partir du point où il se possède et se gouverne, le rendent de plus en plus extérieur et étranger à lui-même.

Comme on a vu M. Claude Bernard, dans une partie de sa théorie physiologique, annoncer la pensée d'étendre à tous les phénomènes que présentent les êtres vivants le mécanisme qui semble régner dans l'ordre inorganique, pareillement, partant de l'observation des actions réflexes, qu'il considère comme absolument machinales, quoique le mécanisme nous en soit inconnu, M. Vulpian laisse voir la pensée que de proche en proche la même explication devra être étendue aux phénomènes de l'ordre instinctif, puis enfin à ceux de l'ordre intellectuel et volontaire. Il remarque que si les actions réflexes sont déterminées par des impressions, pareillement les actions volontaires le sont par des idées. Sans examiner si la volonté, en se déterminant d'après des idées, ne se détermine pas, comme Leibniz entre autres l'a maintes fois expliqué, et mieux encore peut-être Kant, d'une manière qui n'exclut nullement la spontanéité, mais qui, au contraire, l'implique, M. Vulpian, se fondant en outre sur l'hypothèse que les actions réflexes ne sont qu'un machinisme brut, croit pouvoir étendre à la volonté ce machinisme. « A ce point de vue, qui est le seul vrai, dit-il, les volitions, ainsi que l'admettent plusieurs physiologistes modernes, peuvent et doivent être envisagées comme des phénomènes d'action réflexe cérébrale. » Et ailleurs : « Lorsqu'on va pas à pas, de manifestation en manifestation, on est tout étonné d'arriver finalement à se poser la question : Qu'est-ce, en réalité, qu'un phénomène volontaire? On peut dire qu'il est bien peu de physiologistes qui puissent, dans l'état actuel de la science, admettre la manière dont la plupart des philosophes envisagent la volonté. » Par ces mots, M. Vulpian veut dire que l'état de la science ne permet plus de croire à la volonté libre.

En effet, si l'on procède suivant une analogie continue, en partant de la supposition d'un pur mécanisme dans les phénomènes de l'ordre inférieur, et en étendant graduellement la même explication à des phénomènes de plus en plus élevés, il est évident qu'on arrive nécessairement à en faire disparaître toute spontanéité.

Mais il semble au contraire, quoique M. Vulpian fasse encore moins d'estime de la métaphysique que M. Claude Bernard, que ses recherches et ses découvertes aboutissent, en définitive, comme celles de M. Claude Bernard, à la démonstration de cette proposition, dans laquelle la métaphysique peut être concentrée, que la pensée, que la volonté sont au fond de tout, que la nature n'en offre que des dégradations, que les phénomènes vitaux à tous leurs degrés ne s'expliquent, en somme, que comme autant de réfractions, dans des milieux diversement troubles, de l'unique et universelle lumière.

Du système nerveux supérieur, ou centre spinal, si nous passons au système inférieur, à celui qui se compose de ces centres nerveux particls et épars qu'on nomme des ganglions et qui président aux fonctions inférieures de la vie, des découvertes très récentes de la physiologie s'offrent à nous, qui paraissent confirmer et même étendre les conclusions que l'état de la science relativement au système cérébro-spinal nous a semblé autoriser ; et un philosophe se rencontre qui les interprète à peu près en ce sens.

Bichat, développant une pensée énoncée d'abord par Grimaud, distingua, sous les dénominations, peu exactes du reste, de vie animale et de vie organique, une vie supérieure, généralement volontaire et intellectuelle, une vie inférieure, généralement aveugle et involontaire. Buisson (un parent de Bichat) observa que, entre les fonctions de la première des deux vies et celles de la seconde, il y a des fonctions intermédiaires et mixtes, qui sont celles de la circulation et de la respiration, des poumons et du cœur, où se mêlent l'instinct et la volonté. Buisson rétablissait ainsi, entre les deux extrêmes de la vie, le milieu, le moyen terme.

C'est ce qu'indiquait déjà la plus superficielle observation, et que devait bientôt confirmer la science la plus exacte.

De tout temps on avait divisé le corps humain en ces trois grandes parties : la tête, la poitrine, le ventre ; la tête contenant le cerveau ; la poitrine, le cœur et les poumons ; le ventre, l'estomac et les intestins. « Le cerveau, le cœur, l'estomac, sont, disait Bordeu, le trépied sur lequel repose la vie. » C'est une division que la pathologie justifie, et dont les découvertes récentes de l'embryogénie sont venues prouver d'une manière évidente la très haute importance. Ainsi que l'ont fait voir M. Coste et M. Bischoff, dès que l'on commence à distinguer dans l'œuf la première ébauche de l'embryon, on y reconnaît trois feuillets, dont le développement formera les trois grandes parties du corps : un feuillet intérieur, qui deviendra les organes intestinaux; un feuillet extérieur, qui deviendra les organes les plus périphériques, la colonne vertébrale avec ses dépendances ; enfin un feuillet moyen, origine du cœur, des vaisseaux, des poumons.

Or, de la considération des parties de l'organisme passe-t-on à celle du système nerveux, dont il dépend, on trouve que, si les fonctions de la vie la plus haute dépendent du cerveau et de la moelle épinière, formant le système cérébro-spinal, et si les fonctions de nutrition et de reproduction dépendent principalement des ganglions, qui forment le système appelé le grand sympathique, ainsi que l'a dit Bichat, les fonctions intermédiaires de respiration et de circulation, où se mêlent la volonté et l'instinct, dépendent principalement d'un système nerveux intermédiaire, appelé autrefois le petit sympathique, aujourd'hui le pneumo-gastrique formant la dixième paire des nerfs crâniens, et qui se rattache à la partie supérieure de la moelle épinière, à ce point de cette partie que M. Flourens a appelé le nœud vital, et qu'on ne peut léser, en effet, sans qu'aussitôt, par l'interruption de la respiration, la vie ne cesse ; système intermédiaire, puisque, d'une part, il prend son origine dans la tête et au milieu du système cérébro-spinal, et que, de l'autre, dans ses terminaisons, qui aboutissent au cœur et aux poumons, il devient de forme ganglionnaire.

Ainsi, entre les deux extrêmes opposés l'un à l'autre par Bichat, il y a un milieu : milieu dans la situation même des parties, entre la tête et l'abdomen ; milieu dans les fonctions, mêlées de volonté et d'instinct ; milieu enfin, soit dans la constitution anatomique, soit dans les fonctions de la partie du système nerveux d'où ces organes dépendent. Milieu, situation et constitution moyenne, et en même temps médiation, action médiatrice. Par leurs fonctions spéciales, moyennes entre les autres, les organes pectoraux établissent entre les organes cérébraux et les abdominaux de constantes et intimes communications.

Partout donc et en tout sens, dans l'organisme et dans la vie, liaison, continuité.

Une partie de ces faits et de ces remarques, surtout en ce qui concerne le nerf pneumo-gastrique, le père Gratry les a, dans sa *Connaissance de l'âme*, recueillis, rapprochés, commentés de façon à mettre dans une vive lumière la triple unité de l'organisme. Le but qu'il s'est proposé a été surtout de montrer dans le corps une image de l'âme, et dans l'âme une image de la nature divine, telle que la représente le dogme de la Trinité ; et l'on peut douter que, dans cette entreprise, où, avec une préoccupation théologique dominante, il a suivi néanmoins une route tracée autrefois par la philosophie platonicienne, il ait réussi au gré des exigences d'une science rigoureuse. Mais ses idées sur les rapports des fonctions de l'organisme, et les conséquences qu'il en a tirées pour établir qu'au fond c'est un même principe qui, dans le vivant, fait tout, semblent devoir subsister comme de précieux éléments pour une théorie qui, d'après ce qui précède, est en voie de se former, concernant l'unité de la vie et la dépendance où elle est, dans toutes ses parties, de la puissance de l'âme.

« Au fond, dit le père Gratry, c'est toujours l'âme qui sent ou qui meut par les nerfs et qui opère dans le corps. C'est la solide doctrine de saint Thomas et d'Aristote, combattue seulement par l'erreur de ceux qui supposent que l'âme ne fait rien, soit en elle-même, soit dans son corps, qu'elle ne le veuille et ne le sache. »

Ajoutons seulement que, si c'est l'âme qui agit dans les fonctions vitales, ce ne peut être, encore une fois, puisque l'âme est toute pensante, que par des pensées et des volontés, quoique, peut-être, par des pensées et des volontés de telles sortes qu'elles s'y échappe, pour ainsi dire, à elle-même, et sort presque entièrement, en se répandant au dehors, de sa propre conscience.

XXVII

L'instinct a été l'objet de plusieurs travaux importants. Frédéric Cuvier ; M. Flourens, dans plusieurs articles du *Journal des Savants* et dans son traité *De l'instinct et de l'intelligence des animaux;* M. de Quatrefages, dans un de ses articles sur l'*Unité de l'espèce humaine*[1]; M. Maury, dans son *Traité du sommeil et des rêves;* M. Vulpian, dans la dernière de ses *Leçons sur la physiologie;* M. Michelet dans l'*Oiseau* et dans l'*Insecte;* M. Durand (de Gros), dans son *Électrodynamisme vital*, publié sous le pseudonyme de Philips, et dans ses *Essais de physiologie philosophique* (1861), ont cherché à déterminer, avec plus de précision qu'on ne l'avait encore fait, les différences et les ressemblances de l'instinct et de l'intelligence.

Le résultat le plus général et le plus important de ces recherches a été d'établir que si l'homme a des instincts, et non pas seulement de l'intelligence, les animaux n'ont pas seulement des instincts, comme on le disait avant les observations de Réaumur, de G. Leroy, des Huber; qu'on trouve chez eux, surtout dans les espèces les moins éloignées de l'homme, mais aussi en beaucoup d'autres, des marques incontestables d'une intelligence; d'une intelligence, pourtant, qui reste au-dessous de ce qu'on nomme communément réflexion. « Les animaux, dit M. Flourens, n'ont pas la réflexion, cette faculté suprême qu'a l'esprit de l'homme de se replier sur lui-même. Il y a là une ligne de démarcation profonde. Cette pensée qui se considère elle-même, cette intelligence qui se voit et qui s'étudie, cette connaissance qui se connaît, forment évidemment un ordre de phénomènes déterminés, d'une nature tranchée, et auxquels nul animal ne saurait atteindre. L'homme est le seul de tous les êtres créés à qui le pouvoir ait été donné de sentir qu'il sent, de connaître qu'il connaît, de penser qu'il pense. »

Willis avait déjà dit : « Insuper mens humana actione reflexa « se ipsam intuetur, se cogitare cogitat. » Le métaphysicien écossais James Ferrier, récemment, a dit aussi très bien :

---

[1] *Revue des Deux Mondes*, 1861.

« L'existence des animaux n'est pas accompagnée de la connaissance d'eux-mêmes, et ils ne se rendent aucun compte de la raison qui opère en eux ; il est réservé à l'homme de vivre de cette vie double : exister et avoir conscience de l'existence, être raisonnable et savoir qu'il l'est. » Leibniz avait dit antérieurement, en indiquant plus nettement encore et le fait et sa cause, que si, à la différence des bêtes, nous pouvons réfléchir sur nous-mêmes, c'est parce que nous concevons ce que c'est qu'être, ce que c'est qu'unité, identité, ce que c'est que vérité nécessaire ; » et Descartes : « Nous ne pouvons savoir que nous sommes qu'à la condition de savoir ce que c'est qu'être. » C'est-à-dire que la condition de la réflexion est cette faculté d'abstraire et de comparer, plus généralement de séparer et de rapprocher intellectuellement, en vertu des idées nécessaires, qui s'appelle la raison.

Après tant de savantes et ingénieuses recherches qui ont mis en lumière mille traits encore mal connus par lesquels l'homme et la bête se ressemblent, par lesquels la plupart des physiologistes, entre autres M. Vulpian, les rapprochent jusqu'à n'en faire que des espèces d'un même genre, la raison demeure entre l'homme et la bête une marque d'essentielle et irréductible différence.

Il n'en faut pas moins ajouter aux conquêtes scientifiques de notre époque les remarques consignées dans les ouvrages de plusieurs observateurs, d'après lesquelles non seulement, comme nous avons eu occasion de le dire, les actions plus ou moins volontaires se changent, par une fréquente répétition, en des habitudes qui ressemblent à des instincts, mais encore ces habitudes, se transmettant par l'hérédité, deviennent, dans des générations subséquentes, des instincts véritables. M. P. Lucas, dans son *Traité philosophique et physiologique de l'hérédité naturelle;* M. Roulin, dans ses *Recherches sur quelques changements observés dans les animaux domestiques transportés de l'ancien dans le nouveau continent;* M. de Quatrefages, dans son travail sur l'*Unité de la race humaine*, en ont recueilli de nombreux exemples. Ce sont autant de documents importants, pour expliquer dans une certaine mesure, par une transformation graduelle d'actes intellectuels et volontaires, la génération des instincts ; théorie proposée jadis, sans l'appui d'assez de preuves empruntées à l'expérience, par Lamarck, et renouvelée très récemment par M. Herbert Spencer et, avec toutes les ressources d'un vaste savoir, par M. Charles Darwin.

M. Durand (de Gros), dans ses *Essais de physiologie philosophique* (1866), a défendu et fortifié par de nombreux arguments cette théorie qui explique les instincts par la transmission héréditaire d'habitudes; il a montré que les actes instinctifs, accomplis sans que l'être vivant auquel ils appartiennent en ait la conscience, et que M. Maury appelle en conséquence « inconscients », et M. Durand lui même « inconscientiels », renferment néanmoins de l'intelligence; il a montré qu'à ces actes on peut à cet égard assimiler ceux qui dépendent de la moelle épinière et ceux mêmes qui, se rapportant aux fonctions nutritives et aux autres fonctions de même ordre, dépendent de simples ganglions ; il a contribué ainsi à modifier la distinction vulgaire, trop arbitrairement tranchée, entre l'intelligence et l'instinct, et, cette fois, au profit du principe supérieur plutôt que de l'inférieur. « Maintenant, ajoute M. Durand (de Gros), si certaines sensations, certaines déterminations sont en dehors de la conscience qu'a l'être vivant de tout ce qui proprement dépend de lui, s'il ne se peut pas qu'elles soient hors de toute conscience, s'il ne se peut pas qu'aucune sensation soit absolument inconscientielle, où s'en trouvera donc la conscience? Dans les centres particuliers desquels dépendent les phénomènes instinctifs ou réflexes; et en chacun de ces centres il faut nécessairement placer une âme particulière, dans la moelle épinière seule nombre d'*âmes spinales.* » C'est à la rigueur, et sans souffrir aucune exception, qu'il faut entendre, selon M. Durand, ce que M. Lacaze-Duthiers a dit des animaux invertébrés, et avant lui Dugès, et avant Dugès Linné et Reimarus : que chaque vivant est un assemblage de vivants. « Une chose vivante, a dit aussi Goethe, n'est jamais une, mais toujours plusieurs. » Et, comme l'a remarqué Buchez dans un examen du premier ouvrage de M. Durand (de Gros), il faudrait, d'après celui-ci, définir l'homme non une intelligence servie par des organes, mais une intelligence servie par des intelligences inférieures.

On peut, ce nous semble, opposer à M. Durand (de Gros) l'impossibilité de concevoir, dans cette supposition, comment le vivant fait un tout, ce qu'on ne saurait pourtant contester. Si c'est le caractère de la physiologie la plus avancée que de comprendre un organisme comme une société et une sorte de fédération de plus petits organismes, il n'en faut pas moins arriver à concevoir comment une telle diversité est en même temps unité. On ne niera pas pour cela qu'on ne puisse être fondé, dans une certaine mesure, et qu'il n'y ait quelquefois beaucoup d'utilité à considérer un être comme une société d'êtres, et, si l'on veut, comme une pluralité d'âmes; mais il faudra en venir en dernier lieu à un point de vue plus élevé, d'où l'on voie une telle pluralité, une telle diversité se réduire à des états différents d'un seul et même principe. « Tout est un, quoique chacun soit à part. »

XXVIII

La question du sommeil, des rêves et du somnambulisme diffère peu de la question de l'instinct.

« On ne peut, disait Cuvier, se faire d'idée claire de l'instinct qu'en admettant que les animaux ont dans leur *sensorium* des images et sensations innées et constantes qui les déterminent à agir, comme les sensations ordinaires et accidentelles déterminent communément. C'est une sorte de rêve ou de vision qui les poursuit toujours ; et dans tout ce qui a rapport à leur instinct, on peut les regarder comme des espèces de somnambules. »

Maine de Biran définissait l'état de l'animal par la vie sensitive, l'état supérieur de l'homme par la volonté ; de même, à ses yeux le sommeil consistait dans la prédominance de la vie sensitive et passive, affranchie de la direction que nous lui imprimons pendant la veille par l'effort.

Jouffroy croyait, au contraire, que dans le sommeil l'intelligence et la volonté subsistaient comme à part. « On s'expliquerait, par là, disait-il, comment on se réveille à l'heure qu'on s'est prescrite par avance, comment on se réveille lorsque vient à se produire quelque bruit insolite, comment en dormant on fait des raisonnements très justes et même des découvertes. »

A cette théorie on a opposé qu'elle n'est vraie que d'un sommeil léger, qui n'est qu'un demi-sommeil.

M. Lélut, dans un *Mémoire sur le sommeil, les songes et le somnambulisme,* lu à l'Académie des sciences morales et politiques les 27 mars et 17 avril 1852, après avoir exposé combien on sait peu de choses sur les conditions physiques du sommeil, rendit sensible par des remarques judicieuses que, dans le sommeil, soit léger, soit profond, l'intelligence et la volonté ne subsistent pas assurément, comme Jouffroy l'avait dit, dans toute leur plénitude, mais que pourtant elles ne sont pas, comme Maine de Biran l'avait cru, entièrement abolies, et qu'au contraire il n'est point de sommeil si profond où, à quelque degré, elles ne se montrent ou ne se doivent légitimement présumer. M. Lélut, dans son travail, s'est appliqué aussi à faire la part, dans le sommeil, des rêves de nos différents sens comme de nos différentes facultés mentales.

L'Académie des sciences morales et politiques ayant mis la question du sommeil au concours, M. Albert Lemoine remporta le prix qu'elle avait proposé. Dans son mémoire, il soutint et il appuya de nombreuses et ingénieuses remarques des opinions peu différentes de celles que M. Lélut avait sommairement exposées.

M. Maury, peu après, publia un livre intitulé : *Du sommeil et des rêves*, composé en grande partie d'observations faites sur lui-même avec beaucoup de patience et de sagacité. L'objet principal des recherches de M. Maury fut de prouver que le sommeil s'explique par une diminution de l'activité du cerveau, et principalement des parties du cerveau qui servent l'intelligence, diminution qui laisserait dominer la vie inférieure, soit la vie animale proprement dite, soit davantage encore la vie végétative et organique; que, dans cet état, nous sommes sous l'empire d'hallucinations toutes semblables à celles qui, dans l'état de veille, marquent un acheminement à la perte de la raison, et qu'ainsi le sommeil et les rêves sont un état intermédiaire entre la possession de nous-mêmes et l'aliénation.

Ces résultats semblent pouvoir servir à préparer une théorie du sommeil plus complète et qui explique mieux les faits que celles qui ont pu jusqu'à présent être essayées.

Pour la partie proprement physiologique du sommeil, un physiologiste anglais, M. Durham, vient d'établir, dit-on, un fait très important, douteux jusqu'à ce jour, et dont le contraire était même tenu généralement pour vrai, à savoir que, pendant le sommeil, l'afflux du sang au cerveau est moindre que pendant la veille. Ne savait-on pas déjà qu'il y a dans le sommeil tendance au refroidissement, principalement des extrémités? Si l'on rapproche de ces faits ceux que Grimaud surtout a mis en relief, et qui montrent dans le sommeil un certain accroissement des forces digestives et nutritives, c'est-à-dire de la vie organique la plus intérieure ; si l'on se rappelle certains animaux plus sujets que d'autres à des métamorphoses et pour lesquels elles s'accomplissent dans un sommeil profond ; si l'on songe à la chrysalide plongée dans un sommeil où, ainsi que le vit d'abord Swammerdam, ses organes ramassés se pénètrent et se fondent ensemble, rentrant comme dans un état embryonnaire pour renaître transformés ; si l'on se rappelle cette grande loi, indiquée par Goethe, d'après laquelle la nature, chez les végétaux, procède, dans son développement, par une suite de concentrations et d'expansions alternatives ; si, d'autre part, on en rapproche les phénomènes que présente la nature physique elle-même, qui semble, dans le sommeil, se relâchant de toute action extérieure, se ramasser en elle-même pour se renouveler et se refaire, peut-être sera-t-on disposé à penser que les observations réunies dans ces derniers temps relativement au sommeil s'accorderaient, s'expliqueraient, si on le considérait comme la première des deux phases que devrait parcourir toute métamorphose organique, comme la période régulière et nécessaire de concentration où s'élaboreraient les conditions d'une période immédiatement subséquente de développement, et, par le développement, de génération, de création.

Ne pourrait-on ajouter que la mort, qu'on a toujours cru pouvoir comparer dans une certaine mesure au sommeil, semble être une concentration suprême préparant quelque suprême rénovation ? « Ce que nous appelons génération, disait déjà Leibniz, n'est que développement et accroissement ; ce que nous appelons mort, enveloppement, diminution. » Enveloppement et développement, concentration et expansion, effets opposés d'états opposés de l'activité, de rémission et de tension alternatives, comme disait le stoïcisme ; et l'on pourrait dire : états successivement négatifs et positifs d'une même volonté. Or cesser de vouloir, c'est vouloir encore. L'homme de grand esprit qui a vu le plus profondément comment procèdent, par contractions et dilatations alternatives, les métamorphoses qui sont l'existence même des vivants, Goethe, a osé dire : « La naissance a lieu par un acte de volonté, et de même la mort. »

XXIX

L'aliénation mentale a été le sujet de publications presque aussi nombreuses et de discussions non moins animées que la question générale des relations du physique avec le moral ; surtout l'aliénation dans ses rapports avec la responsabilité morale et légale.

La plupart des ouvrages où a été traité ce sujet émanent de physiologistes qui se sont efforcés de démontrer que la pensée est une fonction du cerveau ; que la folie est une altération de cette fonction, résultant de quelque lésion matérielle ; que, par conséquent, il n'est point pour le fou de responsabilité. On pourrait ajouter que, dans ce système, où toute spontanéité est remplacée par un pur mécanisme, les gens qu'on appelle raisonnables ne sont pas plus libres ou plus responsables, ni en réalité plus raisonnables que les fous.

M. Albert Lemoine, dans *L'aliéné devant la science et devant la société*, a soutenu une thèse tout opposée. Reconnaissant un principe de la pensée entièrement indépendant du corps, il ne veut pas que la folie puisse atteindre ce principe ; il ne veut pas que l'âme puisse être malade ; il dirait volontiers avec les anciens stoïciens que le sage peut être pris de vin, mais ivre jamais. Il admet que dans la folie la sensibilité soit pervertie, l'imagination troublée par de vains fantômes ; mais, derrière le trouble de l'imagination et des sens, dans la folie comme dans le rêve, la raison, suivant lui, subsiste, et on la voit chez les fous travailler à tirer des données fausses qui viennent des sens et de l'imagination malades le meilleur parti possible. M. Albert Lemoine s'accorde donc avec ces matérialistes, dont il est à tous égards l'adversaire déclaré, pour attribuer l'origine de la folie à des lésions du système nerveux. Dira-t-on que la folie semble provenir souvent de causes uniquement morales? C'est, selon lui, que ces causes produisent dans le cerveau un désordre dont se ressentent consécutivement les sens ou l'imagination. Mais la raison ne saurait être, à son avis, ni consécutivement ni originairement lésée.

Ne pourrait-on dire alors que, si dans le système du matérialisme les gens qu'on nomme raisonnables ne sont pas plus raisonnables que les fous, dans celui qu'on leur oppose ici les fous ne sont, dans le fond, guère moins raisonnables que ceux qui ont sur eux l'avantage de posséder des sens intacts et une imagination saine?

Locke aussi avait avancé que, pour être fou, on n'était point privé de la faculté de raisonner ; qu'on raisonnait seulement d'après de fausses suppositions. Sur quoi Leibniz remarquait qu'un fou particulier (c'est ce que nous appelons aujourd'hui un monomane) pouvait raisonner juste sur une fausse hypothèse, mais « qu'un fou universel manquait de jugement presque en toute occasion. »

Il semble effectivement, et c'est la commune opinion, que la folie est bien différente des simples hallucinations, ouvrage des sens et de l'imagination malades, et contre lesquelles la raison peut se défendre. Il semble que la folie c'est de ne plus reconnaître, comme on le pourrait faire en usant de sa raison, le désaccord, la contradiction que les hallucinations présentent, soit entre elles, soit avec les perceptions véridiques ; il semble, en un mot, que folie c'est proprement déraison. Ne serait-ce pas que si la raison, absolument parlant, ne saurait jamais être malade, il n'en est pas de même de ce qui est engagé en quelque sorte dans notre condition, et qui participe ainsi de notre imperfection nécessaire ?

Esquirol a dit, M. Moreau (de Tours) dit après lui que ce qui constitue la folie c'est la lésion de l'attention. « La folie, a dit M. Baillarger, c'est l'automatisme intellectuel ; c'est l'état où l'esprit, au lieu de se posséder et de se gouverner, est à la merci d'imaginations ou d'idées qui l'obsèdent ; » et M. Durand (de Gros) souscrit à cette définition, dans laquelle rentreraient, à son avis, les phénomènes fort analogues, selon lui comme selon M. Maury, soit des rêves, soit de l'instinct. Nous avons déjà rappelé que Cuvier avait assimilé l'état de l'animal dominé, poussé par ses instincts, à l'état de somnambulisme. Quant à la condition de celui qui rêve, comparée à celle de l'aliéné, elle présente, ce semble, cette différence essentielle que le dormeur, livré à ses imaginations, manque des moyens de contrôle que fournissent à celui qui veille ses perceptions, tandis que l'aliéné a ces moyens, mais qu'il lui manque la faculté d'en faire usage. Qu'est-ce donc maintenant que cette faculté ? La faire consister dans l'attention, avec Esquirol et M. Moreau (de Tours), dans la possession de soi, avec M. Baillarger et M. Durand (de Gros), c'est la faire consister, comme Maine de Biran, dans la volonté. Mais s'il est vrai de dire que la faculté de réfléchir sur nous-mêmes nous vient de ce que nous sommes raisonnables, n'en peut-on dire autant de la volonté ? Si le fou est étranger à lui-même (*alienus a se*), en dehors de lui-même, hors de son propre centre, n'est-ce pas parce qu'il est en dehors de ce qui est en quelque sorte le centre commun de tous ?

Si l'opinion de M. Albert Lemoine, dans ce qu'elle a d'absolu, n'est pas généralement admise, il aura contribué du moins, par ses ingénieuses analyses, à rendre sensible que le fou, jusque dans la plus extrême déraison, garde encore quelques restes de raison. De cette lumière qui éclaire tout homme entrant en ce monde, il subsiste toujours quelque inextinguible étincelle. Tel était déjà le sens du « presque » de Leibniz. Et c'est, ce semble, la folie que de faire d'un reste de raison un usage vicieux, comme c'est l'imbécillité ou la démence que de n'en pouvoir faire aucun usage.

XXX

C'est une question accessoire, qui a donné lieu aussi à de remarquables travaux, que celle des rapports qui existent entre les hautes facultés de l'intelligence et la raison ou la folie.

Un homme d'esprit et de savoir, M. Lélut, s'est d'abord fait connaître par un livre, *Le démon de Socrate*, où il a entrepris de prouver, par les exemples de Socrate et de Pascal et par d'autres encore, que le génie était ordinairement lié à quelque désordre de l'esprit.

M. Moreau (de Tours) a été plus loin : il a voulu prouver, dans sa *Psychologie morbide*, que les hautes conceptions venaient de la même source que l'aliénation mentale, que la folie et l'instinct ; que le génie était une « névrose. »

M. Albert Lemoine, dans *L'âme et le corps*, M. Paul Janet, dans *Le cerveau et la pensée*, ont expliqué ce qu'il y a de vrai dans les faits allégués par MM. Lélut et Moreau (de Tours), ce qui s'y est mêlé d'erreurs, et à quoi le paradoxe de M. Moreau doit se réduire.

Ce qui reste, après ces analyses et ces critiques, c'est que des facultés intellectuelles d'un ordre fort élevé ne sont pas incompatibles avec des affections du système nerveux ni même avec de véritables désordres de l'esprit. Mais que le génie se rencontre plus souvent associé à de tels désordres que la médiocrité d'esprit, qu'il prenne sa source au foyer même du désordre mental, qu'il ne soit qu'une forme de l'aliénation, ce sont des propositions toutes différentes, et que MM. Albert Lemoine et Paul Janet ont réfutées d'une façon qui paraît sans réplique.

M. Paul Janet, en se résumant, a dit : « Ce qui constitue le génie ce n'est pas l'enthousiasme, car l'enthousiasme peut se produire dans les esprits les plus médiocres et les plus vides ; c'est la supériorité de la raison. L'homme de génie est celui qui voit plus clair que les autres, qui aperçoit une plus grande part de vérité, qui peut relier un plus grand nombre de faits particuliers sous une idée générale, qui enchaîne toutes les parties d'un tout sous une loi commune, qui, lors même qu'il crée, comme dans la poésie, ne fait que réaliser, par le moyen de l'imagination, l'idée que son entendement a conçue. »

Peut-être, cependant, serait-on fondé à remarquer que, pour accepter sans réserve la définition de M. Janet, c'est dans le sens le plus large, non peut-être dans le plus ordinaire, qu'il faudrait prendre le mot de *raison*. Nous avons, d'après Cicéron, qui n'est ici que l'écho de la philosophie grecque, deux grandes facultés : la faculté de juger et celle d'inventer. Or c'est ordinairement la faculté de juger qu'on appelle la raison, non celle d'inventer. Et c'est dans l'invention que se font voir surtout cette force et cette grandeur d'esprit auxquelles on donne de nos jours le nom de *génie*. Le génie, de l'aveu de tous, consiste surtout à inventer, à créer.

Créer est particulièrement le propre de la poésie : *poète* veut dire *créateur*. Or la poésie, suivant un grand critique (Lowth), c'est le langage de l'émotion. On ne crée guère, on n'invente guère, en effet, sans imagination, et l'imagination, ne devient guère féconde si elle n'est émue.

Si donc il n'y a pas de vrai génie sans raison, c'est-à-dire sans jugement, il y a autre chose pourtant dans le génie, puisqu'il y a autre chose dans l'invention, dans la création, que la faculté de juger, autre chose, par conséquent, que la raison.

Si la raison est proprement le caractère de l'homme, il y a dans le génie quelque chose qui passe l'homme, quelque chose qu'en effet on a toujours appelé divin. Ce n'est pas vainement que Platon a dit que le poète est chose sacrée, et qu'il faut, pour créer, qu'il soit comme hors de lui, dans une sorte de délire. L'inspiration, l'enthousiasme, sont bien de l'essence de la création, de la poésie, du vrai génie, et l'enthousiasme a des traits communs avec la folie.

Cela veut-il dire que la théorie de M. Moreau (de Tours) est la vraie, et que génie et manie sont même chose? Cela veut dire seulement que, comme nous pouvons être hors de nous en tombant par maladie ou par passion brutale au-dessous de nous-mêmes, ce qui est l'aliénation dont parle M. Moreau, nous pouvons aussi, par une suggestion de ce qui vaut mieux que nous, du moins quelques-uns de nous, *quos æquus amavit Jupiter*, être élevés, portés au-dessus de nous-mêmes. Ce qui est en nous et vaut mieux que nous, c'est, suivant Platon, cet amour qui tend toujours en haut comme l'amour vulgaire tend en bas. L'amour qui est comme un dieu en l'homme, animant l'âme elle-même, l'amour portant haut la pensée, c'est peut-être ce qu'on appelle, ce qu'il faut appeler génie.

XXXI

C'est encore à la question générale des rapports du physique et du moral que se rattache peut-être de plus près celle des signes, qui comprend la théorie de la physionomie et celle du langage.

L'une et l'autre ont été le sujet de travaux importants.

Un physiologiste qui s'est principalement fait connaître par de nouvelles et très heureuses applications de l'électrité à la médecine, M. Duchenne (de Boulogne), a eu l'ingénieuse idée de la faire servir aussi à l'étude de la physionomie. Il applique sur diverses parties du visage successivement le rhéophore : les muscles se contractent, et le visage exprime tel ou tels sentiments, telles ou telles passions. M. Duchenne note alors les relations qu'il a ainsi découvertes entre certaines expressions et certains muscles ; de la sorte, il fait faire un grand pas à une partie jusqu'à présent fort arriérée de la physiologie, et il fournit à l'art de précieux documents.

L'illustre physiologiste anglais qui a tant contribué à la grande découverte dont Magendie fut pourtant le principal auteur, à la découverte qu'il y a des nerfs pour le mouvement et d'autres pour la sensation, Charles Bell, s'était proposé avant M. Duchenne la connaissance des lois de la physionomie, mais dans une tout autre pensée. M. Duchenne veut surtout recueillir des faits et en tirer pour l'art des conséquences utiles. Charles Bell s'attachait surtout à découvrir l'explication des faits.

L'explication, selon Charles Bell, c'est que les parties qui servent à l'expression servent aussi et d'abord à des fonctions, soit de la vie inférieure et organique soit de la vie supérieure ou de relation. Les mouvements du corps et des membres, les attitudes, les gestes, expriment les sensations et les actions. Il en est de même, si l'on y regarde de près, des modifications du visage, modifications résultant du jeu de muscles qui ne se meuvent pas comme les autres sous la peau, mais qui y tiennent et l'entraînent avec eux. Si la face, en se contractant de telle ou telle façon, exprime telle ou telle passion, tel ou tel appétit, c'est que cette contraction est précisément la condition mécanique nécessaire pour que telle ou telle passion, tel ou tel appétit se satisfasse. Si, par exemple, c'est l'expression de la rage que le rictus qui rétracte les lèvres en arrière, comme on le voit dans toute sa force chez les carnassiers, c'est que c'est le mouvement par lequel l'animal s'apprête à saisir et à déchirer avec les dents.

Gratiolet, qui a été enlevé récemment et prématurément à la science, avait ajouté à cette théorie d'ingénieux et importants développements.

M. Albert Lemoine l'a adoptée et en a tiré une nouvelle et très considérable conséquence, par laquelle il s'est séparé de l'école à laquelle il appartient et a fait un premier pas dans une direction toute nouvelle.

Reid avait compté parmi les facultés primitives, qu'il est impossible de résoudre en des éléments antérieurs, la faculté de s'exprimer par des signes et celle de les comprendre. Jouffroy avait fait de même, et, à plus forte raison, Adolphe Garnier, toujours enclin à multiplier les inclinations et les facultés natives et irréductibles. Mais si les signes expressifs ne sont que les mouvements naturels pour telles et telles actions, il n'est évidemment pas besoin, pour les produire, d'une faculté spéciale ; et vraisemblablement il n'est pas besoin davantage d'une faculté spéciale pour les comprendre.

Or, s'il en est ainsi, une clef semble trouvée pour la question si controversée de l'origine du langage.

Penser sans un langage, penser du moins distinctement, ne semble pas possible. Plusieurs en conclurent que l'homme avait dû, pour penser, recevoir préalablement d'une révélation spéciale et directe un langage tout formé. C'est l'hypothèse à laquelle est particulièrement attaché le nom de de Bonald.

Plus récemment, les progrès de la philologie, surtout de la philologie comparée, ont conduit à comprendre que le langage sous ses diverses formes avait dû se développer, comme la science, comme la vie, selon des lois certaines, constantes, naturelles. M. Ernest Renan, dans son traité de l'*Origine du langage*, a résumé cette opinion en disant, d'accord avec M. Max Müller, que le langage est le produit de la spontanéité de l'esprit humain. Selon ces deux savants linguistes, les langues forment, par leur constitution grammaticale, des ensembles, des systèmes réguliers, qui sont comme d'un seul jet, et de ce résultat de l'expérience philologique comme de ce principe, qui semble évident de soi, qu'on ne saurait parler sans penser, ils concluent avec raison que l'homme parle naturellement comme naturellement il pense.

Mais qu'un ensemble, un tout soit naturel, cela n'empêche pas qu'il ne puisse être de formation jusqu'à un certain point successive et dont les causes soient susceptibles d'analyse. On peut entreprendre d'expliquer comment l'édifice de nos connaissances s'est élevé ; on peut entreprendre d'expliquer aussi comment s'est élevé l'édifice, aujourd'hui si vaste, si riche de détails, que forme une de nos langues. C'est ce qu'a fait avec beaucoup de sagacité, quoique d'une façon sommaire, en développant le principe de Charles Bell, M. Albert Lemoine.

On avait dit déjà et bien fait voir que les signes plus ou moins artificiels et conventionnels dont le langage est formé tirent leur origine de certains signes naturels. Nous savons de plus maintenant, par la remarque de Charles Bell, au moins pour certains cas, ce que sont ces signes et comment ils s'expliquent : nous voyons d'autant mieux comment on peut, par la volonté, en étendre l'usage, les développer, les transformer, en tirer un véritable langage. Les besoins de la respiration, des impressions diverses, font pousser à l'enfant nouveau-né le cri qui fait venir à son aide ; plus tard il comprendra l'usage qu'il peut en faire ; il le répétera, il s'imitera ainsi lui-même. C'est là le premier langage. De ce premier langage, modifié, étendu, naîtra, par le concours du naturel et de la volonté, ce qu'on nomme les mots d'une langue. Ces mots, enchaînés les uns aux autres, ou modifiés, infléchis, selon des lois qui sont celles mêmes de la pensée et dont l'ensemble est la logique, ces mots assujettis de la sorte aux règles dont se compose ce qu'on nomme la grammaire, c'est la langue complète.

Dans ces vues semblent se trouver les rudiments d'une explication vraiment philosophique des origines des langues.

Une conséquence à en tirer, et qui n'a pas échappé à M. Lemoine, c'est que non seulement la parole ne précède pas la pensée et n'en est pas la cause, comme le pensait de Bonald, et aussi, d'après des principes tout différents, Condillac, mais que c'est, au contraire, l'intelligence qui, à mesure qu'elle se produit, se façonne en quelque sorte des organes, un corps. Et ici comme partout nous retrouvons, au fond de toute création, la force native de l'esprit. D'où M. Lemoine tirera peut-être aussi quelque jour cette autre conséquence, en laquelle il s'accorderait avec Platon, Aristote, Leibniz, Stahl, dont les conceptions hardies semblent quelquefois effrayer sa sagesse, c'est que, jusque dans les dernières profondeurs de la spontanéité instinctive et de l'existence purement naturelle, c'est la pensée, c'est la volonté qui explique tout, et que la raison de tout, en somme, c'est la raison.

Ce n'est pas à dire que la pensée se passe facilement de la parole. La langue est un miroir où notre pensée apprend à se connaître, et sans lequel il semble qu'elle serait pour elle-même comme si elle n'était point. « La lumière, dit Emerson, traverse l'espace sans qu'on l'aperçoive ; pour que nous la voyions, il faut la rencontre d'un corps opaque qui la renvoie. De même pour notre pensée. » Mais le miroir n'est pas pour cela la lumière ni la cause de la lumière.

« Nous ne pensons pas sans images, disait Aristote, et ce sont des images que les mots. » — « Mais, disait aussi Jamblique, des choses plus excellentes qu'aucune image sont exprimées par des images. »

Il semble que du langage on peut dire ce qu'Emerson a dit de l'univers : « C'est une extériorisation de l'âme ; » ce que Schopenhauer a dit du corps : « C'est la volonté rendue visible ; c'est la volonté objectivée. »

XXXII

Dans la période que concerne ce rapport, les principes mêmes étant fort contestés, les recherches philosophiques ont eu surtout pour objet ces principes, et par conséquent les questions les plus fondamentales de la métaphysique et de la psychologie. Les parties de la philosophie qui traitent de la conduite de nos deux grandes facultés, de l'entendement et de la volonté, c'est-à-dire la logique et la morale, n'ont donné lieu qu'à un nombre peu considérable d'écrits.

Pour ce qui concerne la logique, outre les dissertations, relatives à divers points de détail, de M. Waddington-Kastus et de M. Antonin Rondelet, il faut mentionner particulièrement deux ouvrages étendus de M. Cournot, intitulés : l'un, *Essai sur les fondements de nos connaissances et sur les caractères de la critique philosophique* (1851) ; l'autre, *Traité de l'enchaînement des idées fondamentales dans les sciences et dans l'histoire* (1861) ; et un traité *Des méthodes dans les sciences de raisonnement* (1865), par M. Duhamel.

Dans ses deux ouvrages, M. Cournot s'est proposé de déterminer les caractères et les objets des différentes branches des connaissances humaines et de la philosophie. Les conclusions auxquelles il arrive ne s'éloignent pas beaucoup de celles qui forment la doctrine positiviste, telle que la constitua d'abord Auguste Comte ; mais il y arrive par des considérations qui lui sont propres et desquelles les conclusions mêmes se ressentent. Suivant M. Cournot, la philosophie n'est pas une science qui ait un objet particulier, tel que le serait, par exemple, selon l'école écossaise et l'école éclectique, un monde à part, tout intérieur, des phénomènes intellectuels et moraux ; ce n'est pas non plus une science de l'absolu, comme d'autres l'ont comprise. Auguste Comte l'avait fait consister dans les généralités réunies de toutes les sciences ; pour M. Cournot, elle consiste en un ensemble de vues relatives à l'ordre et à la raison des choses. Ces vues, de plus, et c'est ici l'opinion qui est surtout propre à M. Cournot, mais qui est une conséquence naturelle des principes appelés positivistes, ces vues ne peuvent être que des probabilités.

« Le rapport de la raison et de l'ordre est extrême, a dit Bossuet. L'ordre est ami de la raison et son propre objet. » Cette sentence, que M. Cournot ne se lasse point de citer, est comme l'âme de toutes ses spéculations ; mais elle n'a pas pour lui le même sens que pour Bossuet.

Selon Bossuet, comme selon Platon, Aristote, Descartes, Malebranche, Leibniz, Berkeley, l'ordre a son principe dans la raison universelle et éternelle dont notre raison dérive. De même, au contraire, que pour Auguste Comte, dans la période où il rédigeait le *Cours de philosophie positive*, le monde doit être expliqué par l'homme, le subjectif par l'objectif, de même pour M. Cournot, ce que nous avons de raison s'explique par ce que les choses ont d'ordre. L'intelligence humaine doit être comprise, à son sens, et conformément à une parole de Bacon, qui ne lui est pas moins familière que la sentence de Bossuet, et selon laquelle il interprète celle-ci : *ex analogia universi*.

« Le hasard n'est point, dit-il, comme plusieurs l'ont pensé, une expression qui ne signifie que notre ignorance ; il signifie ce qui résulte du concours de causes indépendantes. Mais quelle que soit la fréquence de ce concours, c'est un fait que dans la nature la régularité est dominante. Suspendez aux deux extrémités d'une solive deux pendules battant tout différemment : après quelque temps ils sont d'accord. Agitez l'eau à l'entrée d'un tuyau : à quelque distance toutes les ondes sont égales. Or, où il y a régularité, constance, ordre, il y a sans doute une raison qui est une loi ; car si c'était hasard, ce serait un hasard prodigieux et incroyable. S'il y a une loi, au delà de ce que nous avons pu observer dans tel ou tel cas, les faits lui seront encore, lui seront toujours conformes, et c'est ce que l'expérience vérifie. Dans aucun cas pourtant ce ne sera une parfaite certitude ; ce ne sera jamais rien que de plus ou moins probable. La probabilité peut être pour ainsi dire infinie; et la probabilité infinie, physiquement parlant, équivaut à la réalité, comme la probabilité contraire, si elle est infinie, est l'impossibilité physique; mais ce n'est toujours, logiquement parlant, que probabilité. »

Les choses étant telles, telle aussi devient, en subissant leur action, notre intelligence. De cet ordre dans les choses, où elles ont leur raison, résulte en nous cet ordre qui fait notre raison ; la raison, c'est-à-dire ce qui juge et des choses et des autres facultés par lesquelles nous percevons les choses. Les philosophes écossais et leurs disciples parmi nous, en revendiquant la certitude contre le scepticisme, attribuèrent aux sens, à la mémoire, à la raison, une autorité égale, et mirent ainsi toutes nos facultés au même rang. Selon M. Cournot, conforme cette fois à Platon, à Leibniz, entre nos facultés il y a un ordre, une hiérarchie; c'est par la raison que nous connaissons tout, que nous jugeons de tout. Or la plus haute fonction de la raison est celle par laquelle elle coordonne et classe toutes nos connaissances; c'est celle qui consiste à déterminer, au moyen de l'induction, avec les différents degrés de probabilité qu'elles comportent, les lois qui font l'ordre des choses. Cette fonction est la philosophie.

Pourquoi, en quoi la philosophie n'est-elle pas la science? C'est que la science suppose et la détermination précise des caractères, et conséquemment la déduction logique par laquelle d'un caractère déterminé on en conclut un autre; en deux mots, définition et démonstration. Or c'est ce qui n'a lieu, rigoureusement parlant, que là où les choses se présentent sous des conditions de mesure exacte, c'est-à-dire sous les conditions de la seule étendue, séparées de toutes autres. De là l'identité de la science proprement dite et des mathématiques, et même, à parler plus exactement encore, de la géométrie, à laquelle les autres parties des mathématiques se réfèrent. Dans la philosophie, rien de semblable. Dans les choses physiques, et même pour la simple détermination des formes et l'évaluation des grandeurs, c'est-à-dire pour la vérification expérimentale des théorèmes géométriques, la continuité, qui ne permet d'établir nulle part une division précise, s'oppose à toute détermination complètement exacte et ne permet que l'à-peu-près; d'où le défaut de certitude absolue. Ces idées d'ordre, d'harmonie, etc., que la philosophie considère entre des éléments trop nombreux et trop divers, ne sont pas non plus susceptibles d'une évaluation précise, d'une description tout à fait caractéristique, d'une définition rigoureuse; de là les obscurités, les équivoques, les controverses infinies; de là l'impossibilité qu'aucun résultat dépasse le probable, et encore le probable sans aucun degré déterminé. Pour des éléments mathématiques la probabilité se mesure et se calcule comme ces éléments mêmes : la probabilité philosophique n'est susceptible d'aucune détermination rigoureuse.

Platon, prétendant pour la philosophie à la connaissance absolue, a eu le tort, selon M. Cournot, de mépriser ce qu'on ne peut atteindre que par induction et savoir qu'approximativement. Ses successeurs, les académiciens, les plus rapprochés des pyrrhoniens, ont mieux su sans doute les limites nécessaires de la science humaine.

Aristote, quelque préoccupé qu'il ait été des choses de la nature, n'a eu aussi de la doctrine des chances que des notions confuses, n'en a pas fait une suffisante estime. Il a fait consister à tort la méthode scientifique dans le syllogisme, placé à tort dans la connaissance de l'existence absolue le but de toute vraie science, et principalement de la philosophie. Bacon en célébrant l'induction, n'en a pas bien connu la nature ni l'usage; il n'a pas bien compris le principe sur lequel la probabilité philosophique est fondée.

Descartes a vu ce que n'ont pas vu après lui les philosophes écossais successeurs de Bacon, qui ont cru faire dans l'ordre moral ce que celui-ci avait voulu faire dans l'ordre physique, et commencer la science expérimentale de l'esprit : il a vu que la vérité ne nous vient pas indistinctement et également par tous nos moyens de connaître, que la raison en nous est juge de tout par ses idées; il n'a pas connu, non plus que le plus conséquent de ses disciples, Spinoza, par où ces idées sont nécessairement imparfaites et bornées.

Leibniz mieux que personne a compris la nature de la continuité : il a su y voir le secret de la nature entière; il n'a pourtant pas assez compris que continuité et science sont incompatibles. Loin de là, il a poussé plus loin que qui que ce fût l'ambition de tout mesurer : d'où la prétention d'exprimer toutes choses par des caractères adéquats, qui serviraient d'algorithme pour un calcul universel. Ce que lui-même il avait quelquefois appelé « l'indistinguable, » il a espéré vainement le définir, le compter. Que n'a-t-il appliqué la théorie générale des combinaisons, qui l'occupa dès sa jeunesse, à la comparaison des chances, au calcul des probabilités! Il eût trouvé la seule philosophie possible.

Kant mieux que personne a connu les bornes de la raison, l'impossibilité de la science absolue; en même temps il a, comme Platon et Aristote, négligé le probable, dédaigné l'induction. En voyant bien ce qui n'est pas connaissable, il n'a pas assez vu ce qui l'est; il en est resté au négatif.

A toutes les théories de la même classe que la théorie de M. Cournot, on peut faire, ainsi que nous l'avons vu, cette question, que comprit si bien, entre tant d'autres excellents esprits, l'esprit si rigoureux de Sophie Germain : quelle que puisse être la difficulté pour nous de prendre conscience de quoi que ce soit d'absolu, comment comprendre que nous connaissions quelque chose de relatif sans une notion quelconque, si obscure qu'on le voudra, d'un absolu auquel le relatif se mesure ? Et à M. Cournot en particulier on peut adresser cette seconde question : Comment juger entre les probables ? Comment estimer, même approximativement, des degrés de probabilité, si ce n'est par rapport à quelque chose de fixe et de certain ? Comment estimer le vraisemblable, objectait-on aux demi-sceptiques de l'Académie, si ce n'est par relation au vrai ? « La probabilité, » disait Leibniz, qui fit tant de cas du calcul des chances, et qui voulait qu'on en fît une partie considérable de la logique, « est toujours fondée dans la vraisemblance, ou dans la conformité avec la vérité. »

Difficilement donc établira-t-on que la raison soit en nous, comme nous avons vu que l'entend à peu près M. Herbert Spencer, le résultat accumulé de ce qu'il y a de constant dans les perceptions des choses du dehors. Loin que chacune de ces perceptions explique l'intelligence, l'intelligence seule les explique.

Nous n'apercevons rien distinctement sinon sous ces conditions de l'étendue que Stahl appelait la *figurabilité*, rien, sauf l'action même par laquelle nous apercevons. Et ce sont des attributs de sa propre action que représente à l'esprit, comme étalés en une image plus grossière, le miroir de la nature. Comment entendrions-nous l'étendue, la répétition, la pluralité, sinon par l'unité, dont en cette action seule nous prenons conscience ?

« Notre âme, dit Pascal, jetée dans le corps, où elle trouve nombre, temps, dimension, raisonne là-dessus, et ne peut croire autre chose. » Rien de tout cela pourtant ne lui est intelligible que par ce qui lui vient de son propre fonds.

Platon a pu avoir tort de tenir trop peu de compte des choses d'opinion : il n'a peut-être pas eu tort de subordonner l'opinion au vrai savoir. Aristote lui-même a pu ne pas accorder assez à l'induction : il ne s'est peut-être pas trompé en cherchant, pour ce qui par soi-même est sans règle, une règle dans la raison.

Descartes a pu substituer trop souvent à l'expérience, dont pourtant il savait tout le prix et qu'il a recommandée autant que personne, la déduction de pures idées : il ne s'est peut-être pas trompé en proclamant que c'est au parfait, que c'est à l'absolu que tout se mesure en définitive.

Pour Leibniz, un passage de ses *Nouveaux essais sur l'entendement humain* suffit à le justifier du reproche de n'avoir pas assez compris combien sont incompatibles la science et la continuité : « Tout va par degrés dans la nature et rien par saut, et cette règle à l'égard des changements est une partie de ma loi de continuité. Mais la beauté de la nature, qui veut des perceptions distinguées, demande des apparences de saut et pour ainsi dire des chutes de musique dans les phénomènes, et prend plaisir de démêler les espèces. » Peut-être néanmoins a-t-il eu quelque tort en voulant prématurément étendre à des objets de nature ondoyante et fuyante la rigueur des définitions et l'exactitude du calcul ; a-t-il eu tort pour cela de croire qu'il y a de la raison au fond de tout, et qu'il y a en tout, par conséquent, nombre, poids et mesure ?

« Il y a des choses, dit Pascal, qu'on a peine à démontrer par ordre et qu'on ne peut expliquer par définitions et par principes. Mais ce n'est pas pourtant, ajoute-t-il que l'esprit ne le fasse ; mais il le fait tacitement, naturellement et sans art. »

Au fond de tout, donc, ordre et certitude, raison et sagesse ; le difficile seulement est de faire nôtre par la réflexion cette sagesse intime qui est nous, mais qui est aussi plus que nous et mieux que nous.

« L'expression en passe tous les hommes, dit encore Pascal, et le sentiment n'en appartient qu'à peu d'hommes. »

Les réflexions de M. Cournot, appuyées de nombreux exemples, recommanderont plus que jamais à l'attention des philosophes une vérité importante qu'ont déjà mise dans un grand jour les progrès du calcul des probabilités et de la statistique, savoir que là même où se croisent et se mêlent comme en nœuds inextricables toutes sortes de séries de faits et de causes, l'ordre se retrouve, la règle reparaît ; que la probabilité, là même où le calcul exact ne semble pas ou semble à peine applicable, peut s'élever si haut qu'elle atteigne dans la pratique jusqu'au niveau de la pleine certitude. C'est rendre un service éminent à la philosophie que de faire voir, en cherchant à prouver que tout s'y réduit à des chances, que les chances aussi sont matière et de science et de philosophie, et que de décrire de telle sorte les oscillations et les perturbations, qu'elles révèlent dans sa vérité et sa puissance le centre invisible mais nécessaire dont l'action les régit.

Néanmoins, sous le nom de probabilité philosophique, c'est, ce semble, la probabilité physique que M. Cournot a décrite. C'est la science physique, la science de la nature qui, par l'induction, aux moyen des analogies, établit conjecturalement les lois des phénomènes. Et quant à ce qu'on nomme probabilité ou assurance morale, ce n'est autre chose encore sinon ce qui résulte de la combinaison avec les causes morales, en dernier lieu avec la volonté, des circonstances physiques. Physique et chances ne se séparent point. Aux chances il y a une règle ; aux probabilités, une raison : c'est cette règle, c'est cette raison qui est l'objet de la philosophie.

Mais, dit M. Cournot, dans les choses de philosophie on ne s'accorde guère : c'est la preuve qu'on n'y dépasse point la région du probable. — Sur les rapports des différentes idées que la philosophie considère, soit entre elles, soit avec la physique, on a peine, en effet, à se mettre d'accord; on n'a point pour cela les moyens de vérification sensible que fournit pour la physique l'expérience. Ce n'est pas à dire pourtant qu'on n'en puisse trouver, comme disait Leibniz, quelque *succedaneum*; il n'est pas impossible de concevoir pour les idées, de quelque ordre et nature qu'elles soient, des moyens de détermination et d'expression; autrement comment aucun discours et aucune entente seraient-ils possibles? Et c'est pourquoi l'espoir de ce haut calcul philosophique que rêvèrent deux penseurs, deux inventeurs du premier ordre, n'est peut-être pas si vain qu'on se l'imagine. En tout cas, pour ce qui est la source même des idées, pour la vérité radicale qui n'est autre que le fond même et l'essence de notre esprit, ne résulte-t-il pas du résumé seul que nous avons présenté des différents systèmes de notre temps, qu'on s'accorde plus qu'il ne semble et plus qu'on ne le croit? N'avons-nous pas vu ceux mêmes de ces systèmes qu'avait produits d'abord l'aversion la plus prononcée pour la métaphysique graviter, en définitive, vers la pensée même dont ils devaient s'éloigner sans retour? Les planètes, dans les vastes orbites qu'elles décrivent à travers les espaces, ont paru longtemps indépendantes de toute commune loi; un jour est venu où il s'est découvert qu'elles obéissaient toutes à l'attraction d'un même foyer. Il y a un foyer aussi, il y a un soleil du monde intellectuel et moral. Quelque nouveau Kepler, quelque nouveau Newton, en rendront manifestes un jour et la réalité et la puissance. Nous les sentons déjà, si nous n'en pouvons donner encore la claire démonstration.

Pour rappeler ici une remarque de l'auteur des *Nouveaux essais sur l'entendement humain* que nous avons déjà eu occasion de citer, « les principes généraux entrent dans nos pensées, dont ils sont l'âme et la liaison. Ils y sont nécessaires comme les muscles et les tendons le sont pour marcher, quoiqu'on n'y pense point. L'esprit s'appuie sur ces principes à tous moments, mais il ne vient pas si aisément à les démêler et à se les représenter distinctement et séparément, parce que cela demande une grande attention à ce qu'il fait, et la plupart des gens, peu accoutumés à méditer, n'en ont guère... C'est ainsi qu'on possède bien des choses sans le savoir. »

XXXIII

M. Duhamel, savant géomètre, a eu en vue, dans son traité *Des méthodes dans les sciences de raisonnement*, de déterminer ce qu'on doit entendre par *science de raisonnement*, quels sont les divers genres de questions qu'on peut s'y proposer, quelles méthodes on doit suivre pour résoudre ces questions; « et c'est là, ajoute-t-il, la logique tout entière, si on la définit l'art de raisonner. »

M. Duhamel remarque que, les philosophes ayant négligé les sciences mathématiques, cette croyance s'est peu à peu établie parmi eux que les géomètres ont des méthodes qui leur sont particulières. La vérité est seulement, dit-il, que les sciences mathématiques reposent sur des données plus simples et plus claires que celles de toute autre branche des connaissances humaines. C'est dans ces sciences qu'on peut le mieux étudier et le mieux comprendre les méthodes soit de démonstration, soit de recherche, ou, comme on dit le plus souvent, soit d'enseignement, soit d'invention ; mais dans toute science de raisonnement, les méthodes sont les mêmes, quelle qu'en soit la matière. C'était, sans parler des anciens, la pensée de Descartes, de Leibniz; ce fut aussi celle de Condillac, et peut-être n'est-ce que de notre temps qu'on a, dans certaines écoles, considéré comme des méthodes tout à fait particulières celles des géomètres.

« Le raisonnement, dit M. Duhamel, c'est la déduction. »
Nous avons vu plus haut comment M. Claude Bernard a reconnu
que l'induction, au fond, n'était que déduction ; seulement
déduction hypothétique ou conjecturale. La déduction ou syllogisme consistant à conclure du général au particulier, d'une
classe d'individus à un individu de cette classe, donc à répéter
d'un individu pris à part ce qu'on a dit de cet individu en le
considérant dans un groupe, c'est, suivant M. Duhamel, une
opération si simple qu'à peine mérite-t-elle un nom. Sur quoi
on se demandera peut-être si le savant auteur, comme Descartes,
du reste, ne méprise pas trop cet art que Leibniz estimait fort
utile sinon pour trouver les vérités, du moins pour éviter les
erreurs, et qui consiste à disposer les jugements dans l'ordre
où se montre le mieux, avec toutes les diversités que développe
la syllogistique, leur dépendance les uns des autres. Quoi qu'il
en soit, ce qui importe, selon M. Duhamel, et ce qu'il faut
enseigner, c'est la manière de diriger les déductions ou syllogismes pour parvenir au but qu'on se propose. En d'autres
termes, ce sont les méthodes soit de démonstration, soit de
recherche, les méthodes par lesquelles tantôt on prouve des
théorèmes, tantôt on résout des problèmes ; ces méthodes sont :
la synthèse et l'analyse.

La synthèse consiste à déduire de propositions reconnues
vraies des conséquences nécessaires ; elle ne sert guère, selon
M. Duhamel, qu'à communiquer aux autres ce qu'on sait. La
méthode de découverte, à son avis, la méthode qu'il importe,
par conséquent, d'approfondir, est l'analyse.

L'analyse consiste, pour un théorème dont on demande la
preuve, à chercher quelle proposition on peut en déduire, puis
quelle autre on peut déduire de celle-ci, et ainsi de suite
jusqu'à ce que l'on parvienne à une proposition reconnue vraie
d'ailleurs, et qui de plus soit telle qu'on puisse, en revenant sur
ses pas, démontrer par synthèse le théorème qu'il s'agit d'établir.

Pour un problème, l'analyse consiste à chercher quelles conséquences résultent des données, lesquelles sont des rapports connus de choses connues à la chose inconnue que l'on demande, jusqu'à ce qu'on en trouve une par laquelle cette inconnue se détermine.

Pour les théorèmes, l'analyse remonte donc de la conclusion proposée à une suite d'autres jusqu'à ce qu'elle parvienne à un théorème connu ; pour les problèmes, elle remonte de la question proposée à une suite d'autres jusqu'à ce qu'on en trouve une qu'on sache résoudre et qui entraîne ce qu'on cherche.

Ici M. Duhamel fait remarquer que, pour vérifier une proposition problématique, il ne suffit pas, comme l'ont dit Euclide et Pappus, de tirer des conséquences jusqu'à ce qu'on en trouve une qu'on sache vraie. D'une proposition fausse on peut tirer des conséquences qui soient véritables. Et de même pour les problèmes proprement dits, ce n'est pas assez pour savoir si ce qu'on demande est exécutable, de parvenir, en partant de ce qu'on demande, et, de conséquence en conséquence, à une chose assurément exécutable. Il faut encore que, par cette chose, celle même qu'on demande se puisse faire. En somme, il faut, à partir de ce qu'on prend provisoirement pour principe, arriver à une conséquence de laquelle on le puisse à son tour conclure, donc à une proposition qui puisse se renverser, ou proposition réciproque.

C'est que, en effet, ce qu'on déduit d'une chose et qui en est ainsi, logiquement parlant, la conséquence, c'est quelque chose sans quoi elle ne peut être, autrement dit une condition nécessaire de cette chose. Or une condition nécessaire d'une chose vraie est nécessairement vraie.

« L'analyse des anciens, avait dit Leibniz, était, suivant Pappus, de prendre ce qu'on demande et d'en tirer des conséquences jusqu'à ce qu'on vienne à quelque chose de donné ou de connu. J'ai remarqué que, pour cet effet, il faut que les propositions soient réciproques, afin que la démonstratian synthétique puisse repasser à rebours par les traces de l'analyse. » Et encore : « L'analyse se sert de définitions et autres propositions réciproques qui donnent moyen de faire le retour et de trouver des démonstrations synthétiques. »

M. Duhamel a retrouvé, par ses propres méditations, ces idées trop oubliées, et leur a donné de nouveaux et utiles développpements.

Ampère aussi, comme on le voit dans ce qu'on vient de publier de ses œuvres philosophiques, avait très bien observé que les conséquences ne prouvent rigoureusement la vérité d'un principe qu'autant qu'elles aboutissent à quelque rapport de dépendance réciproque.

Leibniz et Ampère avaient très bien vu encore que dans la physique on n'arrive pas, comme dans les sciences qui reposent sur des définitions, à des propositions réciproques ; mais, comme ils le remarquaient, le grand nombre de conséquences vraies qui se tirent de l'hypothèse, sans donner lieu à un parfait retour, ni par conséquent à une parfaite démonstration, fournissent du moins une haute probabilité, qui en peut approcher infiniment.

M. Duhamel, dans l'examen auquel il soumet les principales théories qu'on a proposées jusqu'ici sur le raisonnement et les méthodes, porte sur la théorie de Condillac, qui semble cependant n'être qu'une conséquence de celle de Leibniz, un jugement fort sévère : elle n'a à ses yeux aucune valeur. Condillac avait cru que le raisonnement consistait en de simples transformations d'une même proposition ; il s'appuyait surtout de l'exemple de l'algèbre, qui procède par des suites d'équations. Ampère déjà repoussait cette pensée et rejetait bien loin ce qu'il appelait « la ridicule identité ». M. Duhamel remarque que, dans les systèmes successifs d'équations, il n'y a d'identiques que les valeurs successivement données aux inconnues, et qu'en conséquence on ne peut appeler ces systèmes successifs qu'équivalents et non pas identiques. Ampère disait de même, dans un mémoire de l'an XII *Sur les idées abstraites*, que deux idées qui offrent le même objet, mais considéré différemment, ne doivent pas être appelées identiques mais équivalentes, Destutt de Tracy, dans sa *Logique*, avait fait une observation toute semblable. Peut-être cependant entre Condillac d'un côté, et de l'autre de Tracy, Ampère et M. Duhamel, le dissentiment n'est-il pas très considérable. Condillac, quoi que son langage ait pu avoir d'absolu, n'a pas prétendu sans doute que, dans les propositions successives qu'enchaîne la déduction, et même dans une suite d'équations, il n'y ait de différence d'aucune sorte : il a voulu seulement signaler l'identité radicale que couvrent les différences.

Dans le raisonnement, en général, comme l'ont expliqué principalement Aristote, Leibniz, Euler, on se fonde sur la contenance des idées les unes par les autres. Mais la démonstration parfaite est celle qui remonte à une proposition où le sujet est aussi bien contenu dans l'attribut que l'attribut dans le sujet, c'est-à-dire à une proposition réciproque, qui est une définition. Toutes les conséquences ne sont alors que des formes différentes du principe; c'est ce qui a toujours lieu dans les mathématiques, et c'est pourquoi on y peut, d'une propriété quelconque d'une quantité, déduire toutes les autres. Et enfin la démonstration n'est absolue ou catégorique, sans rien d'hypothétique, que si elle descend, comme de son premier principe, d'une proposition qui se justifie par elle seule; et il n'y a de telles propositions que les identiques, qui appartiennent spécialement à la philosophie, et qui sont comme des expressions immédiates de la raison elle-même.

Peut-être donc Condillac n'a-t-il pas avancé un paradoxe entièrement insoutenable quand il a dit, dans des termes qu'on retrouve d'ailleurs chez Leibniz, que le fond de la logique était l'identité. Lui-même, d'ailleurs, pour caractériser les rapports des propositions successives, a souvent dit, au lieu d'identité, analogie. C'est assez pour faire voir en quel sens ses expressions ordinaires doivent être prises, et que, par la succession des identiques, il n'entendait que ce que Leibniz appelle la succession des équivalents (*substitutio æquipollentium*). Ce dernier n'a-t-il pas dit aussi : « Des choses qui peuvent être substituées l'une à l'autre sans que la vérité en souffre sont identiques ? »

Quoi qu'il en soit, comme M. Cournot, alors même qu'il retranche à la philosophie ce qu'elle a de plus spécial et de plus élevé, a contribué à la rétablir dans ce qu'elle doit avoir d'étendue et de généralité, de même M. Duhamel, pour ne point prétendre travailler à l'avancement de la philosophie, ne l'en a pas moins servie, en contribuant par ses remarques à la remettre en possession de la méthode dans toute sa généralité, et par conséquent à lui rendre l'usage de procédés de démonstration ou de recherche que de notre temps elle abandonnait presque entièrement aux géomètres.

Il restera, pour éclaircir la matière, à faire disparaître l'opposition qu'on établit encore si souvent entre la déduction, d'un côté, qu'on identifie avec la synthèse, et, de l'autre, l'analyse ou, comme la nomme M. Duhamel, la réduction ; comme si déduire et tirer des conséquences n'étaient pas même chose, et comme si, en employant soit l'analyse, soit la synthèse, on faisait autre chose que tirer des conséquences. « Dans la synthèse, disait Descartes avec la clarté supérieure qui lui est ordinaire, on déduit du connu l'inconnu ; dans l'analyse on déduit de l'inconnu le connu, en traitant l'inconnu comme connu, le connu comme inconnu. »

Il restera aussi, et c'est une tâche qui pourra tenter quelque jour M. Duhamel, à approfondir, avec les règles de l'analyse, celles de la synthèse, qui se confond, selon Leibniz, avec la théorie des combinaisons, et où, par suite, non moins peut-être que dans l'analyse, qui n'en est qu'une forme inverse, se trouve la clef de l'invention.

Peut-être même pourrait-on dire que le génie, dont l'invention est le propre, a sa méthode; que cette méthode consiste dans la combinaison des rapports (*dissita conjungit*), et que c'est là la synthèse.

On a eu sujet de reprocher à la philosophie de notre temps de paraître souvent se préoccuper de la perfection littéraire plus que de l'exactitude scientifique, de préférer les indications et descriptions sommaires, en termes plus ou moins figurés, aux définitions, seules sources des preuves, et les inductions aux démonstrations véritables. De là l'abandon de la logique. Le temps est venu, peut-être, pour sortir enfin de l'à peu près et de l'incertitude, et de chercher à déterminer avec précision les idées, et, au lieu de les envelopper sous des formes qui cachent leurs rapports, de les produire détachées, distinctes et rangées selon leur ordre logique. Leibniz ne se lassait pas de le demander. Les vaines et interminables disputes des scolastiques ne venaient pas, disait-il, de ce qu'ils employaient des formes régulières de raisonnement, qui, au contraire, ne peuvent que contribuer pour beaucoup à ce qu'on s'entende et qu'on se mette d'accord, mais de ce qu'ils partaient de principes mal déterminés, de définitions apparentes seulement, qu'on pouvait toujours éluder par des distinctions. Il faut définir avec précision, répétait-il sans cesse. Il faut savoir aussi renoncer, au besoin, « aux belles apparences du discours suivi ». Et encore: « Afin de raisonner avec évidence, il faut savoir garder quelque formalité constante (mettre son raisonnement en telle forme que les principes et les conséquences y soient parfaitement distincts). Il y aura moins d'éloquence et plus de certitude ». Le temps semble venu également, pour employer à propos les méthodes, d'en approfondir la nature.

Pour ce qui concerne la méthode dans la philosophie en particulier, ces dernières années ont vu se décider de plus en plus l'abandon des espérances qu'on avait fondées sur ce qu'on nommait la méthode psychologique, et prévaloir la pensée que c'est le propre de l'esprit de se connaître lui-même.

En 1865, l'Académie des sciences morales et politiques mit au concours la question : *Du rôle de la psychologie en philosophie*. Le prix fut partagé entre M. Nourrisson et M. Maurial. Rien n'indique, dans le compte rendu de ce concours, rédigé par M. Adolphe Franck, que M. Nourrisson se fût écarté des maximes ordinaires des écoles écossaise et éclectique ; mais M. Maurial, dans son mémoire, paraît avoir mis dans un nouveau jour la connaissance directe de l'esprit par lui-même. Déjà dans un livre, publié antérieurement, *Sur le scepticisme de Kant*, il s'était attaché à prouver que le vice radical du système de l'auteur de la *Critique de la raison pure* était « d'avoir amoindri à l'excès et réduit presque à rien le fait capital de la perception immédiate de l'âme ». Dans le mémoire couronné par l'Académie des sciences morales et politiques, il s'appliqua spécialement à distinguer l'expérience que l'âme a d'elle-même de celle qu'emploient les physiciens, et à montrer qu'au lieu d'être bornée à de simples phénomènes, « elle s'étend au fond de notre personne ou de l'âme elle-même. » Et il faut ajouter que M. Adolphe Franck a paru donner son assentiment aux idées exposées par M. Maurial. Lui-même, d'ailleurs, dans plusieurs articles du *Dictionnaire des sciences philosophiques*, en avait déjà exprimé de semblables.

Nous devons signaler aussi un remarquable compte rendu de *l'Idée de Dieu*, de M. Caro[1], par M. Lachelier, où ce jeune écrivain a caractérisé brièvement, mais de manière à bien faire

---

1. *Revue de l'instruction publique*, juin 1864.

entendre comment elle diffère de l'observation des seuls phénomènes considérés à part de leur cause, cette réflexion « qui, sous l'enchaînement des phénomènes intérieurs, reconnaît la libre activité de l'esprit ».

XXXIV

Depuis le *Cours de droit naturel* de Jouffroy, les écrits philosophiques relatifs à la morale qui ont été le plus remarqués sont, avec de savants et ingénieux essais de M. Paul Janet et de M. Ernest Bersot, ceux qu'a publiés M. Jules Simon sur la *Liberté*, sur le *Devoir*, sur la *Religion naturelle*. Toutefois, dans ces écrits, l'auteur s'est proposé non pas tant d'approfondir les principes de la morale qui est la sienne et celle de l'école à laquelle il appartient, que de développer les règles générales de conduite qui en dérivent, et plus encore de marquer leur indépendance à l'égard des dogmes de la religion positive ou révélée.

Nous avons déjà dit que des théologiens ont censuré cette philosophie qui se tient tout à fait à part de la religion, et qu'ils ont qualifiée de « philosophie séparée ». Tout en maintenant l'indépendance nécessaire de la philosophie à l'égard de toute autre autorité que celle de l'évidence et de la preuve, on peut souhaiter qu'elle ne se prive point, pour mieux assurer cette indépendance, de ce que la foi religieuse renferme de hautes vérités métaphysiques ou autres. Peut-être, en effet, serait-ce une morale incomplète et, à beaucoup d'égards, plus étroite que celle de l'Évangile, que celle de l'Ancien Testament, que celle même du bouddhisme, la morale qui, ne dépassant en rien le cercle de la « nature » et de la « raison », n'irait point chercher sa racine où la nature et la raison ont la leur, dans le principe surnaturel et supra-rationnel qu'exprime, dans l'ordre religieux et moral, la loi d'amour et de sacrifice, connue déjà des religions de l'Orient et que le christianisme a mise dans une si grande lumière.

De nombreuses publications périodiques ont fait connaître, dans ces derniers temps, une école de morale dite « indépendante »; indépendante non seulement de toute religion quelle qu'elle soit, mais de toute métaphysique, de toute croyance, par exemple, à l'existence de Dieu et à une vie future. C'est la thèse soutenue par Bayle et par tous ceux qui s'appelaient au dix-septième siècle des « libres penseurs », que l'athéisme et la morale n'ont rien d'inconciliable. Aujourd'hui comme alors, il semble qu'on soit fondé à douter qu'une théorie morale puisse se constituer, sinon sur la base mobile et fragile de l'intérêt matériel, en dehors de toute conception de cet idéal moral que représente le nom de Dieu. « Considérer la morale comme indépendante de toute métaphysique, a dit un grand penseur, c'est considérer la pratique comme indépendante de toute théorie. »

La question capitale de la liberté n'a point donné lieu à des écrits spéciaux qui aient été remarqués, sauf peut-être ceux de M. Lequier, publiés après sa mort par M. Charles Renouvier, et que nous avons déjà mentionnés. M. Bonifas, dans une thèse soutenue, il y a quelques années, devant la faculté des lettres de Paris, a défendu avec force la liberté humaine contre ce qu'il a cru, avec d'autres, y voir de contraire dans le déterminisme de l'auteur de la *Théodicée*. Dans un chapitre des *Méditations philosophiques* de M. Charles Dollfus (1866), intitulé : *Du libre arbitre*, on trouve résumé en un mot qui mérite d'être relevé ce qui a peut-être été dit de plus juste concernant le rapport des volontés et de leurs motifs. « De ce que la volonté dépend toujours des motifs qui la déterminent faut-il conclure que la volonté n'est pas libre? Non, car les motifs qui *me* déterminent sont *mes* motifs. En leur obéissant, c'est à moi que j'obéis, et la liberté consiste précisément à ne dépendre que de soi. »

Sous le titre de *Système du monde moral*, M. Louis Lambert a développé surtout une théorie de l'immortalité d'après laquelle elle serait le privilège de ceux qui, par l'usage qu'ils feraient de leur liberté, acquerraient à leur âme la force de vivre sans fin. Qu'une telle théorie se soit produite et n'ait pas été accueillie sans faveur, cela prouve combien devient forte, parmi les penseurs de notre temps, la préoccupation de l'activité spirituelle et morale. Pourtant, une telle activité étudiée de plus près encore, on se persuadera peut-être plus difficilement qu'elle puisse, une fois existante, cesser jamais, et l'on croira plus volontiers, avec Descartes et Leibniz, que ce qui a pensé, ne fût-ce qu'un instant, pensera toujours. Et non seulement, d'après le dernier de ces grands auteurs, ce qui a pensé une fois éternellement pensera, mais chacune de nos pensées contient quelque chose de tout ce que nous pensâmes jamais, quelque chose de tout ce que jamais nous penserons. Comme, en effet, il n'est point de mouvement qui ne dépende de tous les mouvements qui se sont jamais accomplis, et qui ne doive contribuer à tous ceux qui jamais s'accompliront, il n'est point de pensée en laquelle ne retentisse plus ou moins obscurément tout ce qui fut, et qui ne doive subsister et se propager elle-même, sans s'éteindre jamais, comme en vibrations éternelles. Chaque âme est un foyer où se réfléchit de toutes parts, sous mille angles différents, l'universelle lumière, et non seulement chaque âme, mais chacune des pensées, chacun des sentiments par lesquels se produit sans cesse, du fond de l'infini, son immortelle personnalité.

M. Wiart, dans un livre publié en 1862, a traité *Des principes de la morale envisagée comme science*.

Dans l'école écossaise et l'école éclectique, on se borne en général à en appeler, pour régler la conduite humaine, à un certain nombre de maximes que l'on considère comme évidentes par elles-mêmes, ou même, plus simplement encore, à s'en rapporter, pour l'appréciation morale soit des idées, soit des actions, à ce qu'on appelle le jugement de la conscience. C'est la doctrine que M. de Strada appelle, comme on l'a vu plus haut, l'*évidentisme*, et dont il rapporte l'origine à Descartes.

Procéder ainsi en se dispensant de preuves et s'en rapportant au bon sens, au sens commun, à l'idée générale du devoir, à la conscience, c'est, selon M. Wiart, supprimer la science. Et il montre par de nombreux exemples comment il en résulte qu'on érige en règle de morale des préjugés propres à tel temps et à tel pays, ou même que chaque individu prenne pour loi unique sa fantaisie. Au contraire, il y a, à son avis, un principe qui rend compte de toutes les prescriptions et en mesure la valeur ainsi que celle des actions, et ce principe est l'utilité. Seulement, tel que l'a présenté Bentham, le principe d'utilité se confondrait avec l'égoïsme, destructeur de toute moralité. Il faut, selon M. Wiart, le combiner avec le principe de Jouffroy, que nous tendons et devons tendre à ce qui est la fin universelle de l'humanité. Dans la conciliation de ces deux idées, c'est-à-dire dans la maxime de l'utilité universelle, se trouve le vrai principe de la science morale. En d'autres termes, la meilleure action est celle qui sert le plus au plus grand nombre.

On ne peut guère contester que les meilleures actions ne soient celles qui sont le plus généralement utiles, qui servent le plus au bien commun, et que, par conséquent, l'utilité générale ne puisse être un moyen de contrôle dans l'appréciation de la moralité. Mais, soit pour chacun, soit pour tous, qu'est-ce que le bien, et par conséquent l'utile, ou ce qui sert au bien? C'est là la question principale et de laquelle dépendent toutes les autres.

Se contentera-t-on encore de répondre avec Kant, et après lui avec l'école éclectique : c'est le devoir, ou bien ce que la raison commande? Il s'agit de savoir ce qu'on doit faire, ce que commande la raison. De même que, si l'on demande l'explication de ce que c'est que le raisonnement, ce n'est pas répondre, mais seulement remplacer un mot par un autre mot équivalent, que de dire qu'il s'explique par une faculté de raisonner; que, du moins, ce n'est pas là expliquer, mais seulement classer, catégoriser; de la même manière ce n'est rien dire encore ou ce n'est pas dire assez que de répondre à la question : « que faut-il faire? » par ce mot seul : « ce qui est notre fin », si l'on n'expose aussi en quoi notre fin consiste. Ce n'est point sortir de ces généralités insuffisantes que M. Wiart reproche, non sans raison peut-être, à l'école éclectique.

Ce serait faire quelque chose pour sortir de ce cercle de termes abstraits et généraux, qui consiste à définir le devoir par le bien ou par la fin, et le bien ou la fin par le devoir, que de définir le bien, par exemple, comme le firent les Grecs, et particulièrement les stoïciens, par le beau, puis le beau par l'harmonie et l'unité, ou encore par ce qui détermine l'amour, ou par l'amour lui-même.

« La religion, dit Pascal, est Dieu sensible au cœur. » Par le cœur donc, selon Pascal, nous sentons Dieu, et c'est là la religion. Telle est à peu près la pensée qui a inspiré à M. Charles Charaux sa thèse soutenue devant la faculté des lettres de Nancy et ayant pour titre : *La méthode morale, ou De l'amour et de la vertu comme éléments nécessaires de toute vraie philosophie.*

Après avoir fait remarquer que, même dans les sciences physiques et mathématiques, on n'a fait de grands progrès que sous l'impulsion qu'a donnée à la volonté la beauté de plus en plus visible de l'ordre qui s'y découvre dans une unité et une variété également merveilleuses, M. Charaux cherche à établir que, à plus forte raison, pour les vérités, d'un genre supérieu encore, qui font l'objet de la philosophie, il faut, avec l'action des facultés intellectuelles, le concours constant des facultés morales. Il remarque que la psychologie qui règne presque partout aujourd'hui tient peu de compte de la sensibilité morale, ne lui attribue aucune part dans la science. « Pourtant, dit-il, le Dieu que ma raison conçoit comme la vérité capitale, comme le principe suprême de toute philosophie, mon cœur, lui aussi, l'affirme à sa manière, et malheur à qui n'entend pas ce double témoignage ! »

Pascal disait : « Le cœur a ses raisons, que la raison ne connaît guère ». Il disait aussi que « le cœur a son ordre »; et il ajoutait : « Cet ordre n'est point par principes et démonstrations : il consiste principalement en des digressions sur chaque point qui a rapport à la fin, pour la montrer toujours »; et enfin : « Cet ordre qu'ont suivi Jésus-Christ, saint Paul, saint Augustin, c'est celui de la charité. » Dans ce passage de Pascal, rapproché de ses profondes remarques sur l'Art de persuader, il y a sans doute le germe d'une « méthode morale ». Si M. Charaux n'a pas encore essayé de la développer ni même de la définir avec précision, du moins a-t-il le mérite d'avoir appelé l'attention sur cette importante vérité, que la pensée, qui est une action et une faculté de l'âme, ne suffit point à la philosophie, qu'il lui faut l'âme entière, et, si l'on peut distinguer dans l'âme des parties, qu'il lui faut surtout et avant tout ce qui semble en être et le principal et le meilleur. Celui de qui l'on peut dater, après Anaxagore, la haute philosophie, le maître de Platon, et, par lui, d'Aristote, celui qui, se comparant aux Sophistes enflés d'un faux savoir, disait : « Je ne sais rien »; celui-là n'ajoutait-il pas, pour faire entendre du moins d'où lui venait cette conscience de son ignorance, commencement d'une vraie science : « Je ne sais rien que les choses de l'amour »?

Suivant Platon, et plus encore, peut-être, suivant Aristote, si l'on va au fond de la pensée de ce dernier, c'est dans l'idée du bien, c'est dans l'idée de l'amour, qui y correspond et qui l'explique, qu'est le dernier mot de toutes choses. Et aujourd'hui qu'après tant de recherches faites et tant d'expérience amassée, nous voyons plus clairement que jamais que le dedans des choses, pour ainsi dire, est l'âme, et le dedans de l'âme, le vouloir, comment ne pas reconnaître que c'est dans ce qui forme l'intérieur le plus reculé de la volonté elle-même, que se cache la source profonde d'où jaillit toute science? L'amour vrai, ou amour de ce vrai bien qui lui-même n'est que l'amour, n'est-ce pas en effet la sagesse? Et qu'est-ce que la science, si, pour rappeler un mot d'Aristote, le monde n'est pas un mauvais drame formé de morceaux sans rapports les uns avec les autres, qu'est-ce que la science, si ce n'est l'ensemble des formes diverses et, pour ainsi dire, des projections et des reflets en des sphères inférieures d'une science première, qui est celle du premier et universel principe, et qu'on nomme, d'un nom d'excellence, la sagesse?

XXXV

Une partie de la philosophie qui touche de près à la morale, l'esthétique, ou théorie du beau, a été le sujet d'un concours ouvert par l'Académie des sciences morales et politiques, en 1857, et dont elle a fait connaître le résultat en 1859. Ce concours a produit deux ouvrages distingués : l'un, qui a été l'objet d'une mention honorable, par M. Chaignet ; l'autre, auquel le prix a été décerné, par M. Charles Lévêque,

Dans de savantes analyses des théories esthétiques qui se sont produites jusqu'à nos jours, M. Chaignet s'est surtout attaché à distinguer de l'idée de la beauté celles qui semblent s'en rapprocher et avec lesquelles on l'a souvent plus ou moins associée ou confondue, principalement les idées du bien, et par suite, de la bonté et de la perfection morale.

C'est une des parties les plus brillantes et peut-être aussi une des plus solides de la philosophie de Victor Cousin, que celle qui fait l'objet de ses leçons sur le Beau, où, développant une théorie de Reid, qu'il faut faire remonter par Shaftesbury jusqu'à Platon, il cherche à établir que la beauté est une expression plus ou moins complète de la perfection spirituelle et morale. M. Chaignet fait profession d'appartenir à l'école éclectique. Néanmoins, et quoiqu'il admire, en outre, les grandes vues de Kant, de Schelling, de Hegel, ces « fondateurs de l'esthétique, qui depuis eux, ajoute-t-il, n'a pas fait un pas », il hésite à s'associer, comme Victor Cousin, à leurs efforts pour établir que la beauté, loin d'être seulement l'ensemble des impressions agréables que les objets font sur nos sens, est l'expression par le relatif de l'absolu, par le fini de l'infini, et en conséquence, de l'intelligible par le sensible, ou du moral par le physique. Il n'est disposé à admettre ni que le beau tienne de près au bon, ni, par suite, qu'à parler exactement, on puisse attribuer la beauté ou à la vertu ou à Dieu même.

En résumant les doctrines de saint Augustin, dérivées de la philosophie grecque, saint Thomas a dit : « Le bien est l'objet du désir, par conséquent c'est ce qui plaît. Lorsque l'objet est tel qu'il plaise par la connaissance qu'on en a, non par le sens seulement, il est ce qu'on appelle beau. Le beau c'est donc le bien, mais le bien répondant à la pensée, à la raison. Le bien en lui-même, le bien absolu correspond encore à quelque chose de plus profond, qui est l'amour. » Il semble que, à la lumière de ces simples notions, les obscurités que M. Chaignet croit trouver dans les doctrines des plus grands penseurs, depuis Platon jusqu'à Schelling et Hegel, peuvent recevoir quelque éclaircissement.

M. Charles Lévêque s'est attaché à définir avec précision en quoi consiste la beauté. Peu satisfait des théories les plus répandues qui l'ont fait consister soit dans la proportion, ou, ce qui revient au même, dans la variété combinée avec l'unité, soit dans la seule unité, ou encore dans le rapport du fini à l'infini, la beauté lui paraît être l'expression des caractères constitutifs de ce qui fait l'essence de tout être, et ces caractères sont, suivant lui, la grandeur ou puissance et l'ordre; où se retrouvent, pour le remarquer en passant, les deux principes de Malebranche. Ajoutons que, comme plusieurs de ses devanciers, M. Lévêque paraît trouver le beau proprement dit là surtout où la grandeur est soumise à l'ordre, le sublime là où l'ordre le cède à la grandeur.

Victor Cousin, dans ses derniers ouvrages principalement, s'était montré enclin à définir la beauté par la force; et toujours dans sa polémique contre la philosophie qui réduisait le beau à ce qui agrée aux sens, il avait exclu de la beauté véritable toute idée d'agrément. M. Charles Lévêque est fidèle, en ce point aussi, à la doctrine éclectique : il exclut de l'idée de la beauté véritable ce qu'il appelle le « charmant ». Pourtant, à considérer le goût qu'il porte dans l'appréciation des belles choses, on ne peut guère douter que de cette théorie, dont la rigidité n'est peut-être pas exempte de sécheresse, il ne soit conduit à une théorie plus large, où la beauté trouverait peut-être une explication plus complète.

Le mot de *force*, comme nous avons eu plus d'une occasion de le remarquer, pour être plus près d'exprimer quelque chose de positif et de réel que ceux de *substance* et de *cause*, est encore pourtant l'expression d'une idée incomplète, qui n'a de valeur déterminée que comme signe ou équivalent logique de tels ou tels phénomènes matériels. Il faut remarquer aussi que dans l'idée de la force M. Lévêque fait entrer lui-même avec celle de la puissance, qui n'en diffère guère, si elle en diffère, celle de l'ordre comme nécessaire pour la compléter, parce qu'elle comprend la fin où la force tend et sa manière d'y tendre; et encore, que tendre à une fin, au fond c'est la vouloir. Si donc on admet avec l'ingénieux et savant auteur de *La science du beau*, que l'explication de la beauté doive être cherchée dans celle de la constitution même de l'être, et l'explication de la constitution de l'être dans la force, bientôt, ce semble, on devra reconnaître, avec Leibniz, que, pour trouver sous ce terme abstrait de force quelque chose de positif et de réel, et de réellement distinct du matériel des phénomènes, ou du mouvement, il faut y comprendre la tendance, et dans la tendance même, enfin, la volonté; et que, par conséquent, cette proposition que la beauté exprime la force ne reçoit un sens complet qu'en celle-ci, que la beauté exprime la volonté. Un degré de plus dans la réflexion par laquelle on se rend compte de soi-même, on trouvera que les volontés à leur tour ne s'expliquent pas complètement par elles seules, qu'il leur faut un principe, une cause, dont elles ne sont, comme le disait Malebranche, que des manifestations partielles. Qu'est-ce que cette cause? Justement ce que, de l'aveu universel, la beauté exprime le mieux, et qu'aussi elle fait naître. En effet, malgré les théories qui, de peur de ravaler la beauté à un agrément tout matériel et sensible, en écartent toute idée d'agrément, n'est-ce pas un caractère manifeste de toute belle chose que de nous plaire, et de nous plaire par une secrète magie, qui, suivant des expressions aussi justes qu'elles sont usitées, nous fascine, nous charme? Ce charme se trouve surtout en ce qu'on nomme la grâce; et la grâce, qui va, comme par delà la région encore extérieure de l'intelligence, atteindre l'âme même, émouvoir le cœur, ne semble-t-il pas que ce soit quelque chose qui vienne, non de la matière insensible, ni de la grandeur, ni de la forme qui l'ordonne, mais du cœur même et comme du fond de l'âme?

Si c'est peut-être expliquer l'idée générale du bien, du bon, que de la ramener à la beauté, la beauté à son tour se ramène, ce semble, en dernière analyse, du moins la beauté suprême, à ce bien par excellence qui est comme le fond de la perfection, l'essence même du divin, et qu'on nomme la bonté. Or être bon en ce sens supérieur, c'est aimer. C'est donc, ce semble, en définitive, l'amour qui est le principe et la raison de la beauté.

« Après que l'art, dit Schelling, a donné aux choses le caractère, qui leur imprime l'aspect de l'individualité » (ne pourrait-on dire tout aussi bien de la volonté?), « il fait un pas de plus : il leur donne la grâce, qui les rend aimables, en faisant qu'elles semblent aimer. Au delà de ce second degré, il n'y en a plus qu'un, que le second annonce et prépare : c'est de donner aux choses une âme, par quoi elles ne semblent plus seulement aimer, mais elles aiment. »

« Le bien, avait dit encore Plotin, est ce qui donne aux choses les grâces, et à ce qui les désire les amours. »

Le bien c'est donc l'amour lui-même.

Mais le sublime? dira-t-on. Est-ce à dire qu'il doive perdre ce haut rang où il fut toujours mis, et qui, depuis Kant surtout, semble lui être irrévocablement assuré? Nullement; mais le sublime, qui est le suprême du beau, n'est pas seulement, comme on le dit trop souvent, et Kant lui-même, ce qui confine au terrible. Le sublime est ce qui dépasse toute limite. Or ce qui effraye est étranger, donc borné, séparé. Est infini ce qui, comme le dit le livre de la Sagesse, pénétrant tout par sa pureté, occupe tout, remplit tout. Les volontés particulières, menaçantes pour d'autres, sont bornées : rien ne dépasse donc vraiment, absolument toute limite que ce qui ne connaît obstacle ni résistance, l'immensité de l'amour. C'est pourquoi il y a quelque chose encore au-dessus du sublime, surtout terrible, de l'Ancien Testament, à savoir celui qui commence dans le bouddhisme, s'achève dans l'Évangile, celui de la douceur et de la paix, le sublime du sacrifice.

« Il ne faut peut-être pas dire, lit-on dans Aristote, que l'ordre et la grandeur constituent la beauté, mais seulement qu'il n'y a pas de beauté sans ordre et sans grandeur. » Si l'ordre et la grandeur, qui font peut-être l'admirable, ne sont en effet, que des conditions de la beauté, ce qui en forme l'essence n'est-ce pas visiblement ce qui la rend aimable? En rapportant ce qu'on pourrait appeler les principales catégories de l'esthétique aux principes dans lesquels on s'est le mieux accordé jusqu'à présent à voir les éléments primordiaux de la nature divine et humaine, et qu'on retrouverait aussi dans la succession des grandes époques de l'histoire, c'est-à-dire à la triplicité de la puissance, de l'intelligence et de l'amour, ne pourrait-on pas dire que le sublime du terrible répond à la puissance, cause de la grandeur; le beau proprement dit, à l'intelligence, cause de l'ordre ; et qu'à l'amour répond le sublime supérieur et proprement surnaturel, qui forme la plus excellente et vraiment divine beauté, celle de la grâce et de la tendresse?

L'esthétique n'est pas seulement une partie importante de la philosophie : considérée dans ses principes, où elle s'identifie à la morale, elle devient la philosophie elle-même. Nous avons vu ressortir du mouvement des idées contemporaines et des réflexions qu'il suggère ce résultat général, de tout temps entrevu par toute haute métaphysique, que ce qui doit rendre raison du monde, de la nature, c'est l'âme, c'est l'esprit. Si donc la beauté est le mobile de l'âme, et ce qui la fait aimer et vouloir, c'est-à-dire agir, c'est-à-dire vivre, c'est-à-dire être, puisque pour l'âme, puisque pour toute substance, être, vivre, agir, sont même chose, la beauté, et principalement la plus divine et la plus parfaite, contient le secret du monde.

XXXVI

Résumons en peu de mots ce qui résulte de l'exposé précédent.

D'après les doctrines philosophiques qui dominaient dans le siècle précédent, doctrines issues du mépris des principes supra-sensibles imparfaitement définis dont s'était contenté le moyen âge, et de la préoccupation presque exclusive des phénomènes matériels dont la régularité et la constance, mal connues jadis, semblaient désormais suffire à tout expliquer, tout se serait borné aux corps et à leurs rapports, et ce qu'on nommait la « philosophie de la nature », avec ses conséquences physiques et morales, aurait composé toute la philosophie. Vers le commencement du siècle, on était arrivé généralement à penser que ces doctrines ne rendaient un compte suffisant ni de ce que nous avons d'idées et de croyances qui dépassent la nature, ni de la nature elle-même. Une philosophie s'était formée qui rétablissait la foi en ces principes que les sens n'enseignent pas, mais que demande et que se démontre à elle-même notre intelligence. Bientôt elle avait pris le dessus parmi nous, et, introduite dans l'enseignement public par des maîtres de grande autorité, elle y a régné presque seule jusqu'à ce jour.

Cependant, dominée encore par cette pensée favorite du siècle précédent que la source première de toute connaissance se trouvait dans une expérience qui n'atteignait que des phénomènes, et que, par conséquent, la méthode d'observation, qui est celle des sciences naturelles, était la seule méthode, la nouvelle philosophie, autant du moins qu'elle ne faisait pas d'emprunts à une méthode différente, ne pouvait donner des principes qu'elle voulait rétablir que des notions incomplètes et des démonstrations insuffisantes. Rien ne prouvait, à procéder comme elle se bornait à le faire, que ces principes prétendus ne se réduisissent pas, ainsi que l'avait dit Kant, à de simples conceptions, au moyen desquelles nous nous représenterions les choses sous de certaines conditions d'ordre et d'unité, sans que pour cela rien de réellement existant y répondît.

Aussi ces derniers temps ont-ils vu la philosophie dont il s'agit aboutir, chez ceux qui poussèrent ses maximes à leurs dernières conséquences, à une théorie qui n'admet, au delà des phénomènes sensibles, que des idéalités, d'après lesquelles la nature se réglerait, il est vrai, mais qui cependant seraient dépourvues de toute réalité, théorie constituant ce qu'on peut appeler, en conséquence, un système d'idéalisme; non pas, à la vérité, de cet idéalisme absolu qui réduit toute réalité à des idées, mais d'un idéalisme mitigé, qui, accordant de la réalité aux phénomènes que l'expérience fait connaître, n'attribue à ce qui diffère de ces phénomènes, et qui lui sert d'ailleurs à les expliquer, que cette sorte d'existence qui appartient à de simples idées.

En présence d'une métaphysique qui ne donnait aux principes intelligibles des phénomènes sensibles que si peu de réalité, cette philosophie ne pouvait manquer de renaître où l'on réduit tout à ces seuls phénomènes, et notre temps a vu reparaître, en effet, sous le nom de positivisme, un nouveau matérialisme.

Cependant depuis le temps où le matérialisme avait trouvé tant d'accueil, les choses, à beaucoup d'égards, avaient changé.

Nous avons eu plus d'une occasion de faire remarquer, dans le cours de cet exposé, que le matérialisme prenait généralement son origine parmi les sciences où l'on considère les conditions élémentaires et les propriétés les plus simples qui forment la base matérielle de la nature, c'est-à-dire parmi les sciences mathématiques et physiques; qu'au contraire les choses vivantes, où, à mesure surtout qu'on s'élève dans la hiérarchie organique, on sent comme l'approche de l'âme, enseignent en quelque sorte le spiritualisme, et bien plus encore que ces choses celles de l'ordre moral ou esthétique, parce que la considération de l'ensemble, de l'ordre, de l'harmonie y domine celle du détail des parties; en d'autres termes, parce que la considération de la forme y domine celle de la matière.

Or, dans notre temps, il n'arrive pas aussi souvent qu'autrefois qu'on reste enfermé dans les sciences dont le matériel de la nature est l'objet, sans aucun égard à celles qui s'occupent des choses d'un ordre plus complexe et plus élevé, sans commerce ni avec les sciences de la vie, ni avec les beaux-arts et avec la poésie qui en fait le fond, et, en général, avec les études de l'ordre intellectuel et moral. Le matérialisme, dès lors, sous ces puissantes influences, ne subsiste guère fidèle à lui-même, mais, peu à peu modifié, altéré, se change en quelque théorie différente, plus ou moins empreinte de spiritualisme.

Nous avons vu effectivement soit la doctrine qui s'est donné le nom de positiviste, soit les doctrines qui y tiennent de près, après avoir commencé par réduire tout ce qui est à des combinaisons plus ou moins complexes d'éléments géométriques et mécaniques, et au mécanisme brut de la communication de leurs mouvements, recourir finalement, pour rendre raison des combinaisons mêmes, au moins lorsqu'il s'agit des choses d'ordre supérieur, à la fois si compliquées et si harmoniques, et de l'origine des mouvements, à quelque idée organique et créatrice, à quelque idéal régulateur, à quelque cause, en un mot, à la fois efficace et finale, très semblable aux principes qu'invoquait la philosophie qu'elles s'étaient proposé de combattre; nous avons vu enfin les théories plus ou moins matérialistes de notre époque aboutir, elles aussi, à une distance plus ou moins éloignée du spiritualisme, à une sorte d'idéalisme.

Si l'on cherche à se rendre un compte plus précis, sinon des causes auxquelles on doit rapporter ces deux sortes opposées de philosophie, dont on peut dire que l'une ne considère que la matière des choses, tandis que l'autre considère aussi leur forme, causes qui se trouvent évidemment dans la préoccupation dominante, d'un côté, de l'existence à son point le plus bas, à son état le plus élémentaire, d'un autre, de l'existence à son point le plus élevé, de l'existence complète et absolue; si l'on recherche donc, non plus ces causes, mais leurs effets immédiats, autrement dit, si l'on examine quelles sont les deux voies différentes dans lesquelles elles acheminent les esprits, et qui conduisent ceux-ci à des résultats entièrement opposés, on trouve, ce nous semble, que ces deux voies sont celles que l'on suit dans les deux grandes parties de toute méthode qu'on nomme l'analyse et la synthèse.

Tout objet qu'on se propose de connaître peut être considéré ou dans ses éléments, ou dans l'unité de sa forme. Les éléments sont les matériaux; la forme, leur mode d'assemblage. Décomposer un objet ou une idée, les résoudre dans leurs éléments, c'est les résoudre dans leur matière. Un tout résolu en ses éléments, ceux-ci en d'autres, et ainsi de suite jusqu'à ce qu'on parvienne à des éléments indécomposables, il peut sembler qu'on a expliqué ce tout, qu'on en a rendu complètement raison. C'est ce qui est vrai peut-être de ces choses dont les propriétés ne sont guère autres que celles de leurs éléments, c'est-à-dire des choses de l'ordre géométrique et même mécanique, où les parties expliquent entièrement le tout, et peuvent servir à en rendre raison *à priori*. En conséquence, étend-on à un ordre supérieur ce qu'on a trouvé vrai de cet ordre inférieur que forme l'ensemble des conditions générales de la matière, on croit rendre raison des objets, quels qu'ils soient, en les décomposant.

Au contraire, on peut considérer dans les choses le mode d'union des matériaux, ou la forme; on peut considérer comment elles s'assemblent, se combinent avec d'autres : c'est le point de vue de la combinaison, ou complication, ou synthèse. Ce point de vue est essentiellement celui de l'art, l'art consistant surtout à composer, à construire; c'est celui, notamment, de la poésie, qui sans cesse rapproche, associe, marie ensemble les objets les plus éloignés ; c'est celui, enfin, de la science elle-même là où elle participe de la nature de l'art, là où elle est surtout inventive. L'art de combiner les données sert, pour le moins autant que l'analyse, à la solution des problèmes. On décrit le plus souvent l'induction comme consistant surtout à énumérer les éléments des faits, ce qui est œuvre d'analyse. Pourtant, comme l'a dit, il y a longtemps, l'auteur de la découverte du calcul infinitésimal et de tant d'autres découvertes importantes : « Si à l'induction, considérée comme l'opération qui consiste à recueillir des observations, on ne joint pas un certain art de deviner, on n'avancera guère. » Et cet art de deviner, comme il l'a dit justement, et comme l'a redit récemment et clairement expliqué, ainsi que nous l'avons vu, un inventeur éminent de notre époque, cet art consiste, après avoir décomposé les choses jusque dans leurs dernières parties, à former, en s'appuyant sur l'analogie, des hypothèses qui expliquent leurs rapports. Ces hypothèses sont des modes d'assemblage ou de combinaison; combinaison, composition, synthèse, le contraire de l'analyse.

Leibniz a dit, il est vrai, que la source de l'invention était l'analyse, qui faisait connaître les propriétés des premiers éléments; mais là où il a voulu pénétrer plus à fond dans la question des méthodes, il a dit que l'analyse, en résolvant les choses dans leurs éléments, servait surtout au jugement, mais que ce qui servait surtout à l'invention, c'était la synthèse.

Si la synthèse est de grand usage dans les sciences, et dans celles surtout dont les objets sont le plus complexes et le plus élevés, elle est d'un usage plus grand encore dans la science qui dépasse toute expérience physique et sensible, dans la philosophie.

Nos jugements synthétiques ne se bornent pas à réunir les éléments des choses dans l'ensemble qu'elles ont offert ou qu'elles peuvent offrir, comme phénomènes, à notre expérience. Il en est d'autres par lesquels nous allons au delà de tout ce que l'expérience sensible nous présente. Ce sont ceux que Kant a mis en lumière sous le nom de jugements synthétiques *à priori*. Cependant, en y voyant uniquement une application aux objets de l'expérience des conditions d'ordre sensible sous lesquelles seules nous les imaginons, peut-être n'en a-t-il pas cherché le principe assez haut. Ce n'est pas seulement aux lois de l'étendue et de la durée que nous soumettons, par nos jugements synthétiques *à priori*, les objets que nous offrent nos sens, mais à des lois supérieures dont celles mêmes de l'étendue et de la durée ne sont sans doute que des dérivés.

Nous avons le besoin de la perfection, nous en portons en nous le type : c'est d'après ce type que nous jugeons de tout.

Rien ne vient de rien, disait, dès le premier jour, la sagesse antique. — Rien n'arrive, rien n'existe, disait Leibniz, dont il n'y ait une raison. Suivant un mot de Spinoza que nous avons déjà rapporté, rien de concevable sinon sous une forme d'éternité ; on pourrait dire plus généralement, sous une forme d'infinité ou de perfection : maximes, au fond, équivalentes. Si rien ne vient de rien, il faut bien, toute existence relative n'étant, comparée à l'existence absolue, qu'un rien, il faut bien que tout vienne en définitive de l'existence infinie et absolue. Tout ayant une raison, il faut que, de raison en raison, tout se justifie par une raison qui se justifie elle-même, c'est-à-dire encore par l'infini et l'absolu. De là le jugement synthétique par lequel nous attribuons, *à priori*, à tout fait une cause.

Descartes avait dit : « Juger qu'une chose commence, qu'une chose est nouvelle, c'est une intellection ou pensée que les sens n'expliquent pas, c'est une « intellection pure » ; il aurait pu ajouter, et c'était sans doute sa pensée : c'est une intellection qui implique l'idée de ce qui est, opposé à ce qui n'est pas, de ce qui est éternellement, opposé à ce qui commence, l'idée enfin de ce à quoi se comparent et se mesurent tout commencement et toute fin.

On ne peut comprendre, a dit de plus Hamilton, et nous avons déjà rapporté ce mot, que quelque chose commence, absolument parlant ; et c'est là le fond de ce qu'on nomme parmi les philosophes l'axiome de causalité. Si quelque chose nous paraît commencer, nous lui supposons aussitôt, en quelque sorte, une existence antérieure dans ce que nous appelons une cause.

Ce n'est pas tout : tout ce qui arrive ne vient pas seulement de quelque part, mais va aussi quelque part. Nous concevons comme nécessaire que la cause renferme avec la raison du commencement la raison aussi de la fin où tend la direction. Toute cause est conçue ainsi comme dépassant de toutes parts l'effet et en embrassant le fini de son infinité.

Ce n'est pas seulement, comme l'a pensé Kant, que tout phénomène nous apparaisse déterminé par un temps et un espace qui le bornent en tout sens et auxquels on ne saurait donner de bornes. C'est que, sous ces conditions sensibles et extérieures d'existence, le phénomène est un changement ou mouvement ; c'est que le mouvement exige, pour l'explication de ce que sa multiplicité a d'un, cependant, quelque chose de simple dont il procède ; c'est que, chose imparfaite et qui est comme en voie d'être, il implique un principe qui lui fournisse, à chaque instant de son progrès, ce qu'il acquiert, et qui, par conséquent, soit en acte ce qu'il devient. Ce principe d'où le mouvement émane comme de sa source, ce fonds et cette substance nécessaires du mouvement, c'est la tendance ou effort ; l'effort, qui n'est pas, comme le mouvement par lequel il se manifeste, un objet des sens et de l'imagination, mais que nous fait seule connaître, dans le type unique de la volonté, notre plus intime conscience.

Ne s'agit-il que du détail des phénomènes physiques et mécaniques, il ne semble pas absolument impossible, du moins au premier abord, que, pour rendre raison d'un phénomène, un autre phénomène suffise; on peut ne pas bien voir qu'il en faut venir toujours, pour expliquer ce qui de soi-même est imparfait, à ce qui est parfait, complet, absolu. En présence des êtres organisés, il en est autrement. Une machine est devant nous, très compliquée ; bien plus, si on l'examine de l'œil pénétrant d'un Pascal ou d'un Leibniz, d'une complication qui va à l'infini; pourtant tout y conspire et y concorde. Ici nous ne concevons plus seulement d'une manière vague et indéterminée qu'il faut une cause: nous concevons que la cause doit être quelque chose d'analogue à ce qu'est pour une machine de notre façon, pour une œuvre de notre art, l'idée d'après laquelle elle se compose et s'ordonne, la pensée qui en fait concourir toutes les pièces à une même fin. C'est-à-dire qu'en présence de l'unité si complexe des êtres organisés, le jugement synthétique par lequel nous la rapportons à une cause se détermine et s'achève. Au lieu d'en rester, pour l'explication des phénomènes, à une simple idée de cause efficiente ou de force, conçue comme un principe de mouvement, idée incomplète et comme vide, nous arrivons maintenant à l'idée, plus pleine et plus rapprochée de notre expérience intérieure, d'une cause qui, dès le commencement de son opération, implique la fin comme but, d'une cause finale en même temps qu'efficiente, bien plus, efficiente par cela même qu'elle est finale, et dont la perfection, au moins relative, est la raison d'être de tous ces éléments qui trouvent en elle seule leur achèvement, de tous ces moyens qui trouvent en elle seule leur usage. Tel est le jugement synthétique par lequel, en présence des êtres organisés, et mieux encore en présence des êtres intelligents et moraux, nous complétons, par l'idée de la perfection à laquelle c'est leur existence même que d'aspirer, ce qu'ils ont d'imparfait.

C'est là le point où arrivent, par l'emploi de la synthèse, quoique peut-être sans s'en rendre un compte exact, toutes les théories que nous avons vues converger, de points de départ très différents, vers un même idéalisme.

Sur cette voie, on ne peut s'arrêter à aucune idée particulière et imparfaite. Avec Platon, avec Kant, avec les auteurs de la plupart des théories idéalistes dont nous avons eu à rendre compte, il faut, de degrés en degrés, parvenir à un idéal suprême dont toutes les idées particulières n'offrent que des aspects partiels, des applications incomplètes, des limitations.

L'analyse, descendant de décomposition en décomposition à des matériaux de plus en plus élémentaires, tend à tout résoudre dans l'absolue imperfection où il n'y a ni forme ni ordre. Ramenant, comme Auguste Comte l'a dit si profondément du matérialisme, le supérieur à l'inférieur, ramenant la pensée à la vie, la vie au mouvement, le mouvement même à un changement de relations de corps bruts et tout passifs, elle réduit tout, selon l'expression de Leibniz, à l'inertie et à la torpeur. Et s'il est vrai, ainsi que l'antiquité déjà l'avait vu, et qu'Aristote et Leibniz l'ont démontré, que ne rien faire, n'agir en rien, c'est véritablement ne rien être, on peut dire que l'analyse, appliquée toute seule, tend de degré en degré au néant.

La synthèse, montant de composition en composition à des principes de composition de plus en plus hauts, de plus en plus affranchis des limitations matérielles, tend à tout expliquer par la perfection absolue, que rien ne limite; elle tend donc de degré en degré à l'infini.

Cependant se borne-t-on, comme le fait l'idéalisme dans les différents systèmes que nous avons vus y aboutir, à concevoir le principe de composition duquel la matière tient sa forme, sous la notion générale d'une unité à laquelle se coordonne la diversité matérielle, et qu'on ne définit du reste que par le retranchement des circonstances particulières et différentielles, comme on distingue de telles et telles plantes la plante en général, comme on distingue des espèces leur genre, et c'est ainsi que Platon et Malebranche semblent, du moins au premier abord, avoir compris ce qu'ils nomment les « idées », alors, au lieu que l'idéal soit la perfection finale relativement à laquelle les phénomènes qu'on veut qu'il explique ne seraient qu'imperfection et commencement, il n'en représente réellement que l'ébauche et comme le plan le plus sommaire. L'idéal ainsi conçu, et c'est ainsi également que le concevait l'esthétique qui prenait le nom d'idéaliste, n'est point proprement, comme l'idéalisme le voudrait, une forme ou unité dans laquelle le phénomène matériel est contenu, mais au contraire une condition que ce phénomène implique, comme une figure implique une figure plus simple, comme une notion renferme une notion plus élémentaire. L'idéal ainsi conçu, ce n'est donc point par voie de synthèse, comme il semble d'abord, qu'on y arrive, mais par voie d'analyse. Présenté comme une fin où tend le mouvement de la nature, on n'y trouve pourtant, à y regarder de plus près, que la conception d'un état plus simple, auquel on réduit, en la dépouillant de ses attributs, une existence, et, d'idée en idée, tandis qu'on croit s'élever de perfection en perfection vers la perfection absolue, au contraire, marchant, par une simplification, et en conséquence, par une généralisation progressive, vers cette idée de « l'être » en général, qui n'est que l'expression, dans notre entendement, du dernier degré où puisse descendre l'abstraction, et qui, privée de toute autre détermination, est tout près de se confondre, selon la remarque de Hegel, avec l'idée d'un pur néant, on ne fait, comme Aristote le reprochait aux platoniciens, que descendre, par degrés d'un point donné de perfection à la dernière imperfection.

De la sorte ces deux doctrines si différentes, l'une qui n'admet des choses que ce que nous en montrent nos sens, l'autre qui croit renfermer l'essentiel des choses dans les idées que s'en forme, par abstraction, l'entendement, mais toutes deux employant une méthode semblable, la première décomposant les choses dans leurs éléments matériels, la seconde, après les avoir d'abord rapportées, par une sorte de synthèse, à une idée, et, en croyant ensuite monter de cette première synthèse à des synthèses de plus en plus compréhensives, ne faisant en réalité que décomposer l'idée dans les éléments logiques qui en sont la matière, toutes deux suivant par des chemins différents une direction semblable qui les éloigne également, quoique diversement, de la perfection et de la plénitude de la réalité, toutes deux tendent à un même abîme de vide et de nullité.

Le matérialisme, en s'imaginant arriver par voie de simplification analytique de l'accidentel à l'essentiel, ne fait que tout réduire aux conditions les plus générales et les plus élémentaires de l'existence physique, qui sont le minimum de la réalité.

L'idéalisme, en voulant arriver, par la généralisation, qui élimine comme accidentels les caractères spécifiques et différentiels, à ce qu'il y a de plus élevé dans l'ordre intelligible et à l'idéal de la perfection, ne fait que tout réduire, par une marche contraire à celle qu'il a cru suivre, aux conditions logiques les plus élémentaires, qui sont le minimum de la perfection et de l'intelligibilité.

C'est que l'idéalisme ne s'est pas placé, non plus que le matérialisme, au seul point de vue d'où l'on reconnaît ce que c'est que l'accidentel qu'il faut retrancher ou négliger, ce qui est œuvre d'analyse, pour arriver, par voie véritablement synthétique, à l'essentiel; point de vue qui est celui où l'on aperçoit directement et comme en plein l'essentiel, savoir le point de vue de la conscience de cet absolu de l'activité intérieure où coïncident, où ne font qu'un la réalité et la perfection.

Quand nous rentrons, comme on dit, en nous mêmes, nous nous trouvons au milieu d'un monde de sensations, de sentiments, d'imaginations, d'idées, de désirs, de volontés, de souvenirs, mobile océan sans bornes et sans fond, qui pourtant est tout nôtre, qui pourtant n'est autre chose que nous-mêmes. Comment nôtre, comment nous-mêmes? Parce que, à chaque moment et en chaque lieu de ce multiple tourbillon intérieur, nous formons de sa fuyante diversité des assemblages, des ensembles, dont le lien est une unité qui n'est autre que l'opération même par laquelle nous les formons.

Si, en effet, nous cherchons de quelle manière cette cause, qui est nous-mêmes, fait ce qu'elle fait, nous trouvons que son action consiste dans la détermination, par la pensée, d'un ordre ou d'une fin à laquelle concourent et s'ajustent des puissances inconnues qu'enveloppe, latentes, notre complexe individualité. Nous nous proposons tel objet, telle idée ou telle expression d'une idée : des profondeurs de la mémoire sort aussitôt tout ce qui peut y servir des trésors qu'elle contient. Nous voulons tel mouvement, et, sous l'influence médiatrice de l'imagination, qui traduit en quelque sorte dans le langage de la sensibilité les dictées de l'intelligence, du fond de notre être émergent des mouvements élémentaires, dont le mouvement voulu est le terme et l'accomplissement. Ainsi arrivaient, à l'appel d'un chant, selon la fable antique, et s'arrangeaient, comme d'eux-mêmes, en murailles et en tours de dociles matériaux.

Qu'est-ce que cette idée que notre pensée se propose, et qui appelle à soi, comme du haut de sa perfection, nos puissances inférieures? C'est notre pensée même au point le plus élevé de réalité active où, dans telles et telles limites, elle puisse parvenir. Qu'est-ce que ces puissances qu'elle attire et qui trouvent en elle leur accomplissement, leur réalisation? Des idées aussi, des idées qui sont aussi nôtres, donc notre pensée encore, quoique dans un état où elle est comme hors d'elle-même et étrangère à elle-même.

D'après notre expérience, le ressort de toute la vie intérieure, c'est donc la pensée ou action intellectuelle qui, d'un état de diffusion et de confusion où elle n'a en quelque sorte qu'une existence virtuelle, se rappelle, se ramène, par un mouvement continuel de recomposition dans l'unité de la conscience, à l'existence active, et d'un état de sommeil et de rêve remonte incessamment à l'état de veille. Si les pierres de la fable obéissent à une mélodie qui les appelle, c'est qu'en ces pierres il y a quelque chose qui est mélodie aussi, quoique sourde et secrète, et que, prononcée, exprimée, elle fait passer de la puissance à l'acte.

Il faut ajouter que, si c'est la perfection relative de notre pensée qui est la cause de tout ce qui se passe en nous, cette perfection relative a elle-même sa cause, laquelle est la perfection absolue.

Notre personnalité, consistant dans notre volonté intelligente, est dans l'ensemble de ce que nous sommes un génie, selon l'expression antique, c'est-à-dire un principe générateur spécial, ou encore un dieu, un dieu particulier, dont l'empire a ses bornes; ce génie, ce dieu ne produit rien, ne peut rien que par la vertu supérieure, à laquelle il participe, du Dieu universel, qui est le bien absolu et l'amour infini. Et ce grand Dieu, selon une parole célèbre, « n'est pas loin de nous ». Mesure supérieure à laquelle nous comparons et mesurons nos conceptions, ou plutôt qui les mesure en nous, idée de nos idées, raison de notre raison, il nous est « plus intérieur que notre intérieur »; — « c'est en lui, par lui, que nous avons tout ce que nous avons de vie, de mouvement et d'existence ». Il est nous, pourrait-on dire, plus encore que nous ne le sommes, sans cesse et à mille égards étrangers à nous-mêmes.

Tandis que Malebranche a dit que nous voyons tout en Dieu, à l'exception de nous-mêmes, dont il pensait que nous n'avions qu'un obscur sentiment, peut-être faut-il dire que nous voyons tout en Dieu parce que c'est en lui seul que nous nous voyons.

En résumé, c'est par une opération synthétique que, à l'aspect d'un fait, nous ne le rapportons pas simplement à un fait qui le précède, nous ne le résolvons pas seulement en un fait plus général et plus simple, ce sont là les deux degrés de la détermination de ce qu'on appelle la cause physique, mais nous le rapportons à une véritable cause, c'est-à-dire à l'action d'une perfection supérieure.

Mais à cette opération synthétique, qui est spécialement, par opposition à l'analyse, la méthode philosophique, il y a un principe nécessaire. Ce principe est la méthode proprement dite (si à une opération simple et indivisible on peut donner encore le nom de méthode) de la haute philosophie, de la métaphysique : c'est la conscience immédiate, dans la réflexion sur nous-mêmes et par nous-mêmes sur l'absolu auquel nous participons, de la cause ou raison dernière.

Toute perspective est relative à un point, un seul point. Vue de partout ailleurs, elle n'offre que disproportions et discordances; vue de ce point, elle devient juste dans toutes ses parties, et présente un ensemble harmonique. On peut dire que la perspective universelle, qui est le monde ou l'universelle harmonie, a pour point de vue, pour unique point de vue, l'infini ou l'absolu.

L'absolu de la parfaite personnalité, qui est la sagesse et l'amour infinis, est le centre perspectif d'où se comprend le système que forme notre personnalité imparfaite, et, par suite, celui que forme toute autre existence. Dieu sert à entendre l'âme, et l'âme, la nature.

Cette constitution intime de notre être, qu'une conscience directe nous fait connaître, l'analogie nous la fait retrouver ailleurs, puis partout. C'est d'après ce type unique de l'organisme intérieur que nous concevons tout ce qu'on nomme êtres organisés, des choses qui ont en elles-mêmes, quelle que soit leur complexité, et plus manifeste par le contraste de cette complexité même, le principe et la fin de leurs mouvements, ou, pour mieux dire, une cause qui en est le principe par cela seul qu'elle en est la fin; des choses qui, comme Dieu, comme l'âme, quoique à un moindre degré, sont les causes d'elles-mêmes, des choses enfin qui sont plus ou moins l'analogue des personnes.

Si, après l'âme, nous considérons ce avec quoi elle est en rapport immédiat, c'est-à-dire l'organisme, nous voyons que la plus haute de ses fonctions et celle où il faut chercher peut-être la dernière explication de toutes les autres, c'est qu'il se meut lui-même. Comment mieux définir l'organisme, sinon en disant que c'est une machine qui se donne le mouvement?

Aristote déjà remarquait que le plus parfait des organismes, celui de l'homme, se distingue éminemment de tous les autres par la supériorité des mouvements volontaires et de leurs instruments. Cette fonction du mouvement spontané qui arrive ainsi, par-dessus toute autre, dans la plus parfaite des créatures, à la plus haute perfection, n'est-ce pas, sous des formes différentes et, à mesure qu'on descend dans l'échelle organique, plus confuses, la fonction universelle par laquelle s'accomplissent toutes les autres?

D'après les idées très récemment exposées par M. Claude Bernard, et qui résument avec une clarté supérieure celles qu'il avait développées précédemment dans son *Introduction à la médecine expérimentale*, tous les phénomènes qui se passent dans les corps organisés se réduisent en eux-mêmes à des phénomènes physiques et chimiques, tout semblables à ceux que nous offrent les choses inorganiques, et que notre art peut reproduire. Ce qui est spécial, c'est la manière dont s'accomplissent dans les vivants ces phénomènes, au moyen d'appareils desquels nous ne pouvons comprendre la formation et que notre art est absolument impuissant à imiter. Ne pourrait-on ajouter que cette manière spéciale dont les phénomènes physico-chimiques s'accomplissent dans les vivants consiste en ce que ceux-ci, par des déterminations spontanées, en présence des milieux à la nature desquels ces déterminations sont relatives, donnent aux parties telles situations, à la condition desquelles aussitôt tels et tels phénomènes physico-chimiques se produisent, et que, par conséquent, comme les organismes dans leur ensemble peuvent être définis des machines qui se meuvent, chacun des organes dont ils se composent à l'infini peut être défini un instrument automatique spécial de mouvement? Ne peut-on dire de plus que ces machines elles-mêmes, ces appareils spéciaux, produits d'un art qui nous passe, sont le résultat sous la direction de cet art d'un concours harmonique de mouvements élémentaires spontanés? Ne peut-on dire enfin que, si nous ne pouvons comprendre comment se forment et se réparent les machines vivantes, ni en conséquence les imiter, c'est qu'elles sont le résultat de mouvements élémentaires spontanés, mais qui, échappant, comme l'a vu Stahl, à toutes conditions d'imagination, ne peuvent, en conséquence, être des objets de calcul et de raisonnement?

Et il en est de même, pourrait-on conjecturer encore, des mouvements intestins, imperceptibles, par lesquels se produit ce qu'on oserait appeler l'organisation des corps inorganiques, c'est-à-dire la cristallisation. Quant aux phénomènes physiques et chimiques, soit dans les corps organisés, soit dans les autres, c'est la tendance de la science actuelle de les réduire à des formes particulières de phénomènes mécaniques, à des combinaisons spéciales de mouvements, et, au lieu d'expliquer ces mouvements par des affinités ou attractions dont on ne saurait rendre compte que par des déterminations véritablement intentionnelles, toutes semblables à celles des êtres organisés, de les résoudre en de simples effets d'impulsions de corps ambiants, conformément aux principes généraux de la physique de Descartes et de Leibniz. Et quand on arrive à l'impulsion, au choc, et à la communication de mouvements qui en résulte, il semble, disait Cuvier, que tout soit expliqué, ce phénomène si simple, habitués que nous sommes à le rencontrer partout, paraissant s'expliquer suffisamment lui-même. Et il semble aussi, en conséquence, que ce soit la science même que cette théorie d'universel mécanisme qui réduit toutes les fonctions des êtres plus ou moins organisés et tous les phénomènes physico-chimiques à la propagation des mouvements par le choc.

Ce phénomène si simple cependant se trouvera, si on le considère de près, renfermer encore lui-même ce qu'on voudrait qu'il servît à remplacer partout, la spontanéité.

Dans la communication du mouvement par le choc, il n'y a rien, semble-t-il, que de passif. Leibniz pourtant y a montré un fait de ressort ou d'élasticité, et ce fait ne se conçoit, ainsi qu'il l'a fait voir, qu'en imaginant, non pas que le mouvement du corps qui frappe y périt pour renaître en celui qui est frappé, mais que, par une action et réaction mutuelles, le mouvement intestin dont les parties étaient antérieurement animées se transforme seulement en un mouvement de transport de l'ensemble et réciproquement. Or, si le mouvement dans le choc, au lieu de s'anéantir et de naître, se transforme seulement, si, en conséquence, à travers tant de rencontres, il subsiste toujours la même quantité de force, c'est que le corps, une fois animé d'un mouvement, s'y maintient. C'est là cette inertie que Kepler le premier introduisit dans la mécanique, dont elle est devenue le premier principe, et dans laquelle Leibniz montra une tendance persistante, opposée assurément comme telle à la volonté, avec ses résolutions changeantes, et au fond, pourtant, de nature analogue. Ce qu'est dans l'âme la tendance innée à conserver l'action qui constitue son essence et, lorsqu'elle est troublée par des influences étrangères, à la rétablir, l'inertie, avec le ressort qui en est l'effet, l'est dans le corps.

Ainsi, en admettant même que les êtres vivants ne manifestent pas, à ce titre spécial, quelque chose d'analogue à cette âme qui, en nous, se connaît elle-même, et qu'on puisse les ramener à la condition des corps bruts, en admettant que de ceux-ci on doive, à plus forte raison, retrancher tout principe propre d'ordre et d'unité pour les réduire à de simples amas de particules matérielles tenues ensemble par le hasard des mouvements extérieurs, théorie qui est proprement celle du matérialisme, cependant, pour comprendre les lois que suit dans son mouvement la matière la plus brute, force est encore de joindre à l'idée de cette matière celle de quelque chose qui, sous la dénomination vague de force ou de puissance, par laquelle on la désigne d'ordinaire, n'en est pas moins un analogue et un dérivé de la volonté et de la pensée.

Il y a plus, et indépendamment des différentes lois de mouvement, l'idée seule du mouvement en général implique quelque autre chose que ce qu'il offre de matériel et d'externe. Descartes, qui a su si bien indiquer dans l'esprit la source où se puise l'idée de l'action, mais qui craignait par cela même d'en faire aucune part à la nature, Descartes définissait le mouvement par les seules relations successives des corps dans l'étendue. Leibniz a montré qu'on ne saurait assigner en quoi un corps en mouvement diffère, dans chacun des lieux qu'il occupe, de ce qu'il est au repos, si on n'ajoute qu'en chaque lieu qu'il occupe il tend à passer à un autre. Tout mouvement, au fond, est donc tendance. La tendance ou effort est, dit Leibniz, ce qu'il y a de réel dans le mouvement; tout le reste n'est que rapports. Les corps ne reçoivent donc des autres corps, dit-il aussi, que des limites ou des déterminations de leur tendance. La tendance même leur est innée avec sa primitive direction, et, pour en trouver l'origine, il faut remonter jusqu'à la puissance qui les créa. C'est, dans le fond, la même démonstration par laquelle Aristote prouva jadis que, pour expliquer le mouvement, il faut remonter, en dehors de la succession des phénomènes, fût-elle éternelle, comme il le pensait, à un premier moteur qui n'est pas en mouvement lui-même, mais en une action immatérielle, de laquelle émane ce qui est en quelque sorte la source intérieure du mouvement. Tout se fait mécaniquement, disait l'auteur de l'*harmonie préétablie*, et par là il entendait que chaque phénomène a dans un autre phénomène une raison déterminante; mais, ajoutait-il, le mécanisme même a un principe qui doit être cherché hors de la matière et que la métaphysique seule fait connaître.

Par là, il entendait que, si chaque mouvement a une condition physique dans un mouvement antérieur, il a son principe effectif, sa cause dans une action qu'explique seule, en dernière analyse, la puissance du bien et du beau. « Les principes du mécanisme, dont les lois du mouvement sont les suites, ne sauraient, dit-il, être tirés de ce qui est purement passif, géométrique ou matériel, ni prouvés par les seuls axiomes des mathématiques. Pour justifier les règles dynamiques, il faut recourir à la métaphysique réelle et aux principes de convenance qui affectent les âmes et qui n'ont pas moins d'exactitude que ceux des géomètres. »

« La source du mécanisme, dit-il encore, est la force primitive; autrement dit, les lois du mouvement, selon lesquelles naissent de cette force les forces dérivées ou impétuosités, découlent de la perception du bien et du mal, ou de ce qui convient le mieux. Les causes efficientes dépendent ainsi des causes finales; les choses spirituelles sont par nature antérieures aux matérielles, comme elles leur sont aussi antérieures dans l'ordre de la connaissance, puisque nous voyons l'âme, qui nous est intime, plus intérieurement que le corps, comme l'ont remarqué Platon et Descartes. » A ces deux noms il aurait pu joindre celui d'Aristote. Peut-être aussi est-il permis d'aller au delà encore des termes de ce mémorable passage. Puisque les causes physiques ne sont pas des causes efficientes, mais seulement des conditions dont l'ordre de succession représente en sens inverse les degrés de perfection de la fin aux moyens, peut-être est-il permis de dire : les causes efficientes se réduisent aux causes finales.

De la sorte, comme l'a dit encore ce profond penseur que nous avons si souvent cité, « la liaison des causes avec les effets, bien loin de causer une fatalité insupportable, fournit plutôt un moyen de la lever ».

Tout a sa raison, a dit Leibniz. De là il suit que tout a sa nécessité. Et, en effet, sans nécessité, point de certitude; sans certitude, point de science. Mais il y a deux sortes de nécessités : une nécessité absolue, qui est la nécessité logique, et une relative, qui est la nécessité morale et qui se concilie avec la liberté; deux sortes de raisons, une de logique et une de convenance.

Il y a une nécessité absolue : c'est celle qui se ramène, en dernière analyse, à ce principe qu'une chose ne peut ne pas être ce qu'elle est, ou principe d'identité, d'où dérive cet autre, qui est le fondement de tout le raisonnement, que ce qui contient une chose contient aussi tout ce que cette chose contient. Remarquons que le raisonnement ne marche point, comme il semble, d'une manière progressive du simple au compliqué, mais, au contraire, par régression, du compliqué au simple. Raisonner, c'est conclure d'une idée aux idées qu'elle contient, donc à des idées plus élémentaires sans lesquelles elle ne saurait être;

conséquence, c'est proprement condition. Remarquons, en second lieu, que cette nécessité qui résulte des rapports de contenance respective, et qui se trouve dans les idées comparées, à cet égard, les unes aux autres, c'est celle qui a lieu dans les mathématiques, lesquelles ne sont que la logique appliquée à la quantité.

Une autre sorte de nécessité est celle qui détermine à faire ce qu'on croit le meilleur; cette nécessité n'exclut point, comme la première, la liberté : au contraire, elle l'implique. Le sage ne peut pas ne pas bien faire. En est-il moins libre? C'est celui que les passions asservissent, c'est celui-là qui flotte incertain entre le bien ou le mal. Le sage, en choisissant le bien, le choisit infailliblement, en même temps avec la volonté la plus libre. C'est peut-être que le bien, ou le beau, n'est en réalité autre chose que l'amour, qui est la volonté dans toute sa pureté, et que vouloir le vrai bien, c'est se vouloir soi-même.

« Il y a, dit Leibniz, de la géométrie partout et de la morale partout. » C'est-à-dire qu'il y a du géométrique jusque dans le moral et du moral jusque dans le géométrique. En effet, les choses morales, les choses de l'âme et de la volonté, en tant qu'il s'y rencontre des rapports d'identité et de différence d'égalité et d'inégalité, sont sujettes à la nécessité géométrique et, d'autre part, si la géométrie est exclusive, dans son développement, de toute nécessité purement morale, néanmoins, à en juger par les travaux où on l'a récemment le plus approfondie, elle semble avoir pour premier fondement des principes d'harmonie qu'on doit peut-être concevoir, ainsi que l'avait sans doute compris Descartes, qui faisait tout dépendre du libre décret de Dieu, comme l'expression sensible de l'absolue et infinie volonté. « On prétend, disait Aristote, que les mathématiques n'ont absolument rien de commun avec l'idée du bien. L'ordre, la proportion, la symétrie, ne sont-ce pas de très grandes formes de beauté? »

Quoique, l'ordre géométrique étant dans son ensemble l'opposé de l'ordre moral, la géométrie, prise d'un point de vue exclusif, puisse éloigner de la philosophie, ce n'est pas en vain que Platon avait voulu que le philosophe fût d'abord géomètre.

La nature, maintenant, n'est point, comme l'enseigne le matérialisme, toute géométrie, donc toute nécessité absolue ou fatalité. Il y entre du moral; elle est comme mélangée de la nécessité absolue, qui exclut la contingence et la volonté, et de la relative, qui les implique. Ce n'est pas tout : le moral y est le principal. La nature, si on néglige les accidents qui troublent, dans une certaine mesure, son cours régulier, mais qui, approfondis, rentrent encore sous les mêmes lois, la nature offre partout un progrès constant du simple au compliqué, de l'imperfection à la perfection, d'une vie faible et obscure à une vie de plus en plus énergique, de plus en plus intelligible et intelligente tout ensemble. Chaque degré y est, de plus, une fin pour celui qui le précède, une condition, ou moyen, ou matière pour celui qui le suit. De là une nécessité absolue et une nécessité relative en deux sens inverses l'un de l'autre. Dans la logique il y a une nécessité absolue d'une proposition à ses conditions; dans la nature, il y a une nécessité analogue d'une fin à ses moyens. La fin, en effet, entraîne les moyens. Au contraire, la fin ne s'impose qu'avec cette nécessité relative qui détermine la volonté. C'est pourquoi, d'une manière générale, aucun événement n'entraîne jamais, avec une nécessité absolue et géométrique, un événement subséquent. Ce n'est qu'en un sens détourné et impropre qu'il en peut être donné pour la cause. Il n'est jamais réellement qu'un des éléments, et, comme on l'a vu plus haut, l'élément négatif d'une nécessité relative, de la nature de celle des motifs par lesquels notre libre arbitre se décide, nécessité morale, qui n'empêche pas, qui implique, au contraire, que la cause qu'on dit qu'elle détermine se détermine par elle-même. C'est en se laissant abuser par une sorte de mirage qui renverse les apparences des objets que le matérialisme, au lieu de ne voir dans la nature la nécessité proprement dite que selon le sens inverse de sa marche, croit la voir dans le sens direct et selon l'ordre progressif du temps.

La fatalité en ce monde, du moins quant au cours régulier des choses, et l'accident mis à part, n'est donc que l'apparence ; la spontanéité, la liberté est le vrai. Loin que tout se fasse par un mécanisme brut ou un pur hasard, tout se fait par le développement d'une tendance à la perfection, au bien, à la beauté, qui est dans les choses comme un ressort intérieur par lequel les pousse, comme un poids dont pèse en elles et par lequel les fait se mouvoir l'infini. Au lieu de subir un destin aveugle, tout obéit et obéit de bon gré à une toute divine Providence.

Ce n'est pas à dire que, retournant aux croyances du premier âge de l'humanité, on doive se persuader que tout se fait, dans la nature, par des volontés arbitraires, qui déconcerteraient à chaque instant toutes prévisions, et rendraient impossible toute science. Si la volonté, comme la vie, dont elle est le principe, est au fond de tout, la volonté a, comme la vie, ses degrés.

Dans l'infini, en Dieu, la volonté est identique à l'amour, qui lui-même ne se distingue pas du bien et de la beauté absolus. En nous la volonté, remplie de cet amour, qui est sa loi intérieure, mais en commerce aussi avec la sensibilité, qui lui présente des images du bien absolu altérées en quelque sorte par le milieu où elles se peignent, erre souvent incertaine de ce bien infini auquel, entièrement libre, elle tendrait toujours, à ces biens imparfaits auxquels elle aliène une partie de son indépendance. Dans la nature, à laquelle nous appartenons par les éléments inférieurs de notre être, la volonté, éclairée seulement par une lueur de raison, est comme sous le charme puissant de telle forme particulière qui la lui représente et à laquelle elle semble obéir d'une obéissance toute passive. Il n'en est pas moins vrai que, jusqu'en ces sombres régions de la vie corporelle, c'est une sorte d'idée obscure de bien et de beauté qui explique dans leur première origine les mouvements; qu'en définitive ce qu'on appelle la nécessité physique n'est, comme l'a dit Leibniz, qu'une nécessité morale qui n'exclut nullement, qui implique au contraire, sinon la liberté, du moins la spontanéité. Tout est réglé, constant, et pourtant radicalement volontaire.

Du point de vue intérieur et central de la réflexion sur soi, l'âme ne se voit donc pas seulement et aussi, comme en son fonds, l'infini d'où elle émane; elle se voit, elle se reconnaît, plus ou moins différente d'elle-même, de degré en degré, jusqu'à ces extrêmes limites, où, dans la dispersion de la matière, toute unité semble s'évanouir, et toute activité disparaître sous l'enchaînement des phénomènes. De ce point de vue, puisque l'on trouve dans l'âme tout ce qui se développe dans la nature, on comprend cette sentence d'Aristote selon laquelle l'âme est le lieu de toutes les formes; puisque tous les objets nous apparaissent alors comme représentant par des formes dans l'espace les phases que l'âme parcourt dans la succession de ses états, on comprend cette sentence de Leibniz, que le corps est un esprit momentané; et puisque enfin l'âme elle-même, dans le progrès de sa vie, déroule d'une manière successive ce que contient, comme en un présent indivis, l'esprit pur, on comprend cette autre sentence des mêmes penseurs, résumant en une brève formule tout l'esprit de la haute doctrine platonicienne, que ce qui se développe dans la variété du fini, c'est ce que l'infini concentre dans l'unité. La nature, pourrait-on dire, est comme une réfraction ou dispersion de l'esprit.

Si ce point de vue est celui du véritable savoir, est-ce à dire pour cela qu'il doive devenir le point de vue exclusif de toute science? Loin de là assurément. Les phénomènes naturels se produisent dans le temps et dans l'espace, sous les lois de la quantité, dans des rapports définis à certains autres phénomènes. Déterminer ces conditions est l'affaire de l'expérience, sous la conduite du raisonnement; les diverses sciences, dans le détail des faits dont elles s'occupent, dans la détermination successive de ce qu'on appelle les causes physiques avec leurs particularités quantitatives, ou mathématiques, n'ont pas à suivre d'autres méthodes ; et la science supérieure de l'intelligence, juge en dernier ressort de toutes les démarches des sciences inférieures, n'a pourtant ici aucune intervention directe à exercer.

« Il faut, dit Pascal, avoir une pensée de derrière la tête, et juger de tout par là; au demeurant, parler comme le peuple. » La pensée « de derrière la tête », qui ne doit pas empêcher qu'on ne parle en chaque science particulière le langage qui lui est propre, celui des apparences physiques, c'est la pensée métaphysique.

Ce n'est pas à dire non plus que la science du spirituel ne puisse jamais rien pour celle du naturel. Il est vrai que les sciences naturelles et physiques sont jusqu'à un certain point indépendantes de la métaphysique; il est vrai, de plus, qu'elles peuvent beaucoup lui servir ; car telle est notre constitution que nous n'entendons pas aisément le pur intelligible, si ce n'est dans le sensible, qui nous en offre en quelque sorte une image plus grossière; et l'on a pu dire, par cette raison, qu'autant nous ignorons de la nature, autant nous ignorons de l'âme. Mais il est vrai aussi, et d'une vérité supérieure, que le sensible ne s'entend que par l'intelligible, que la nature ne s'explique que par l'âme. Dans la science des êtres organisés, depuis Hippocrate et Aristote jusqu'à Harvey, Grimaud, Bichat et M. Claude Bernard, rien de considérable n'a été trouvé qu'à l'aide de la supposition plus ou moins expresse d'une fin déterminante pour les fonctions, d'un concert harmonique des moyens. Dans la physique, les lois les plus importantes sont sorties de l'usage de ces hypothèses plus ou moins avouées : que tout se fait, autant que possible, par les voies les plus courtes, par les moyens les plus simples; qu'il se dépense le moins possible de force et se produit toujours le maximum d'effet; toutes variantes d'une règle générale de sagesse. Dans la cosmologie générale ou élémentaire, depuis Copernic et Képler surtout, nulle grande découverte qu'on ne voie suggérée par quelque application d'une croyance expresse ou tacite dans l'universelle harmonie.

Lors donc qu'une science physique exclusive croit pouvoir bannir absolument ou remplacer toute métaphysique, on peut dire, à la lettre, qu'elle ne sait ce qu'elle fait. Newton disait : « Physique, garde-toi de la métaphysique ! » C'était dire, remarque quelque part Hegel : « Physique, préserve-toi de la pensée ! » Mais qui peut, et quelle science notamment, se passer de toute pensée ? Point de savant, point d'inventeur surtout qui ne se serve à chaque instant, fût-ce à son insu, de ce principe, que tout, au fond, est intelligible, donc conforme à l'intelligence; et les plus grands inventeurs sont ceux qui en ont fait le plus d'usage. Dans ce monde matériel des phénomènes, où l'expérience ne trouve, sous le nom de causes physiques, que de simples conditions, elle ne saurait s'orienter et elle n'avance qu'éclairée par l'idée de la vraie cause, de la cause à la fois efficace et finale, qui n'est autre que l'immatériel esprit. De même donc que l'esprit semble bien être l'universelle substance, de même aussi il est l'universelle lumière.

Tels sont les résultats les plus généraux auxquels il semble que doive aboutir, d'après ce qui précède, le mouvement philosophique de notre temps. Les théories d'idéalisme dans lesquelles on a vu prêts à s'accorder, malgré tant d'autres différences, la plupart des systèmes, y tendent comme à leur naturel complément. Dans quelques autres des doctrines que nous avons exposées, ces mêmes résultats se dessinent en traits plus ou moins distincts. Et enfin il est aisé de prévoir comme prochain un avenir où ils formeront un ensemble de doctrine.

Dans les jours qui succédèrent à notre dernière révolution et où, fatigué d'agitations récentes, on redoutait tout ce qui pouvait paraître de nature à remuer les esprits, la philosophie était devenue l'objet de plus de crainte que de faveur. On avait cru devoir diminuer de beaucoup la part qu'elle avait depuis longtemps dans l'éducation publique et la réduire, au moins nominalement, à la logique. En même temps on avait supprimé les concours annuels établis pour la réception de maîtres spéciaux dans cette partie de l'enseignement. Les études philosophiques s'en ressentirent et, pendant quelque temps, elles parurent être moins cultivées que par le passé. De cet état de choses, pourtant, il résulta que la tradition des doctrines qui régnaient seules depuis près d'un quart de siècle dans nos écoles, sans être entièrement interrompue, perdit de sa force et de son ascendant. Dans les esprits affranchis de son autorité et laissés plus libres à eux-mêmes, des germes préexistants, sans doute, de pensées nouvelles durent se développer. Il y a peu d'années, sur la proposition du présent Ministre de l'instruction publique, dont ce fut le premier acte, la philosophie reprit dans les écoles de l'État, avec son ancien titre, la place qu'elle y avait autrefois occupée, et un examen spécial pour la réception de professeurs chargés de l'enseigner fut rétabli. Dans les épreuves publiques qui font partie de ces examens, épreuves sur lesquelles plusieurs jeunes maîtres ont jeté un vif éclat, on a vu se produire, au lieu des théories qui avaient seules régné depuis l'avènement de l'éclectisme, des tendances prononcées vers les idées auxquelles ces théories, ainsi que celles qui leur sont analogues, paraissent devoir céder prochainement la place. Nous pourrions citer encore, comme marqué de ces tendances, plus d'un travail présenté dans ces derniers temps soit aux plus hauts examens des facultés des lettres, soit aux concours ouverts annuellement sur des questions de philosophie ou d'histoire de la philosophie par celle de nos Académies à laquelle appartiennent spécialement ces études. A bien des signes il est donc permis de prévoir comme peu éloignée une époque philosophique dont le caractère général serait la prédominance de ce qu'on pourrait appeler un réalisme ou positivisme spiritualiste, ayant pour principe générateur la conscience que l'esprit prend en lui-même d'une existence dont il reconnaît que toute autre existence dérive et dépend, et qui n'est autre que son action.

Qu'on nous permette quelques mots encore pour préciser le sens de ces expressions et en définir la portée.

Par l'action spirituelle, par la pensée, la volonté, devons-nous entendre, comme nous le faisons pour les qualités sensibles, un mode d'un sujet duquel elle diffère? Leibniz, du moins à prendre à la lettre ses expressions, l'aurait entendu ainsi; il n'aurait osé suivre Descartes dans cette conception hardie d'après laquelle la pensée n'est pas un mode de l'âme, mais sa substance, mais son être même. Pourtant, comment comprendre, avait dit, et avec raison, ce semble, le fondateur de la métaphysique, que l'action à laquelle le raisonnement nous conduit comme à la cause première soit un mode d'autre chose? Ce serait cette autre chose qui serait la première cause, ou ce serait une troisième chose encore qui les tiendrait unies, et de l'une ferait sortir l'autre. Ne nous figurons donc pas la cause première comme quelque chose qui existerait d'abord et qui, en outre, penserait, comme une substance telle que l'imagine Spinoza, ayant la pensée pour attribut, et d'autres attributs peut-être, sans que le fond de son être fût pensée, et qui serait, selon le mot d'Aristote, comme une pierre pensante. Au contraire, il faut admettre que la première et absolue existence dont toute autre ne nous offre qu'une limitation, que la seule parfaite substance est la pensée; qu'être et penser, comme le disait déjà l'antique Parménide, sont, rigoureusement parlant, une même chose.

D'où il suit que, par la conscience que la cause première a d'elle-même, type de notre propre conscience et source primordiale de toute intelligence et de toute vie, il ne faut pas entendre que l'être infini, en se contemplant, considère par sa pensée quelque chose de différent de cette pensée même, mais que la pensée parfaite, absolue, selon la formule qui couronne la métaphysique péripatéticienne, est une pensée d'une pensée.

Une telle conception nous passe, il est vrai; nous ne comprenons l'intelligence que sous des conditions de distinction, d'opposition du sujet et de l'objet, de la pensée et de l'existence. Cela n'empêche pas qu'on ne puisse, qu'on ne doive admettre que, dans l'infini et l'absolu, de telles conditions s'évanouissent. « On ne saurait comprendre », a dit avec une haute raison celui-là même qui a hésité quelquefois à admettre tout entière la conception d'Aristote et de Descartes, parce qu'elle lui semblait trop peu compréhensible, « on ne saurait comprendre comment la variété des idées est compatible avec la simplicité de Dieu. Mais nous ne comprenons pas davantage l'incommensurable et mille autres choses dont la vérité ne laisse pas de nous être connue, et que nous avons droit d'employer pour rendre raison d'autres qui en dépendent. »

Il en est de même de cette proposition de Descartes, que nous avons déjà mentionnée, et d'après laquelle Dieu est la cause de lui-même. Le sens en est, comme son auteur l'a expliqué, que, si l'on suit la marche que prescrit la raison, en remontant pour chaque fait à une cause qui l'explique, lorsqu'on arrive à Dieu et qu'on cherche de la même manière la raison de son existence, on trouve qu'il ne saurait en avoir aucune hors de lui, et que par conséquent on peut le définir « ce qui est cause de soi ».

Il en est de même encore d'une troisième proposition de laquelle découle la preuve *à priori* de l'existence de Dieu, preuve que beaucoup ont peine à admettre, et dans laquelle Kant a pourtant montré avec raison, comme nous l'avons déjà dit, le fondement nécessaire de toutes les autres preuves; savoir, qu'en Dieu l'essence et l'existence, autrement dit, la virtualité et la réalité, la puissance et l'acte, ne font qu'un. Si des choses finies, où l'on conçoit une possibilité qu'une cause actuelle amène à réalisation, on s'élève, par la suppression de leurs limites, à la conception d'un être infini, on trouve que sa possibilité est celle de quelque chose que rien ne peut borner ni empêcher, et que par cela même elle implique l'existence réelle.

Ces deux propositions, qui énoncent que dans l'infini le fait et la cause, l'essence et l'existence ne font qu'un, se renferment l'une l'autre, comme des expressions abstraites équivalentes d'une seule et même idée positive, en laquelle raison et expérience se confondent. Et cette idée est celle de la nature toute active et par conséquent toute spirituelle de l'existence complète ou absolue, nature de laquelle il suit que l'objet et le sujet de la pensée, de la volonté, de l'amour, n'y sont qu'une seule et même chose, laquelle est la pensée, la volonté, l'amour mêmes; une flamme sans support matériel, en quelque sorte, qui se nourrit d'elle-même. Telle est la conception unique où les contraires, partout ailleurs séparés, se confondent comme dans une vivante et lumineuse unité.

Maintenant, pour expliquer les phénomènes sensibles, le monde, la nature, s'il ne reste, en dehors de cette pure action, que quelque chose qui joue à son égard le rôle d'une matière à l'égard d'une forme de laquelle elle reçoit ordre, beauté, unité, qu'entendre par cette chose, dépourvue par elle-même de ce qui seul fait la réalité et par conséquent aussi l'intelligibilité? C'est, disait Leibniz, après Platon, quelque chose de négatif, qui, dans la créature, limite par sa réceptivité imparfaite la perfection et l'infinité naturelle de la cause.

Leibniz a remarqué qu'on pouvait former tous les nombres avec l'unité seule jointe au zéro, ce qui donne un système d'arithmétique binaire et non plus décimale, et que de même on pouvait, avec la lumière et l'ombre seulement, former toutes les couleurs, comme l'a dit aussi Gœthe; et il a vu dans ces faits des symboles de la constitution générale de la nature, pour laquelle il suffit d'un principe de réalité absolue ou infinie, et d'un principe de limitation. Il avait imaginé une médaille qui exprimerait ces idées, présentant, pour face, le soleil teignant des nuages de sa lumière, et, pour revers, une suite de nombres formés par la combinaison de l'unité et du zéro, avec cet exergue :

Omnibus ex nihilo ducendis sufficit unum.

Aristote avait montré que, le principe positif de la réalité consistant dans l'action, le principe opposé ne pouvait être défini, comme toute matière comparée à la forme qui l'ordonne, que par l'idée de la possibilité que l'action seule réalise. Faut-il comprendre par là qu'en dehors de tout ce qui existe réellement, il y ait quelque chose enfin qui ne soit que possible, qui ne soit qu'en puissance, tel qu'en effet on se figure quelquefois ce qu'on nomme une matière première? Être en quelque façon, sans pourtant réellement être, contradiction, ce semble. Être simplement possible, en effet, n'est rien être. Aussi la possibilité pure n'est-elle, comme Leibniz l'a encore remarqué, qu'une abstraction de notre entendement. Point de puissance réelle, sinon avec quelque tendance à l'action. Or tendre à l'action est déjà agir; tendance, c'est action.

Mais dans ce qui, comparativement, n'est que virtuel, d'où viendrait l'action, sinon de ce qui en est l'unique source? Comment donc comprendre la tendance, sinon comme l'action arrêtée, empêchée, suspendue? Or, si l'on remonte à la cause première, à l'infini de la volonté libre, comment comprendre que quelque chose qui serait hors d'elle, qu'un rien, un néant, par conséquent, pût en quoi que ce soit l'empêcher et suspendre un seul instant son action? Il semble donc qu'on ne saurait comprendre l'origine d'une existence inférieure à l'existence absolue sinon comme le résultat d'une détermination volontaire, par laquelle cette haute existence a d'elle-même modéré, amorti, éteint, pour ainsi dire, quelque chose de sa toute-puissante activité.

Les stoïciens, dans leur langage tout physique, définissaient la cause première, ou la Divinité, un éther embrasé, au maximum de tension; la matière, ce même éther détendu. Ne pourrait-on dire, d'une façon à peu près semblable, que ce que la cause première concentre d'existence dans son immuable éternité, elle le déroule, pour ainsi dire, détendu et diffus dans ces conditions élémentaires de la matérialité qui sont le temps et l'espace; qu'elle pose ainsi, en quelque sorte, la base de l'existence naturelle, base sur laquelle, par ce progrès continu qui est l'ordre de la nature, de degré en degré, de règne en règne, tout revient de la dispersion matérielle à l'unité de l'esprit?

Dieu a tout fait de rien, du néant, de ce néant relatif qui est le possible; c'est que ce néant il en a été d'abord l'auteur, comme il l'était de l'être. De ce qu'il a annulé en quelque sorte et anéanti de la plénitude infinie de son être (*se ipsum exinanivit*) il a tiré, par une sorte de réveil et de résurrection, tout ce qui existe.

Ce fut dans presque tout l'ancien Orient, et depuis un temps immémorial, un symbole ordinaire de la Divinité que cet être mystérieux, ailé, couleur de feu, qui se consumait, s'anéantissait lui-même pour renaître de ses cendres.

Le vieil Héraclite, l'un de ceux qui, sous des formes physiques de langage, commencèrent la métaphysique, disait : Le feu est la substance et la cause de tout ; ce qu'on appelle matière est le feu qui de lui-même s'est amoindri, éteint ; le monde, avec son ordre et son progrès dans l'ordre, c'est le feu qui se rallume. De même les stoïciens, nous l'avons dit tout à l'heure ; et les stoïciens disaient comme Héraclite : Le feu, le feu primitif, le vrai feu est raison, est âme.

Suivant la théologie indienne, suivant celle aussi qu'enveloppaient les mystères de la religion grecque, la Divinité s'était sacrifiée elle-même afin que de ses membres se formassent les créatures.

Selon la théosophie juive, faisant mieux au monde sa part, sans compromettre celle de Dieu, Dieu remplissait tout ; il a volontairement, se concentrant en lui-même, laissé un vide où d'une sorte de résidu de son être tous les autres êtres sont sortis.

Selon les platoniciens des derniers temps, qui combinèrent avec les conceptions de la philosophie grecque celles de la théologie asiatique, le monde a pour origine un abaissement ou, suivant un terme familier aussi à la dogmatique chrétienne, une condescendance de la Divinité.

Selon le dogme chrétien, renfermé dans l'ordre moral, mais qui n'en contient pas moins comme en germe un principe d'explication générale métaphysique et physique, et en quelque sorte une philosophie virtuelle, Dieu est descendu par son Fils, et descendu ainsi sans descendre, dans la mort, pour que la vie en naquît, et une vie toute divine. « Dieu se fit homme afin que l'homme fût fait Dieu. » L'esprit, s'abaissant, est devenu chair ; la chair deviendra esprit. La libéralité, source de la justice même, est la vertu caractéristique des grandes âmes : le nom suprême du Dieu chrétien est grâce, don, libéralité ; libéralité extrême par laquelle, librement en effet, il se donne, crée de son propre être sa créature, de son être la nourrit, la fait semblable à lui et divine comme lui-même. « Vous êtes des dieux. »

Ces pensées sont celles encore, si nous ne nous trompons, vers lesquelles gravitent nos systèmes modernes, sans en excepter ceux qui semblent ou qui veulent s'en écarter le plus. La vérité se montre à nous où on la vit, dès les temps les plus reculés, à peu près en tout pays. Aujourd'hui seulement elle se montre à nous, peut-être, plus à nu et plus entière. Nous comprenons mieux, ce semble, que l'antiquité elle-même ce qu'elle voulait dire quand elle disait : « Éros fut le premier et est toujours le plus puissant des dieux; » ou bien : « Dieu est charité. »

Il serait aisé, si le cadre de ce travail le comportait, de montrer dans les principales conceptions philosophiques auxquelles ont donné le jour, en ces derniers temps, des pays différents du nôtre, des tendances toutes semblables à celles qui nous ont paru dominer ou être près de devenir dominantes dans les théories que notre pays a produites. Signalons seulement les derniers systèmes auxquels a abouti, en Allemagne, le grand mouvement de rénovation que Kant y commença : le système par l'achèvement duquel Schelling a terminé sa glorieuse carrière, et dont la liberté absolue du vouloir, par opposition au mécanisme logique de Hegel, forme à la fois et la base et le couronnement; le système de Schopenhauer, où le principe qui explique tout est pareillement la volonté; celui de M. Lotze, qui, en maintenant avec la sience expérimentale la liaison mécanique des phénomènes, conclut à les réduire, d'un point de vue plus élevé, qui est celui de la métaphysique, à des manifestations d'une activité radicale foncièrement spontanée, et à résoudre toute véritable existence dans l'esprit infini et dans l'amour.

Mais dans ce mouvement général par lequel la pensée tend à dominer encore une fois, et de plus haut que jamais, les doctrines du matérialisme, la moindre part ne sera point, peut-être, celle de la patrie de Descartes et de Pascal.

Nos pères, dès les temps les plus reculés, crurent profondément en l'immortalité, croyance qui a pour principe la conscience de l'infini, du divin en nous. De là, disaient les anciens, leur indomptable valeur. On leur donnait cette louange de posséder à un degré suprême, avec le courage, marque de la grandeur d'âme, qui consiste à donner, au besoin, sa vie même, l'éloquence ou le don de persuader. Et c'était, à leur avis, par l'éloquence qu'on était encore le plus assuré de vaincre. En effet, ils représentaient leur héros par excellence, symbole de leur génie, sous les traits d'un homme autour duquel on en voyait plusieurs autres enlacés de chaînes d'or et qui partaient de sa bouche. C'était exprimer dans un langage muet l'idée que la plus grande force est la persuasion. Or celui-là surtout sait persuader qui sait se faire aimer, qui est assez grand pour se donner, se sacrifier : « Sois grand, et l'amour te suivra. » Aussi le christianisme ne fut-il nulle part mieux accueilli et plus promptement que chez nos pères. Le christianisme ne se résume-t-il pas dans ce dogme où se retrouve, avec le meilleur de toute la sagesse antique, la pensée constante de nos ancêtres, que l'amour seul est et l'auteur et le maître de tout? De cette même pensée, de cette pensée d'amour et de dévouement, qui est le fond de l'héroïsme, naissait parmi nous, au moyen âge, la chevalerie.

Si le génie de la France n'a pas changé, rien de plus naturel que d'y voir triompher aisément de systèmes qui réduisent tout à des éléments matériels et à un mécanisme aveugle la haute doctrine qui enseigne que la matière n'est que le dernier degré et comme l'ombre de l'existence; que l'existence véritable, dont toute autre n'est qu'une imparfaite ébauche, est celle de l'âme; que, en réalité, être, c'est vivre, et vivre, c'est penser et vouloir; que rien ne se fait, en dernière analyse, que par persuasion;

que le bien, que la beauté, expliquent seuls l'univers et son auteur lui-même; que l'infini et l'absolu, dont la nature ne nous présente que des limitations, consistent dans la liberté spirituelle; que la liberté est ainsi le dernier mot des choses, et que, sous les désordres et les antagonismes qui agitent cette surface où se passent les phénomènes, au fond, dans l'essentielle et éternelle vérité, tout est grâce, amour et harmonie.

FIN.

RAPPORT SUR LE CONCOURS

POUR LE

PRIX VICTOR COUSIN

1884

L'Académie avait mis au concours pour le prix Victor Cousin, à décerner en 1884, le sujet suivant : « Le scepticisme dans l'antiquité grecque ». Quatre mémoires lui ont été envoyés.

I

Le mémoire n° 3, qui porte pour devise cette phrase d'Aristote, ἔστιν ἡ νόησις νοήσεως νόησις, n'est pas un travail sans mérite. Après avoir montré, par des citations bien choisies, que les plus anciens philosophes avaient précédé les Sceptiques en cherchant à prouver l'impossibilité, pour telles ou telles catégories d'objets, d'arriver à la connaissance et à la certitude, après avoir développé l'idée que les Sophistes contestèrent les premiers, d'une manière générale et systématique, l'impossibilité de la science, et furent ainsi les véritables précurseurs de Pyrrhon, l'auteur expose avec exactitude ce qu'on sait des idées de ce philosophe, en citant et en soumettant à une critique généralement judicieuse les textes principaux qui s'y rapportent. Il discute avec un soin particulier la question de savoir si la doctrine pyrrhonienne était, comme le prétendirent les Sceptiques, essentiellement différente de celle de ces successeurs de Platon qui formèrent ce qu'on appela la nouvelle Académie; et les arguments qu'il développe pour prouver que cette prétention, accueillie par Saisset dans son remarquable travail sur Énésidème, n'est pourtant pas fondée, sont loin d'être sans force. Il fait remarquer, en effet, que les Pyrrhoniens, dans leurs réfutations des théories des Dogmatistes, semblent bien ne faire autre chose que s'approprier les arguments qu'avaient imaginés, dans leurs controverses avec les Stoïciens, les Arcésilas et les Carnéade, et que c'est pour se donner à peu de frais le mérite de la création d'une philosophie originale qu'à la doctrine académicienne, d'après laquelle on ne peut rien comprendre et qui, disaient-ils, renfermait encore une affirmation ou assertion dogmatique, ils opposaient la doctrine d'après laquelle on n'affirmait pas plus que rien n'était compréhensible qu'on n'affirmait le contraire, et sur toute question on se gardait de porter aucun jugement, doutant de tout au point de ne pas même avancer qu'on doutât. C'était là ce que les Pyrrhoniens appelaient tantôt la suspension du jugement, tantôt même l'aphasie, ou le rien dire.

Mais, dit l'auteur du mémoire n° 3, il n'y a rien là de quoi diffère réellement l'idée académicienne de l'universelle incompréhensibilité. Car si le Sceptique évite de juger de rien et de rien dire au sujet de quoi que ce soit, c'est assurément parce que, comme l'Académicien, il ne croit pas qu'on puisse rien comprendre. Les Académiciens aussi avaient prétendu, comme on le voit par plusieurs textes relatifs à Arcésilas, qu'ils n'exceptaient pas du doute universel leur propre doute. Socrate avait dit qu'il ne savait rien, sauf cela seul qu'il ne savait rien : Arcésilas, suivant Cicéron, ne faisait pas même cette réserve. En quoi donc diffère, à cet égard, de l'école académique l'école pyrrhonienne, si ce n'est par une insistance où l'on ne peut voir que le désir d'échapper à un reproche pressant de contradiction et, en même temps, de se distinguer?

L'auteur du mémoire n° 3 montre aussi de la pénétration dans la critique qu'il fait des principaux arguments du Scepticisme, tels que les rapporte en sa vaste compilation Sextus l'empirique, notamment des arguments qu'ils dirigeaient contre l'idée, si importante aux yeux des Dogmatistes, de la causalité. Il pense, comme d'autres du reste l'avaient pensé avant lui, et réussit jusqu'à un certain point à rendre vraisemblable, sinon à démontrer rigoureusement, que les arguments par lesquels les Sceptiques prétendaient détruire l'idée de cause, fondement de toute la science, n'ont de valeur que contre une théorie de la causalité entachée, ainsi que l'était celle des Stoïciens, leurs adversaires ordinaires, de matérialisme, et qu'ils n'atteignent pas la cause véritable, essentiellement immatérielle, telle que nous la fait connaître la conscience que nous avons, et qui ne peut nous tromper, de notre activité propre.

Mais s'il est juste de reconnaître que l'auteur du mémoire n° 3 combat avec quelque succès, sur ce point capital et sur d'autres encore, le Scepticisme antique, il faut aussi avouer que la préoccupation de le combattre est chez lui trop exclusive, et qu'il n'a pas rempli assez complètement le premier devoir qui lui était imposé, lequel était de faire parfaitement connaître cette doctrine.

La biographie des philosophes dont il avait à rapporter et à discuter les opinions aurait pu lui fournir des lumières sur les origines et le véritable sens de ces opinions : il n'en a tenu aucun compte, et il est des auteurs importants qu'il nomme à peine, ou même qu'il passe entièrement sous silence. Enfin son mémoire n'est pas terminé; de toutes façons on n'y peut voir qu'une esquisse à plusieurs égards distinguée, non un travail approfondi tel que le demandait l'Académie, et que le sujet proposé le comportait.

II

Le mémoire qui porte le n° 1 et la devise tirée de Sextus : « Selon les Sceptiques la proposition suivante : Il n'y a rien de vrai, signifie aussi que cette proposition elle-même n'est pas vraie », n'occupe pas moins de 549 très grandes pages. L'auteur y fait preuve de connaissances étendues. Non seulement il a étudié dans toutes ses parties la doctrine qu'il avait à faire connaître et son histoire, mais il est bien informé des circonstances dans lesquelles elle s'est produite, et il sait mettre en lumière les rapports qu'elle a eus avec ces circonstances, et l'influence qu'elle en a reçue. Malheureusement, son travail est entièrement dominé par l'idée qu'il s'est faite de l'antagonisme du Scepticisme antique et du Stoïcisme, idée juste à certains égards, et qui en plusieurs endroits le guide heureusement, mais qui en d'autres l'égare, et que sa préoccupation par trop constante est de justifier, en sorte que son mémoire est une œuvre de polémique philosophique bien plus que d'histoire.

La nouvelle Académie, reprenant la dialectique de Socrate et de Platon, l'avait employée à combattre la philosophie stoïcienne qui, depuis la décadence des écoles platonicienne et péripatéticienne, était devenue dominante. Au dogmatisme des Zénon et des Chrysippe, fondé sur ce qu'ils appelaient la représentation ou vision compréhensive, fournie par les sens et l'imagination, elle avait opposé qu'il n'y avait rien de véritablement compréhensible. C'était le scepticisme qu'Arcésilas avait opposé à Zénon, et Carnéade, près d'un siècle après, à Chrysippe.

L'auteur du n° 1 a un sentiment vif de ce qu'avait de matériel et de grossier la conception stoïcienne ; il en trouve l'explication dans l'état de décadence intellectuelle et morale auquel la Grèce asservie était parvenue, lorsque s'établit le Stoïcisme et qui ne permettait plus aux esprits de se maintenir à la hauteur où s'était élevée, en des temps meilleurs, la pensée d'un Platon. Il fait ressortir ce qu'ont, dit-il, d'épais et de pesant les expressions mêmes dont les Stoïciens se plaisaient à se servir, semblables, pour employer le langage de Platon, à ces fils de la terre qui ne voulaient entendre parler que de ce qu'ils pouvaient voir de leurs yeux et toucher de leurs mains. Tout au contraire, Platon et la Grèce athénienne cherchaient, pour rendre leurs pensées purement intelligibles, un langage en quelque sorte « impondérable et impalpable ».

La compréhension telle que l'entendaient les Stoïciens était, selon le sens propre du mot qu'ils employaient, « un saisissement » (κατάληψις) du vrai dans ce qu'offrait à l'intelligence la sensation. C'est à cette manière toute corporelle de concevoir l'opération de l'intelligence que s'adressent les considérations par lesquelles les Académiciens s'efforcent de montrer qu'on ne saurait rien comprendre et que, par conséquent, force est de se contenter, au lieu de la science, à laquelle les Stoïciens prétendaient et qui faisait l'orgueil de leur sage, de simples opinions.

Mais ce n'était pas là la conclusion à laquelle les Académiciens voulaient qu'on s'arrêtât. Fidèles, comme ils prétendaient l'être, à la tradition de Platon, ils croyaient à ces idées supérieures où il avait montré le véritable objet de l'intelligence et de la science. Si ils descendaient, pour combattre le Stoïcisme, sur le terrain qui était le sien, comme Socrate descendait sur celui de la Sophistique, ils voyaient plus haut une région qui était celle où résidaient les véritables raisons, et où brillait toute pure la lumière dont s'éclairait l'entendement humain.

Suivant un usage général dans l'antiquité et qui se retrouve jusque dans le Christianisme des premiers siècles, les Académiciens avaient un double enseignement, l'un pour le vulgaire et l'autre pour les esprits d'élite. Pour le vulgaire, c'était assez de la dispute, qui infirmait auprès de lui le crédit qu'avaient su s'acquérir, en flattant ses penchants, des doctrines superficielles et grossières. Pour l'élite était réservée l'initiation aux mystères d'une philosophie supérieure, plus détachée des sens. Aussi, après un duel qui occupe plusieurs siècles, et dont le dénouement est la défaite du Stoïcisme forcé à la fin d'abandonner la spéculation et de se renfermer dans une morale dépourvue d'ailleurs d'une base qui la puisse supporter, Philon, le successeur des Clitomaque et des Carnéade, levant le masque sous lequel il avait combattu comme ses devanciers, déclare formellement se rattacher à Platon. Ainsi s'annonce et se prépare l'avènement et d'un nouveau Platonisme et même du Christianisme.

Ces idées dans la répétition desquelles se complaît l'auteur du mémoire n° 1, il les étend aux Pyrrhoniens, ou Sceptiques proprement dits.

Le disciple de Pyrrhon, Timon le sillographe, poursuit, dit-il, de railleries ou d'invectives tous les philosophes, Platon excepté. Pyrrhon lui-même n'a donc pas dû être le sceptique qu'on s'imagine d'ordinaire et qu'il a été en apparence. Parmi les témoignages peu nombreux qui subsistent sur sa vie et sur son enseignement, il en est qui nous le montrent adorant la vertu, au prix de laquelle il estimait que toute autre chose, plaisir ou douleur, vie ou mort, était indifférente, admirant la force d'âme du sage indien qui se brûla lui-même sans sourciller en la présence d'Alexandre, et enfin exerçant à Élis, parmi ses concitoyens, qui le vénéraient, l'office de grand prêtre. Un tel homme a dû, au fond, révérer les choses divines desquelles son disciple Timon parle avec respect dans le passage de ses satires où il dit que c'est de la considération du bien et du divin que résulte pour l'homme la vie la plus égale; la plus égale, c'est-à-dire, dans la pensée de toute l'antiquité, la meilleure et la plus parfaite, celle en effet que caractérise l'ataraxie ou imperturbabilité, dont Pyrrhon faisait la fin de la sagesse.

L'auteur ne craint pas d'étendre la même idée au Scepticisme des derniers temps, dont le représentant le plus considérable fut Énésidème, et l'un des derniers en date ce Sextus à qui nous devons un si volumineux recueil de leurs arguments. Il leur attribue le dessein secret, trahi par de faibles indices, de préparer ou la renaissance du Platonisme ou l'avènement de quelque doctrine nouvelle, mais analogue, telle que fut celle de Plotin. Aussi croit-il voir que Sextus, craignant de nuire à la morale, n'attaque que faiblement le dogmatisme sur les questions qui s'y rapportent, et ne lui oppose à dessein que des objections assez faciles à écarter. On ne peut s'empêcher de croire qu'ici l'auteur du mémoire n° 1 s'est laissé entraîner trop loin par sa préoccupation favorite. Elle lui fait oublier que, si Énésidème paraît avoir délaissé à la fin de sa carrière le Scepticisme pour un autre système, ce ne fut pas pour se rapprocher de Platon, mais, d'après des témoignages formels, pour se rapprocher d'Héraclite, c'est-à-dire d'un philosophe suivant lequel les contraires, que le Scepticisme montrait se mêlant partout dans la pensée, se confondaient et s'identifiaient partout dans la réalité. Il semble oublier aussi que chez les successeurs d'Énésidème le Scepticisme eut surtout pour adeptes des médecins d'une secte qui prétendait, en s'abstenant de la recherche des causes, à son avis insaisissables, se borner aux phénomènes et à leurs seuls rapports de voisinage, et que dans une telle façon de concevoir la science et l'art, tout à fait analogue à celle des modernes Positivistes, rien ne révèle l'esprit du Platonisme ou en général celui d'une philosophie qui aspire à dépasser l'horizon de la nature.

On peut dire d'une manière générale, après avoir recueilli les enseignements de l'histoire, que le Scepticisme n'a guère dirigé ses attaques que contre des théories qui, pour expliquer les phénomènes qu'offre l'expérience, recouraient à d'autres objets placés dans une région reculée, où aucune expérience n'atteignait. Nous ne contestons pas, disaient-ils, ce qui se montre à nous, mais ce qui est caché (ἄδηλον) ; nous ne contestons pas le phénomène, mais seulement ce qu'on dit de sa prétendue substance et de ses prétendues causes.

C'est que ces substances et ces causes ainsi conçues, comme placées au delà des phénomènes et hors de la portée de l'esprit, ne semblent encore, telles en effet que . représentaient les Stoïciens, que des matérialités plus subtiles, qui ne servent guère plus à expliquer les phénomènes que ne font les phénomènes eux-mêmes ; et c'est pourquoi ils ne résistent pas à la critique dissolvante des Sceptiques.

Les substances et les causes sont-elles, au contraire, des principes que l'intelligence trouve ou dont elle trouve les types en elle-même et qui, dès lors, bien loin de nous être plus cachés que les phénomènes, s'offrent à nous comme une lumière dont ils sont des modifications et des affaiblissements, le Scepticisme, tel du moins qu'a été celui de l'antiquité, ne peut plus les atteindre.

Maintenant, que les Académiciens, héritiers de la pensée de Platon, eussent secrètement en vue, au-dessus de la sphère qui était celle du matérialisme stoïcien, de semblables principes, et que ce fût leur dessein de les faire un jour reconnaître pour être les principes véritables, inattaquables par le doute, on peut assurément le soutenir ; mais c'est aller au delà de ce qu'autorisent les textes, que d'attribuer la même conception, la même tactique pourrait-on dire, à Pyrrhon et à ceux de son école. Et tout ce qu'on peut faire, si l'on ne veut pas se mettre en trop grand désaccord avec l'histoire, est de remarquer que le Pyrrhonisme, ne pouvant triompher, comme la dialectique académique, que d'une conception matérialiste des principes, il a préparé, sans le vouloir, ainsi que la nouvelle Académie l'a peut-être fait de propos délibéré, l'avènement d'une doctrine propre à mettre en lumière, comme les Platon et les Aristote avaient voulu le faire, la nature immatérielle et, par suite, immédiatement perceptible à l'esprit, des premiers principes, objets éminents de la philosophie.

Si c'est une erreur de trop distinguer, comme les Pyrrhoniens voulaient le faire, entre les Académiciens et les Sceptiques, en attribuant aux premiers une contradiction à laquelle échapperaient les seconds, c'en est une aussi de les trop rapprocher, en attribuant à ceux-ci les desseins métaphysiques qu'ont pu avoir ceux-là. La vérité paraît être qu'ils se ressemblaient dans la partie négative de leurs enseignements; mais qu'ils différaient en ce que les uns cachaient peut-être sous leurs négations une doctrine positive, tandis que les seconds s'en tenaient à ces négations.

Il nous a semblé que l'auteur du mémoire n° 1 avait trop négligé tout ce qui, dans les textes qu'il devait recueillir et expliquer, ne se rapportait pas assez directement à son système d'interprétation, que par ce système même il faisait quelque violence à l'histoire, et que, par conséquent, malgré ce que son mémoire renferme de savant et d'ingénieux, il n'avait pas atteint le but que l'Académie avait marqué.

III

Le n° 4 est un travail très considérable qui remplit 1200 pages. Il y règne aussi d'un bout à l'autre une idée dont l'auteur ne se lasse pas de répéter l'expression. C'est celle même que rejette l'auteur du mémoire n° 1, l'idée d'après laquelle Sextus distingue les adversaires des Dogmatistes en Acataleptiques et en Sceptiques.

L'auteur du n° 4 croit avoir retrouvé, à la lumière de cette distinction, la véritable physionomie et la véritable signification du Scepticisme antique, lesquelles auraient échappé jusqu'à présent à tous les historiens de la philosophie. Le propre du Scepticisme est, suivant lui, conformément à la doctrine de Sextus, de ne contester en aucune manière les apparences qui s'offrent à nous, mais de n'affirmer, sur tout ce qu'on prétend les dépasser, ni le pour ni le contre. C'est la façon de penser qui se retrouve, à son avis, dans le moderne Positivisme, avec cette différence qu'on a fait dans les temps modernes, sur la manière dont les phénomènes s'accompagnent ou se suivent les uns les autres, quantité de découvertes que l'antiquité n'avait pas soupçonnées. Mais ces découvertes mêmes, il estime que le Scepticisme les a préparées en détournant les esprits de la vaine recherche des causes, où ils se perdaient, pour les diriger vers la considération des faits; et, suivant lui, elles eussent été faites plus tôt si, au lieu de repousser le Scepticisme comme pernicieux, on eût été docile à ses enseignements. Dans l'antiquité, on a vu le Scepticisme s'allier à la médecine chez ceux qui se nommaient Empiriques et qui, au lieu de rechercher les causes obscures des maladies, faisaient profession de considérer les symptômes seuls et les moyens, fournis par la seule expérience, de s'y opposer. Les sciences, aujourd'hui si avancées, auraient commencé plus tôt, selon l'auteur du mémoire n° 4, si l'on eût suivi plus tôt cet exemple.

A cette observation on pourrait opposer que l'esprit du Scepticisme a toujours paru fait pour décourager l'étude plutôt que pour l'encourager; qu'en effet, si les Sceptiques de l'antiquité déclaraient ne pas refuser leur confiance aux phénomènes, c'était en les considérant comme de purs accidents, et sans aucune recherche de ces lois qui les rattachent les uns aux autres et dont se compose la science; qu'on ne voit pas que ni la physique ni la médecine même aient dû beaucoup aux Empiriques; que si la science a pris une marche et régulière et rapide, c'est lorsque, dans la persuasion plus ou moins avouée qu'il n'arrive rien sans raison, on a cherché, selon les exemples déjà donnés par les Pythagore et les Archimède, à décomposer les faits pour trouver dans les éléments l'explication des résultats, et à les forcer, au moyen d'expériences suggérées par des hypothèses, à manifester leurs rapports cachés; en un mot, lorsque, au lieu de se borner à une observation toute passive, la raison, suivant l'expression de Kant, vint interroger la nature, et l'obliger à lui répondre. On pourrait ajouter que les hypothèses, pour la vérification desquelles on institue les expériences, sont elles-mêmes déduites presque toujours, sinon même toujours, de certaines idées de l'accord, de l'harmonie, on pourrait dire de la beauté que la raison croit devoir se trouver nécessairement dans le monde parce qu'elle les trouve en elle-même, et qu'enfin, au lieu d'affirmer, comme on le fait si souvent, que la science n'a marché qu'alors qu'elle s'est détachée entièrement de la philosophie, il serait plus vrai de dire que c'est d'un progrès de la philosophie, progrès consistant à mieux ajuster les méthodes aux objets, qu'est résulté le progrès de la science. Les grandes découvertes n'ont pas été dues à des Sceptiques ou à de purs Empiriques ou, si l'on veut, à des Positivistes, mais bien à un Platon, créateur de la théorie des idées en même temps que de l'analyse géométrique, à un Aristote, créateur à la fois de la métaphysique, de la logique et de la biologie, à un Césalpin, à un Galilée, à un Descartes, à un Leibniz, à un Newton, à un Linnée, à un Ampère, qui ne furent point des contempteurs de la raison.

C'est que ce n'est pas le fait de ceux qui refusent tout pouvoir à l'intelligence, mais de ceux qui connaissent le mieux ses ressources et sa portée de se rendre compte de ce que sont les différents genres du savoir, et d'employer pour chacun les moyens qui peuvent servir le mieux à l'acquérir; et c'est sous la direction de la philosophie, peu à peu instruite à distinguer des causes premières, qui sont l'objet propre de la métaphysique, les causes secondes, objet de la physique, que s'est établie cette méthode qui a consisté à rechercher avant tout ce qu'on a appelé le déterminisme des phénomènes pour nous mettre en état de les reproduire à volonté et de devenir ainsi, dans une certaine mesure, non seulement les interprètes de la nature, mais encore ses maîtres. L'auteur du mémoire n° 4 attribue du reste aux Sceptiques, à la différence des Acataleptiques, l'opinion que, si l'on n'a pu encore découvrir les principes, il n'en résulte pas qu'on n'y arrivera jamais. C'est l'opinion qu'il professe lui-même; et s'il n'y a pas, jusqu'à présent, de système de métaphysique qui puisse le satisfaire, il ne renonce pas à l'espoir d'en découvrir un quelque jour, qui y réussisse. Mais il n'établit pas, et il ne paraît pas qu'on puisse établir que ce fût là, comme il le croit, la pensée des Sceptiques. Ils se nommaient quelquefois, il est vrai, les chercheurs ζητητικοί : c'est que c'était l'usage chez les anciens, en matière scientifique, d'opposer à ce qui était donné ce qu'on avait à chercher, autrement dit le problème. Les Sceptiques voulaient dire, en se donnant le nom de chercheurs, que toute question restait toujours pour eux un problème, et qu'en conséquence ils croyaient ne jamais arriver à l'état de celui qui trouve. C'eût été être infidèle à leur propre doctrine que de se flatter qu'un jour pourrait venir qui les tirerait de leur doute. Aussi rien n'indique-t-il dans aucun texte qu'ils aient jamais entretenu, comme le fait l'auteur du mémoire n° 4, une semblable espérance.

Les Pyrrhoniens ou Sceptiques prétendaient que leurs principes ne les réduisaient pas, comme le soutenaient leurs adversaires, à l'inaction. Les Académiciens prenaient pour guide, à défaut du vrai, si difficile à atteindre, le vraisemblable ou probable. Pour se dérober à l'objection à laquelle cette théorie est sujette que, pour juger de la vraisemblance ou probabilité, il faut une vérité qui lui serve de mesure, les Pyrrhoniens disaient qu'ils obéissaient, dans leur conduite, non à des motifs dont on pût rendre une raison quelconque, mais seulement aux impulsions qu'on reçoit toujours de la nature. Pyrrhon voyant sur un navire, pendant une tempête, un pourceau qui mangeait tranquillement, disait que c'était là le modèle auquel le sage devait ressembler. L'idéal pour les Pyrrhoniens était donc de renoncer à faire de la raison aucun usage, et de se réduire aux seuls instincts. Et en effet, pour éviter de se laisser entraîner à juger de rien, ce qui ne pouvait être, à leur avis, que témérité et folie, il n'y avait d'autre moyen que de s'abstenir de toute pensée et, par conséquent, de se borner à l'existence machinale qui est celle d'une brute. Cela étant, comment ces apologistes de l'inertie auraient-ils pu admettre, ainsi que le voudrait l'auteur du mémoire n° 4, qu'ils dussent jamais se mettre en frais de travail intellectuel jusqu'à édifier une métaphysique?

L'auteur du mémoire n° 4 exagérant, avec les Pyrrhoniens, la différence qui séparait leur doctrine, en tant qu'elle se refusait à toute affirmation, de la doctrine académique, et leur attribuant une idée de ce que les anciens appelaient la physique qui est le propre de la science moderne et, de plus, une croyance en la possibilité de la métaphysique à laquelle ils devaient nécessairement répugner et à laquelle, en effet, ils répugnèrent toujours, on ne peut admettre qu'il ait tout à fait réussi, comme il s'en flatte, à retrouver le véritable caractère de leur doctrine. Son travail n'en offre pas moins de grands mérites. Il a recueilli diligemment tous les monuments antiques relatifs à la matière qu'il devait traiter. Il a pris connaissance de tous les travaux modernes de quelque valeur dont elle a été l'objet jusqu'à ce jour, il cite tous les textes importants, et discute soigneusement les interprétations souvent diverses qui en ont été données. Il traite avec un détail qui n'est pas toujours sans quelque excès, mais qui témoigne du souci qu'il a d'être exact et complet, des antécédents du Scepticisme, de la vie et des doctrines de Pyrrhon et de Timon, des diverses écoles académiques, enfin des nouveaux Pyrrhoniens. Il donne de longues analyses et d'amples extraits du grand ouvrage de Sextus l'Empirique. Il suit les destinées du scepticisme chez les philosophes du moyen âge et de l'époque moderne. Enfin, dans son désir de ne rien laisser échapper de ce qu'il croit pouvoir éclairer son sujet et aussi, il faut le dire, dans son zèle pour une cause qui lui paraît être celle de la vérité, il recherche en dehors de la philosophie proprement dite jusque dans la littérature, les traces du scepticisme et de son influence, à son avis toujours heureuse. Quelque incomplètes que soient à cet égard ses recherches si on les compare à l'objet qu'il se propose, puisqu'il a omis nombre de productions considérables où l'on pourrait signaler d'importants vestiges des théories sceptiques, il réunit ainsi nombre de faits souvent intéressants et dont les historiens futurs pourront tirer profit.

Ce consciencieux et utile labeur, malgré des imperfections parmi lesquelles il faut compter certaines incorrections de style, a donc paru à la section de philosophie véritablement digne de récompense, et elle estime que sur la somme totale dont elle peut disposer, il convient d'attribuer, à ce titre, à l'auteur du mémoire n° 4 une somme de quatre mille francs.

IV

Si l'auteur du mémoire n° 4 retrouve partout le scepticisme tempéré auquel il accorde son approbation et partout croit le voir exerçant la plus heureuse influence, réfrénant l'orgueil et la témérité, enseignant la sagesse, l'auteur du n° 2 est d'avis qu'il faut soigneusement distinguer les doutes qu'ont pu exprimer çà et là, à diverses époques, tel ou tel penseur sur la difficulté de résoudre telle ou telle question particulière, du doute universel et systématique qui, seul, constitue le Scepticisme. Il est d'avis, en outre, que le Scepticisme ne saurait contenter l'esprit, et que « de notre temps ce serait presque un ridicule de s'y tenir ». Il pense seulement qu'il a rendu de grands services, qu'il en peut rendre encore, qu'en nous forçant d'abandonner de prétendues démonstrations sans force démonstrative, il peut nous mettre sur le chemin des véritables sources de la certitude, sources qu'il essaye d'indiquer dans sa conclusion.

Pyrrhon lui-même, selon l'auteur du mémoire n° 2, ne doit pas être pris, comme c'est l'opinion commune, pour le fondateur du Scepticisme. Sa doctrine fut surtout une doctrine morale. Comme le stoïcien Ariston, il trouvait qu'au prix de la vertu tout devait être considéré comme absolument indifférent. La vertu se confondait pour lui, à ce qu'il paraît, avec ce qu'il appelait l'imperturbabilité. C'était pour obtenir l'imperturbabilité qu'il voulait qu'on s'abstînt de toutes ces spéculations sur les choses invisibles et éloignées qui étaient, à son avis, des causes de trouble et d'inquiétude. Sa biographie témoigne de cette manière de voir. Il aimait, nous dit-on, à être seul; il recherchait les déserts; il avait, nous dit-on encore, été très frappé de la force d'âme avec laquelle des ascètes de l'Inde savaient se mettre au-dessus de toute douleur et de toute crainte, s'affranchir de toute espèce de souci. Il rapporta en Grèce cette sagesse orientale. Sa doctrine fut surtout une doctrine d'universel renoncement.

« En résumé, dit l'auteur du mémoire n° 2, l'enseignement de Pyrrhon fut tout autre que ne le disent la plupart des historiens. Où ils n'ont vu qu'un sceptique et un sophiste, il faut voir un sévère moraliste dont on peut contester les idées, mais qu'on ne peut s'empêcher d'admirer. Le Scepticisme n'est pas pour lui une fin, c'est un moyen; il le traverse sans s'y arrêter. Des deux mots qui résument tout le scepticisme, suspension du jugement, ou *époque*, et indifférence, ou *adiaphorie*, c'est le dernier qui est le plus important à ses yeux. Ses successeurs renversèrent l'ordre et firent du doute l'essentiel, de l'indifférence l'accessoire. En gardant la lettre de sa doctrine, ils en altérèrent l'esprit. Pyrrhon eût souri sans doute et montré quelque compassion, s'il eût vu Sextus Empiricus se donner tant de peine pour rassembler en deux interminables et indigestes ouvrages tous les arguments sceptiques. Il arrivait à ses fins bien plus simplement. Il fut avant tout un désabusé, il fut un ascète grec. »

Suivant l'auteur du mémoire n° 2, le Scepticisme spéculatif ne date que des Académiciens, et l'on peut diviser son histoire en deux grandes parties : la première constitue une période dialectique occupée surtout de la réfutation du Dogmatisme, dont Pyrrhon et ses disciples avaient dédaigné de s'occuper; la seconde constitue une période qu'on peut appeler empirique, où le Scepticisme, s'alliant à la médecine, devient surtout une théorie utilitaire.

L'auteur du mémoire n° 2 ne partage pas l'opinion de celui du mémoire n° 1, d'après lequel l'Académie, sous un Scepticisme apparent, n'aurait jamais fait que préparer la résurrection du Platonisme. Il fait néanmoins d'Arcésilas un héritier non de Pyrrhon, mais de Platon; et loin qu'Arcésilas ait beaucoup dû au Pyrrhonisme, ce sont, dit-il, ceux qui constituèrent ce système qui durent beaucoup à Arcésilas. Car c'est à celui-ci que Cicéron attribue l'invention de la fameuse suspension du jugement, dans laquelle se résume tout le Pyrrhonisme. Mais ce qu'Arcésilas hérita de Platon comme aussi de Socrate, ce fut ce qu'il y avait dans leurs méthodes de négatif ou de dubitatif. Entre Socrate et Arcésilas, l'un et l'autre grands disputeurs, il y avait de profondes différences. « Sceptique et irrésolu seulement en apparence, Socrate, à travers tous les détours de ses interrogations plus ou moins captieuses et ironiques, ne perdait jamais de vue le but moral qu'il poursuivait. Il avait des points de repère, des idées arrêtées qui donnaient à ses discours un sérieux et une élévation que ne connurent pas ses disciples dégénérés. En outre, Socrate se proposait moins de briller que d'instruire, et il est permis de penser que, sur tant de sujets nouveaux ou anciens, imprévus ou attendus, Arcésilas cherchait surtout l'occasion d'étaler les grâces de son esprit et de faire valoir les ressources de sa dialectique. » En somme, l'auteur du mémoire n° 2 est porté à ne voir dans le fondateur de la nouvelle Académie qu'un Sceptique et, peu s'en faut, un Sophiste.

Son jugement est à peu près le même sur celui qui continua, à près d'un siècle de distance, Arcésilas. Aussi peut-on être quelque peu surpris de le voir demander que Carnéade soit compté à l'avenir parmi les plus grands philosophes. Peut-on mettre à ce rang un disputeur habile qui n'aurait jamais fait que détruire sans rien édifier, et qui même, peut-être, comme son devancier, n'aurait détruit que pour faire montre de sa force? Il aurait plus de titre à être placé parmi les penseurs de premier ordre si, en renversant dans le dogmatisme stoïcien, qui était celui avec lequel l'Académie fut toujours en lutte, une théorie matérialiste de la science, il avait travaillé, comme d'autres l'ont conjecturé, à préparer l'avènement d'une plus haute et plus solide doctrine.

Mais si l'auteur du mémoire n° 2 ne réussit pas à justifier suffisamment sa proposition de placer Carnéade au premier rang parmi les philosophes de l'antiquité, du moins faut-il convenir que, sans faire oublier les savantes et ingénieuses recherches de M. Martha, il a réussi à mettre dans une lumière toute nouvelle les rares mérites du grand controversiste, la subtilité de ses analyses psychologiques et la vigueur de sa dialectique.

L'auteur du mémoire n° 2 ne traite pas d'une manière moins remarquable du successeur de Carnéade, Philon de Larisse.

Nous ne déciderons pas s'il a tort de repousser l'hypothèse qu'adopte, après saint Augustin, l'auteur du mémoire n° 1, et d'après laquelle Philon, en professant publiquement le Scepticisme, aurait enseigné à des disciples de choix la pure doctrine de Platon. Mais Cicéron ne faisant pas seulement une allusion formelle à un enseignement secret des Académiciens, et rapportant que, d'après Philon, il y avait des vérités innées à l'âme humaine, ce n'est pas assez, pour prouver que Philon ne pouvait entendre cette doctrine dans le sens platonicien, de faire remarquer que ces vérités, au rapport aussi de Cicéron, n'étaient pourtant ni comprises ni perçues. Ces expressions sont empruntées à la terminologie stoïcienne, et la conséquence la plus naturelle à tirer des assertions comparées de Cicéron, c'est, ce semble, que suivant Philon, il y avait des vérités innées qui ne se connaissaient pas à la façon stoïcienne, ce qui n'empêchait pas qu'elles ne se connussent de quelque autre façon, et par une sorte d'intellection peut-être supérieure. Philon ne distinguait-il pas, comme l'avait déjà fait Carnéade, ce qui se connaît par compréhension et perception à la stoïcienne et ce qui se connaît par simple évidence ? Et qui nous dit que cette évidence n'était pas celle avec laquelle nous apparaissent, suivant Platon comme suivant Aristote, Descartes, Leibniz, les premiers principes ?

Quoi qu'il en soit, on ne peut contester que l'auteur du n° 2 n'ait traité et savamment et ingénieusement de toutes les théories de l'Académie. Les mêmes qualités se retrouvent dans ses recherches sur les Sceptiques de la seconde période, sur Énésidème, sur Agrippa, sur Ménodote, sur Sextus, en un mot sur ceux qui prétendirent continuer, en les associant à l'empirisme médical, les enseignements de Pyrrhon.

Il conclut ces recherches par deux chapitres où il expose successivement, d'après l'ouvrage de Sextus Empiricus, ce qu'il appelle la partie destructive et la partie constructive du Scepticisme, renfermant dans celle-là toute l'argumentation par laquelle les Sceptiques ruinaient le Dogmatisme, dans celle-ci les moyens par lesquels, se départant de l'indifférence et du détachement absolu de Pyrrhon, ils cherchaient à reconstituer à leur usage une sorte de doctrine soit spéculative soit morale qui, sans prétendre aucunement à la certitude, leur servît pourtant à se conduire; et dans l'application de cette doctrine à la médecine, qu'il expose d'après les renseignements que fournit Galien, l'auteur du mémoire n° 2 est porté à voir, comme celui du mémoire n° 4, les premières ébauches de la méthode expérimentale des modernes. S'il sait reconnaître cette vérité, contestée par le dernier, que c'est chez les Sceptiques une contradiction manifeste de prétendre constituer une science, sous quelque forme que ce soit, lui aussi, néanmoins, il cherche à prouver que les Sceptiques ont eu le mérite de pressentir et de préparer les sciences expérimentales, telles qu'elles se sont constituées chez les modernes, en substituant à la recherche des causes éloignées l'observation des phénomènes. Répétons donc ici ce que nous avons déjà cru devoir dire à propos du mémoire n° 4, que ce n'est pas assez que les Sceptiques protestassent de leur confiance dans les phénomènes en même temps que de leur doute sur les causes, et même qu'ils suivissent dans la médecine une sorte de méthode vague d'observation, puis d'analogie superficielle du semblable au semblable, pour qu'on doive voir en eux les précurseurs de la science moderne. Cette science, en effet, repose sur une combinaison de l'observation et de l'expérimentation avec le calcul dont le Scepticisme antique n'eut pas la moindre idée, et qui, malgré le préjugé aujourd'hui si répandu de l'indépendance absolue de la science à l'égard de la philosophie, n'est en réalité qu'une application à la connaissance de la nature de ces conceptions philosophiques dont le Scepticisme antique proclamait et dont le Positivisme proclame encore de nos jours l'absolue inanité.

Que la physique ait ses conditions spéciales d'étude dont la métaphysique ne saurait dispenser, c'est ce qu'on ne peut assurément nier, pas plus qu'on ne doit nier que les arts appliqués à l'industrie aient à tenir compte de conditions matérielles que peut, jusqu'à un certain point, ignorer l'art pur. Il n'en est pas moins vrai que, comme les arts appliqués ne sont que des emplois divers et des limitations de l'art, de même, les sciences particulières, ainsi que le proclamaient énergiquement les Stoïciens, sont des applications et des limitations de la philosophie.

Après avoir cherché à caractériser exactement le Scepticisme, l'auteur du n° 2 consacre encore un chapitre exprès à le comparer avec la doctrine de la nouvelle Académie. La conclusion de cet examen, conclusion tout opposée à celle où est arrivée, après d'autres, l'auteur du mémoire n° 4, et qui nous paraît plus conforme à la vérité, est que, si l'on regarde au fond des choses, les deux théories reviennent au même.

« Ni l'une, ni l'autre, dit l'auteur du mémoire n° 2, n'accorde à l'esprit humain le pouvoir de reconnaître le vrai, et c'est là l'essentiel. »

Pourtant les deux théories lui semblent présenter cette différence notable, entre plusieurs autres, que les Pyrrhoniens repoussaient également toute espèce de dogmatisme, tandis que les Académiciens s'attaquaient surtout à un dogmatisme imprégné de matérialisme. « La doctrine académique était à vrai dire une protestation de l'idéalisme contre le sensualisme des Stoïciens. » Et cette remarque qu'avait faite antérieurement, comme le reconnaît l'auteur, un autre historien de la philosophie, est assurément fondée. Mais on peut y ajouter que, si l'antagonisme du matérialisme et du scepticisme fut particulièrement évident dans la lutte du Portique et de l'Académie, on le retrouve en réalité dans toute l'histoire de la philosophie; toujours ou presque toujours c'est contre une manière plus ou moins matérielle de comprendre et les choses et l'intelligence que s'élèvent et prévalent le doute et la négation.

Autrement dit, pour parler la langue de Descartes, de Malebranche et de Leibniz, aucun principe prétendu ne résiste au scepticisme qui soit l'objet de l'imagination; ceux-là seuls y résistent qui sont des objets de la pure intelligence. Citons seulement quelques exemples.

Kant crut découvrir que nous ne connaissons rien qu'au moyen d'intuitions *a priori* de l'espace et du temps, où vient recevoir quelque unité la diversité informe qu'apporte la sensation, puis de catégories ou notions générales par lesquelles l'opération synthétique qui est l'office propre de l'entendement impose aux images une unité de degré supérieur. Il niait en même temps qu'il y eût en cette action une unité réelle et substantielle : ce n'était qu'une forme de plus enserrant d'autres formes. Un nouveau scepticisme venait ainsi réduire ce que nous pouvons savoir, non plus à de simples sensations, mais à des combinaisons d'imaginations. La nature, l'âme, Dieu se résolvaient en une pure fantasmagorie. C'est que, s'attachant aux objets de la pensée plutôt qu'à la pensée elle-même, considérant, dans la synthèse qu'elle opère des données de l'expérience, le rapprochement auquel elle les assujettit, non la simplicité où elle a son principe, il n'en est pas venu à ce point de vue de la réflexion signalé pourtant, après Aristote, par Descartes et Leibniz, où l'esprit trouve dans l'aperception qu'il a de sa propre opération une unité indivisible, et en cette unité la véritable réalité.

Aristote avait prononcé que la pensée, proprement dite, s'exerce sans organe.

Descartes a expliqué avec une parfaite clarté, dans sa réponse aux objections de Gassendi, que, si nous avons des pensées qui impliquent l'imagination, il en est autrement de l'aperception que nous avons de ces pensées mêmes. Et il ajoute, retrouvant ainsi la doctrine aristotélique, que, si les premières exigent l'usage d'instruments corporels, il n'en est pas de même de l'aperception par laquelle nous en prenons conscience. « Alors qu'au milieu de nos songes, nous nous apercevons que nous rêvons, c'est bien un effet de notre imagination de ce que nous rêvons; mais c'est un ouvrage qui n'appartient qu'à l'entendement seul de nous faire apercevoir de nos rêveries. »

Nous avons, dit semblablement Leibniz, des pensées relatives à des objets qui ont des parties. Mais notre aperception de ces pensées est quelque chose où il n'y a point de parties, et qui, par conséquent, ne peut appartenir qu'à un être simple. Et c'est d'où il résulte, un être simple ne pouvant périr, que cet être qu'on appelle l'âme est indestructible. Indestructible, c'est-à-dire, puisque la pensée est son existence même, ne devant en aucun temps cesser de penser. Telle est l'unité profonde qui a échappé à Kant, et où se rencontre la réalité que nie ce qu'il nomme son idéalisme.

Platon cherche les principes, au-dessus de tout ce qui est sensible ou imaginable, dans de pures formes ou idées de nature tout intelligible. Ces formes, pourtant, telles qu'il les représente le plus souvent, prêtent à la critique qu'en a faite l'auteur de la Métaphysique, lequel, ne trouvant pas en de tels principes l'existence réelle, leur refuse, en conséquence, la qualité de causes. On ne pourrait la leur attribuer, en effet, que si elles n'offraient pas seulement cette sorte d'unité tout externe et relative dont se contentent l'imagination et la logique, mais l'unité absolue ou simplicité intime que constitue seule, comme l'a vu Aristote, l'action. Dépourvue de cette unité, la seule véritable, elles ne peuvent expliquer dans la nature la réalité qu'elles-mêmes ne possèdent point. Elles ne le pourraient que si l'on en faisait, au lieu de choses simplement pensées, des choses pensantes, ou âmes. C'est le progrès, pressenti quelquefois par Platon lui-même, que devait accomplir la philosophie qu'on pourrait appeler la doctrine de la vie, c'est-à-dire la philosophie d'Aristote.

Descartes, après avoir posé dans la chose pensante, qu'il ne distinguait pas de la pensée, le fondement de la métaphysique, en cherche la clef de voûte dans une idée; idée du parfait ou de l'infini, qui est telle, dit-il, qu'elle implique réalité. C'est la preuve de l'existence de Dieu à laquelle Kant a montré que sont réductibles toutes les autres dont on peut s'aviser. Or, de l'aveu de celui-là même qui l'a proposée, elle a l'apparence d'un sophisme; et beaucoup ont cru, comme Gassendi et Kant, et croient encore qu'on n'y doit pas voir autre chose, parce que, d'une manière générale, il ne peut être conclu de la possibilité à la réalité, de l'essence à l'existence, de l'idée à l'être. C'est que, de la manière dont Descartes lui-même expose son argument, les termes à joindre ont l'apparence de choses abstraites détachées les unes des autres, comme le sont les images dans l'imagination, les notions dans l'entendement, les mots dans le langage, et qu'on ne voit pas de nécessité à réunir. Les considère-t-on non dans les êtres bornés où l'un de ces termes est en effet indépendant de l'autre, mais, comme le demande Descartes, dans cette chose absolument unique qui est l'infini, on s'aperçoit qu'ils n'y sont pas séparés, mais qu'au contraire ils s'y impliquent l'un l'autre, et, par conséquent, que l'argumentation qui conclut d'une semblable aperception à la réalité divine a bien toute la force que lui attribuait son immortel auteur.

On peut dire, en effet, que si, d'une manière générale, ce qui est intelligible et, par conséquent, possible, n'est pas, par cela seul, réel, cependant rien n'étant véritablement possible, comme l'a montré Leibniz, que ce que renferme une cause qui tend à le réaliser, et l'infini ne pouvant rien rencontrer qui l'empêche, dès que l'infini est possible, il faut nécessairement qu'il soit. On peut dire surtout qu'aucune idée n'étant en elle-même, quel que soit son objet, qu'action d'une intelligence, et l'idée de l'infini ne pouvant être, puisque, selon le mot des anciens, le semblable seul connaît le semblable, qu'action d'une intelligence infinie, action à laquelle nous avons seulement quelque part, l'idée de l'infini n'est réellement autre chose que l'infini même, lequel, par conséquent, ne peut pas ne pas être.

Ainsi, sans parler de Kant, si chez Platon même et Descartes les idées peuvent paraître ne pas fournir de preuves suffisantes de l'existence réelle, et laisser le champ libre au Scepticisme, c'est alors qu'elles sont pour ainsi dire en l'air, sans être rattachées par notre conscience réfléchie de nous-mêmes à la pensée dont elles sont les actes, et fondées ainsi en sa réalité.

Dans sa conclusion, l'auteur du mémoire n° 2 cherche à déterminer la valeur du Scepticisme antique ou plutôt du Scepticisme en général, car, dit-il, les modernes qu'on désigne sous le nom de Sceptiques n'ont guère fait que répéter les anciens :

« Lorsque l'on se trouve en présence d'une exposition bien faite du Scepticisme, celle des *Hypotyposes*, par exemple, n'est-il pas vrai, dit-il, qu'on ne peut se défendre à la fois d'une certaine admiration pour la force et la subtilité des arguments invoqués et d'une sorte d'impatience et d'irritation contre les conclusions qui en résultent? On sent bien que ce ne sont pas des esprits vulgaires ni superficiels, ceux qui ont découvert contre la certitude tant d'arguments si spécieux et si clairs, et, si l'on est sans parti pris, on a vu sans trop de peine qu'il doit y avoir là quelque chose de vrai. Pourtant, lorsqu'on revient à soi-même, et qu'on se soustrait à l'espèce de fascination qu'exerce un instant sur l'esprit une discussion si vivement conduite et si pressante, il est impossible de consentir à la tenir pour vraie dans son ensemble ou même à la prendre au sérieux. Il y a toujours en nous, au moins chez la plupart d'entre nous, un je ne sais quoi qui proteste, une voix secrète qui dénonce un sophisme inaperçu ; on est un moment séduit, on n'est ni persuadé ni convaincu. Dans tous ces beaux raisonnements on sent qu'il y a un vice secret, un prestige caché, qui, découvert, dissiperait l'illusion et rendrait à l'esprit sa tranquillité. Mais ce vice secret, quel est-il ? Comment le saisir à travers ces raisonnements qui, pris un à un, semblent irréprochables ? Comment surprendre en faute des raisonneurs si exercés, qui ont prévu tant d'objections et semblent avoir réponse à toutes ? Voilà ce qui est difficile, si toutefois on ne se contente pas de réponses banales cent fois faites et cent fois répétées par ceux mêmes qu'elles devaient réduire au silence. A la réflexion, cette double impression est loin de se dissiper. Plus on examine les arguments sceptiques, et plus on sent la force ; mais plus aussi on regarde attentivement l'ensemble de la doctrine, moins elle paraît acceptable. Ce conflit entre deux sentiments également puissants finit par devenir pour l'esprit un tourment qui l'obsède ; à tout prix il faut essayer d'y voir clair. Telle est la tâche que nous devons entreprendre au terme de cette étude. »

Selon l'auteur du mémoire n° 2, le Scepticisme peut être résumé dans ces trois thèses : 1° les sens ne nous font pas connaître la vérité ; c'est exactement le contraire de ce que soutenaient les Stoïciens. 2° La science est impossible, parce qu'elle ne pourrait consister qu'à déduire une idée d'une autre idée, et tirer d'une chose autre chose qu'elle-même impliquerait une contradiction. 3° D'une manière générale, il est impossible d'atteindre à la vérité et à la certitude, parce qu'il n'est pas de principes qui commandent l'assentiment.

Sur le premier point, les Sceptiques ont raison ; tout le monde accorde aujourd'hui que rien ne garantit la ressemblance de nos sensations, de nos perceptions, si l'on veut, et des objets extérieurs ou que nous croyons tels.

Sur le second point les Sceptiques ont raison encore ; la science a reconnu qu'elle ne peut procéder par simple déduction ou analyse, tirant d'idées d'autres idées ; elle a reconnu que, pour la physique, elle devait se borner à constater des successions de phénomènes, successions d'ailleurs accidentelles et contingentes ; elle a reconnu que les mathématiques mêmes reposaient sur des jugements appelés par Kant synthétiques et par lesquels, en effet, on rattache l'une à l'autre des idées de nature différente. Or, une telle union d'éléments hétérogènes, rien ne la justifie.

Le Scepticisme enfin a raison sur le troisième point ; car les premiers principes ou axiomes, desquels devraient dépendre tous les autres, sont en définitive des hypothèses qu'on est libre de rejeter ou d'admettre.

Que conclure? C'est que l'intelligence est incapable, comme les Sceptiques le disent, d'atteindre à la vérité et à la certitude. Le Scepticisme, dit l'auteur du mémoire n° 2, triomphe donc sur toute la ligne.

Pourtant, si l'on peut jusqu'à un certain point s'abstenir de penser, il faut bien agir ; la nécessité de la pratique, c'est là le point vulnérable, c'est là le talon d'Achille du Scepticisme. Et comment agir sans aucune règle? Il n'est qu'une ressource, c'est de se faire à soi-même, d'une autre manière, ces règles que ne fournit pas l'intelligence.

Sur ces assertions et sur le résultat auquel arrive l'auteur du mémoire n° 2, il y aurait bien à dire.

Pour commencer par la première des trois propositions dans lesquelles il résume le Scepticisme, et sur lesquelles il lui donne gain de cause, est-il bien vrai que l'on soit et doive être d'accord que les phénomènes, identiques à nos sensations, ne nous apprennent rien sur les objets qui peuvent les causer, parce qu'ils ne leur ressemblent en rien?

Les genres différents, avait dit Aristote, n'en offrent pas moins des analogies. Leibniz a fait remarquer justement que si les sensations ne sont pas, à proprement parler, semblables à leurs objets, il n'en est pas moins vrai qu'elles les représentent par des identités de rapports. « Il ne faut point s'imaginer, dit-il dans son examen de la philosophie de Locke, que les idées de la couleur ou de la douleur soient arbitraires, et sans rapport ou connexion naturelle avec leurs causes ; ce n'est pas l'usage de Dieu d'agir avec si peu de suite et de raison. Je dirais plutôt qu'il y a une manière de ressemblance, non pas entière et pour ainsi dire *in terminis*, mais expressive, ou une manière de rapport d'ordre, comme une ellipse ou même une parabole ou hyperbole ressemblent en quelque façon au cercle dont elles sont une projection sur le plan, puisqu'il y a un certain rapport exact et naturel entre ce qui est projeté et la projection qui s'en fait, chaque point de l'un répondant, suivant une certaine relation, à chaque point de l'autre. »

Descartes avait établi cette vérité, dont les Sceptiques de l'antiquité n'avaient eu qu'une idée générale et vague, que les phénomènes sont les effets de mouvements susceptibles d'explication géométrique, d'où il suit qu'au delà du sensible il y a de l'intelligible qui y correspond. Leibniz nous montre de plus que le sensible et l'intelligible, pour différents qu'ils soient, ne diffèrent pas à tous égards, que le premier au contraire est, suivant une de ses expressions favorites, l'expression de l'autre. C'est donc à tort que le Scepticisme n'a vu dans nos sensations ou dans les phénomènes que des illusions. Des variations régulières, n'en pût-on comprendre distinctement toutes les raisons, ne sont point fausseté. Ce n'est pas tout. Les phénomènes sensibles, avec les témoignages qu'ils portent en eux d'éléments intelligibles auxquels ils correspondent, ne sont point, quoi qu'en disent les Sceptiques, les seuls objets immédiats de notre connaissance. Nous appréhendons en nous une force qui n'est point phénomène mais substance, qui est profondeur et non superficie, unité et non multitude, être et non devenir. Descartes, Leibniz, Maine de Biran, d'autres encore ont mis dans une incontestable lumière cette intuition intime de nous par nous-mêmes. Si Kant l'a niée, c'est pour l'avoir conçue ou plutôt imaginée comme quelque chose qui devait exister en dehors de son action même comprise comme la comprirent Aristote, Descartes, Leibnitz, Maine de Biran. Comprise comme identique à son action, qui est penser et vouloir, il est évident que l'âme a la perception immédiate de soi, et en cette perception l'intuition de la substance et de l'être.

Et enfin que dans cet intelligible qu'expriment les phénomènes sensibles soit enveloppé quelque chose encore d'une nature analogue à la nature de l'âme, et substantiel comme elle, c'est ce qu'atteste, comme l'a montré Leibniz, l'expérience même.

Leibniz n'a-t-il pas fait voir que le mouvement, auquel il réduit, avec Descartes, tout le mécanisme du monde, démontre, tel qu'il se comporte, une puissance active, incessamment en effort et, par conséquent, de même nature que l'âme?

Si la matière, ajoute-t-il, au lieu de se réduire, avec l'espace même et le temps, à de simples phénomènes, quoique bien fondés et bien réglés, avait une existence substantielle consistant, comme l'avait dit Descartes, dans l'étendue à part de toute vie et de toute âme, dès lors, indifférente au mouvement, dépourvue de résistance, toute passive, elle serait uniquement sujette à une nécessité brute sans mesure ni limite assignable; une impulsion quelconque l'emporterait; tout dans le monde pourrait résulter de tout; ce serait le désordre absolu. Au contraire, phénomène qui a dans l'âme son fondement et sa règle, la matière obéit à une loi d'ordre dépendant d'un principe aussi considérable en métaphysique que l'est en mathématiques, celui qui porte que le tout est plus grand que la partie. Ce principe est que l'effet ne saurait être ni plus grand ni plus petit que la cause. — Et ce serait sans doute achever la pensée leibnizienne que de montrer en ce principe l'expression de la nature même de la puissance active qui, dans ses exertions successives, sans que rien l'y contraigne, mais par la seule raison du meilleur ou, si l'on veut, de l'ordre et de la convenance, qui n'est que la suprême raison suffisante, maintient immuable, de métamorphose en métamorphose, son intégrale identité.

Non seulement donc il n'est pas vrai, comme le prétendaient les Sceptiques, que nous soyons dans une absolue ignorance de ce qui est hors de nos sensations, mais l'expérience même nous enseigne qu'il s'y trouve quelque chose qui ressemble à ce que nous connaissons en nous-mêmes par une immédiate et irrécusable conscience ; l'expérience même nous enseigne que dans la nature entière circule sous les phénomènes, comme une sève vivifiante dont ils sont la manifestation extérieure, un principe analogue à ce qui en nous est l'esprit.

Pour la seconde des propositions dans lesquelles l'auteur du mémoire n° 2 résume le Scepticisme, et qu'il croit qu'on est forcé d'accorder, à savoir que la science ne saurait consister qu'à tirer d'idées d'autres idées, d'où il suivrait, puisque d'une idée on ne saurait tirer autre chose qu'elle-même, que la science se réduirait à une vaine tautologie, l'expérience encore la réfute ; non à la vérité l'expérience que composent les phénomènes sensibles, mais celle que constitue la conscience que nous avons de nous-mêmes.

Partout ailleurs, ou bien, comme dans les jugements analytiques ou de décomposition, on tire d'une idée une partie de ce qu'elle renferme, et si c'est là de la science, puisque c'est une déduction nécessaire, c'est une science stérile, ou bien comme dans les jugements qu'on peut appeler avec Kant, synthétiques, ou de composition, on joint à une idée une idée d'un autre genre ; et que ce soit de par l'expérience sensible, comme dans les jugements dont le Positivisme veut qu'on se contente, ou que ce soit, comme dans ce que Kant appelle des jugements synthétiques *a priori*, de par une imagination innée telle qu'est, selon lui, celle que nous avons de l'espace et du temps, dont il fait comme la trame de toutes nos connaissances, dans l'un et l'autre cas l'association des deux termes que joint le jugement est un fait dont il n'y a point de raison et qui n'est pas de la science. Mais dans l'expérience que nous avons de nous-mêmes, dans ce jugement réflexif par lequel nous prononçons que la pensée que nous considérons, et qui est ainsi un objet pour notre vue intérieure, est le sujet même qui voit, les deux termes sont tout ensemble, par une exception surprenante, deux et un. Nous nous saisissons là comme quelque chose d'un et de divers à la fois, qui se dédouble et se différencie sans que sa simplicité en soit aucunement compromise. Et dans ce type unique, surpris en nous, où la simplicité enveloppe, sans la supprimer, la complexité, se révèle en même temps le secret des existences du dehors. En cette expérience où nous nous voyons nous transfusant, sans rien perdre de notre identité, dans la diversité de notre action, en cette aperception singulière où sont à la fois unis et opposés ces contraires, nous apprenons ce que c'est que la causalité sans laquelle rien ne peut se comprendre ; et c'est de là que nous extrayons, pour le transporter au dehors, ce qui y devient la pierre angulaire de la science.

De cet exemple, enfin, on peut, ce semble, inférer encore que les jugements où chaque science a son principe remontent tous pareillement à quelque vue ou intuition primordiale qu'a l'esprit de sa nature, et où sont conciliés les contraires que l'abstraction sépare ensuite comme absolument incompatibles, mais que montre partout plus ou moins étroitement unis cette image de l'âme qu'on nomme la nature.

Quant à la troisième proposition, d'après laquelle les premiers principes de toute science consisteraient en des hypothèses qu'il serait impossible de vérifier, il suit des remarques seules qui précèdent qu'on n'est aucunement obligé, comme incline à le croire l'auteur du mémoire n° 2, d'y donner les mains.

Les sciences se construisent à l'aide de certaines suppositions qu'elles ne démontrent pas. Cela ne veut pas dire que ces suppositions sont arbitraires, mais seulement qu'il appartient à une science d'un autre ordre de les justifier. Dans la physique, on n'avance guère qu'en supposant qu'il y a partout de l'ordre; c'est à quoi reviennent toutes les hypothèses; en sorte que la science la plus matérielle en ses objets ne marche qu'à une lumière de nature esthétique et l'on pourrait dire morale, celle des idées de beauté et de bonté; et les mathématiques elles-mêmes, sciences de la quantité, semblent avoir pour dernier fondement certaine notion innée d'une qualité supérieure, qui n'est autre, en fin de compte, que la nature spirituelle.

Les mathématiques, a dit Chasles, reposent sur certaines raisons d'harmonie. L'harmonie était pour Leibniz, d'une manière plus générale encore, la raison de la création, et cela parce qu'elle était l'essence même du créateur, que devait naturellement représenter son œuvre. C'est en effet le propre de l'intelligence que d'accorder et d'unir, et c'est par conséquent en l'intelligence que doit résider l'harmonie primordiale. Si ces pensées ont quelque justesse, les hypothèses sur lesquelles s'appuient toutes les sciences ne sont en définitive que des expressions d'attributs de l'âme et de Dieu, ou, pour réunir ces deux termes en un seul, de l'esprit, objet de la métaphysique. Tel est l'inconditionnel où Platon voulait qu'eût sa base toute chose conditionnelle et hypothétique; ou encore tel est l'absolu dans lequel doit finalement trouver sa mesure toute chose relative. Cela étant, bien loin qu'on doive accorder au Scepticisme que toutes les sciences reposent sur des hypothèses qu'on peut à son gré admettre ou écarter, il faut dire plutôt que les sciences, ayant pour objet de simples phénomènes dont la vérité n'est garantie que par l'accord qu'y constate la raison, accord qui n'est, en définitive, qu'un dérivé de la nature de l'âme, seule réalité substantielle, ce sont elles qu'on doit appeler avec Platon des hypothèses dont le fondement réside en une nature supérieure qu'il est permis d'appeler, comme lui, le suffisant, ἱκανόν, parce qu'elle est ce qui suffit et à tout le reste et à soi-même. A quoi l'on peut ajouter que les phénomènes ne sont pas seulement, comme le disent Platon et Leibniz, de simples images d'une réalité d'un ordre supérieur, mais qu'elles en sont des images renversées, qui ne se redressent qu'en elle. Car, ainsi que le remarquait Aristote, c'est un ordre contraire à l'intelligible que l'ordre sensible, et ce qui est le dernier selon le temps est selon la raison le premier. D'après les apparences, auxquelles s'en tient le matérialisme, les choses procèdent dans le monde de l'imperfection à la perfection : c'est ce progrès ascensionnel dont Aristote avait si bien marqué les traits principaux, et que de nos jours on a appelé l'évolution. En réalité, comme le comprirent non les modernes évolutionnistes, mais ceux qui, avec le créateur de l'histoire naturelle, surent voir sous le développement des phénomènes le principe auquel ils obéissent, c'est la perfection qui met dans les choses le mouvement même par lequel elles tendent à l'atteindre; ce que contient de réel et de positif l'imparfait ne s'explique en somme que par le parfait, l'étendue et la durée où se déploie l'action par l'immensité et l'éternité de son principe, le mouvement par l'effort, le devenir par l'être, le fini par l'infini, le monde par l'esprit, la nature par Dieu.

Et telle est la conclusion à l'établissement de laquelle on est en droit de croire que contribuera bientôt, d'accord avec la philosophie, la science dont le Matérialisme et le Scepticisme prétendent s'autoriser. Cette conclusion, en effet, c'est déjà la pressentir que d'avouer, comme le fit, en dernier lieu, le fondateur du Positivisme, que l'inférieur a sa raison dans le supérieur, et, comme le fit, en dernier lieu, Claude Bernard, qu'en l'homme se trouve la meilleure explication de tout ce qui existe. « Je crois voir venir, disait Leibniz, un temps où l'on reconnaîtra le prix d'une philosophie plus sainte ; où les mathématiques seront cultivées, non pas tant pour les moyens qu'elles procurent d'augmenter nos forces que pour les exemples qu'elles fournissent, de jugements rigoureux, ainsi que pour l'accès qu'elles donnent à la connaissance de l'harmonie et, en quelque sorte, à l'idée de la beauté ; où l'on s'intéressera aux expériences de physique parce qu'elles nous font admirer le créateur qui a formé dans le monde sensible une image du monde idéal, où enfin toutes les études seront dirigées à la félicité. » La félicité, c'est-à-dire, dans la pensée de Leibniz, le sentiment de la perfection, point le plus élevé de la vie morale.

A mesure que les sciences de la nature font plus de progrès, les lois auxquelles elles parviennent montrent plus d'analogie, et, en approchant ainsi de l'universalité, se convertissent de plus en plus en des règles d'ordre mécanique et mathématique. Par là ces sciences tendent à passer par degrés de l'état empirique à l'état rationnel, de l'induction à la démonstration, de la vraisemblance et probabilité à la parfaite certitude. Et, en même temps, il apparaît de mieux en mieux que les vérités fondamentales où elles ont leurs principes sont d'un ordre plus élevé que celui qui est le leur propre, que le mécanisme et les mathématiques mêmes ont leurs dernières raisons dans la métaphysique, et que, par conséquent, toute science a pour destinée de se transformer tôt ou tard en philosophie. Ainsi sera vérifiée la prédiction de Leibniz.

Si donc, sur les trois points auxquels l'auteur du mémoire n° 2 réduit la doctrine sceptique, cette doctrine lui paraît triompher, elle ne triomphe effectivement que de systèmes qui n'ont rien de solide parce que, appuyés à la sensation et à l'imagination seules, ils ne sont pas fondés sur ce que Descartes appelait l'inébranlable, et qui est la pensée.

On peut diviser les doctrines philosophiques, abstraction faite de différences secondaires, en deux grandes doctrines dont l'une est à l'autre ce que la négation est à l'affirmation, ce que l'ombre est au corps. La première, en effet, ne connaissant que ce qui est pluralité et division, on peut en dire ce que Platon disait de la Sophistique, qu'elle ne s'occupe que du non-être : la seconde s'attache à ce qui est unité et, par conséquent, être. La première explique les choses par des éléments matériels qui ne sont que conditions passives de leur existence ; la seconde les explique par leurs causes productives. Les éléments matériels offrant un état des choses qui n'est relativement aux états qui suivent que quelque chose de faible et de petit, cette doctrine qui explique les choses par leurs éléments matériels peut être qualifiée celle qui explique le grand par le petit. Toute au détail, oublieuse de l'ensemble qui les domine, on pourrait donc l'appeler la petite philosophie ; mais son vrai nom, puisqu'elle s'en tient à ce qui apparaît sans être, et qui, par conséquent, ne saurait rendre raison de ce qui est, serait celui de philosophie apparente, et enfin de fausse philosophie, la vraie consistant précisément à trouver aux effets, ou apparences, des causes qui y suffisent. C'est de la philosophie apparente ou fausse philosophie que triomphe le Scepticisme. Elle triomphe, au contraire, du Scepticisme la philosophie véritable, qui prend pour principe ce qui n'est pas seulement grand dans un sens relatif, mais qui est la source même de toute grandeur, à savoir l'absolue et infinie perfection, ou d'un seul mot le divin. A celle-là seule, qui a été la doctrine commune des Platon, des Aristote, des Descartes, des Leibniz, à celle-là seule que ces grands esprits ont édifiée dans une sphère élevée au-dessus des nuages qu'amasse le Scepticisme, on peut appliquer ces expressions, si souvent citées, que Lucrèce prétend appliquer à la philosophie épicurienne : *Edita doctrina sapientum templa serena.*

Si ce que le matérialisme et le scepticisme trouvent clair est ce qui est réellement obscur et qui ne reçoit que d'ailleurs quelque clarté, si c'est, au contraire, où ces doctrines ne trouvent que ténèbres qu'est la lumière même, comment se fait-il que cette lumière ne frappe pas tous les esprits? C'est précisément qu'elle leur est trop familière et trop intime. « Il en est, dit Leibniz, des principes par lesquels nous nous gouvernons comme des muscles et des tendons, qui sont nécessaires pour marcher, quoiqu'on n'y pense point. L'esprit s'appuie sur ces principes à tous moments, mais il ne vient pas si aisément à les démêler et à se les représenter distinctement et séparément, parce que cela demande une grande attention à ce qu'il fait, et la plupart des gens, peu accoutumés à méditer, n'en ont guères. » On possède bien des choses sans le savoir, « a dit encore Leibniz. » Et aussi : « Nous savons bien des choses auxquelles nous ne pensons guère. » C'est ce qui a fait dire à Maine de Biran : « Bien souvent on cherche ce qu'on sait. » Et, en effet, c'est souvent ce qu'il y a chez nous de plus considérable que nous soupçonnons le moins. On ne s'aperçoit pas de ce cours perpétuel du sang qui entretient toute la vie; on ne s'aperçoit pas du mouvement de la terre avec laquelle on est si rapidement emporté dans l'espace ; on ne s'aperçoit pas du poids de l'air dont on supporte l'énorme pression : c'est de la même manière qu'on ne s'aperçoit pas de la clarté grâce à laquelle, pourtant, est visible tout ce qu'on voit.

Cette clarté, d'ailleurs, n'est pas celle qui accompagne dans notre entendement, la distinction ou division de parties se limitant et, par cela même, se faisant ressortir les unes les autres. Elle est d'une nature plus haute, à laquelle répond malaisément notre faiblesse. Au moment de tirer de la notion de la perfection divine les conséquences qu'elle renferme, et après avoir dit : « Auparavant que je passe à la considération des vérités qu'on en peut recueillir, il me semble très à propos de m'arrêter quelque temps à la contemplation de ce Dieu tout parfait, de peser tout à loisir ses merveilleux attributs, de considérer, d'admirer et d'adorer l'incomparable beauté de cette immense lumière, » Descartes ajoute aussitôt : « au moins autant que la force de mon esprit, qui en demeure en quelque sorte ébloui, me le pourra permettre. »

Lui-même, donc, pour qui il n'est point d'idée aussi claire que celle de Dieu, avoue que la clarté en a pour nous quelque chose d'éblouissant ; et c'est là ce qui fait que beaucoup mettent l'incertitude où est pourtant la certitude absolue. Nous avons de la nature spirituelle, par laquelle seule s'explique tout le reste, une idée très claire, mais confuse et que rend telle pour nous l'excès même de son éclat. Pour la rendre plus nette, vainement cherche-t-on, le plus souvent, à décomposer par la pensée et par le langage son essentielle simplicité. « J'ai souvent remarqué, dit encore Descartes, que les philosophes erraient en ce qu'ils s'efforçaient d'expliquer par des définitions logiques les choses qui étaient les plus simples et connues par elles-mêmes ; car ils les rendaient ainsi plus obscures. » Chercher des raisons là où il ne s'agit que de voir, avait dit Aristote, c'est une faiblesse de l'esprit.

Suivant une remarque de Cesalpini qui n'est qu'une autre forme de ces sentences, la première philosophie ou métaphysique ne se sert ni de la démonstration ni de la définition. Son moyen est la pure intuition.

Le premier principe, que la première philosophie a pour objet, et qui n'est autre que l'essence spirituelle, n'est donc pour l'intelligence, suivant une expression employée, après Descartes, par Leibniz, qu'un « je ne sais quoi », qui ne s'explique pas, mais qui se sent. Pascal a donc bien dit, en disant : Tout revient, en définitive, au sentiment. Platon et Aristote plaçaient les choses mathématiques entre les choses physiques et les métaphysiques. L'entendement qui, avec l'abstraction et la généralisation, dont les mathématiques fournissent les modèles par excellence, sépare et réunit les idées, l'entendement est placé entre deux sortes différentes de réalités : une expérience inférieure, relative aux phénomènes, qui est la sensation, une expérience d'ordre supérieur, relative aux substances, ou choses intelligibles, qui est celle que Pascal nomme le sentiment. C'est pourquoi aussi il dit, et l'on peut dire avec lui, puisqu'on appelle communément le cœur la faculté des affections : au cœur il appartient de connaître les principes. On le dira surtout si l'on reconnaît, et c'est là sans doute cette pensée dernière par laquelle il voulait qu'on jugeât de tout, que l'essence du premier principe et la source de son être, si l'on peut ainsi parler, se trouve dans le libre mouvement vers le beau et le bien, qu'un poëte philosophe des anciens jours appelait l'amitié, que Socrate, Platon et le christianisme ont appelé l'amour.

L'auteur du mémoire n° 2 a sa manière d'échapper au Scepticisme : c'est, en lui concédant que l'intelligence ne peut que se détruire elle-même, de recourir, pour nous mettre en possession de la vérité, à une faculté d'une tout autre nature. Après avoir essayé de démontrer l'impuissance, en fait de spéculation, de la raison, qui ne fait, selon lui, que s'y consumer en efforts vains pour atteindre, par une dialectique sophistique, un chimérique absolu, Kant a pensé trouver dans les règles nécessaires de la vie morale le fondement de croyances qui nous assureraient, à défaut de science, de la réalité de l'âme et de Dieu.

L'auteur du mémoire n° 2 est d'avis qu'il ne faut pas séparer de la sorte la raison théorétique et la raison pratique, mais que plutôt il faut les associer de telle manière que la seconde vienne, dans la sphère même de la spéculation, au secours de la première. Descartes attribuait le jugement à la volonté. S'appuyant de cette autorité, invoquant aussi la sentence de Platon, qu'il faut chercher la vérité avec son âme tout entière, et non avec sa seule intelligence, l'auteur du mémoire n° 2 propose de se faire des croyances, en matière même métaphysique, par acte de volonté.

Mais ne serait-ce pas, au lieu d'associer nos deux facultés de penser et de vouloir, transférer entièrement à l'une des deux ce qui est, tout au moins en partie, l'office de l'autre? Et est-ce bien là ce qu'a fait ou entendu faire, après Platon, Descartes?

En attribuant le jugement à la volonté, Descartes croyait expliquer l'erreur, qui, selon lui, consistait à porter son jugement au delà de ce que faisait voir l'entendement. Il n'en résulte pas que, dans le jugement par lequel s'affirme la vérité, l'entendement lui semblait n'être pour rien. Quand il rejetait la doctrine, entachée, selon lui, de fatalisme, d'après laquelle la volonté de Dieu ne ferait que réaliser des idées préexistantes, et ainsi obéir à ce que lui prescrirait son entendement, quand il réclamait pour la volonté divine une parfaite indépendance, une initiative absolue, il ne prétendait pas pour cela la montrer étrangère à toute intelligence. Sa pensée était plutôt celle d'Aristote, dans ce passage de la *Métaphysique* où il dit, en parlant de l'opposition des choses intelligibles et des choses désirables : « Les premiers en sont identiques, τούτων τὰ πρῶτα ταὐτά ἐστι; » c'est-à-dire : là où il s'agit d'une vérité qui est également beauté, et c'est le propre des vérités supérieures, comprendre, désirer, aimer, sont même chose, savoir et vouloir ne font qu'un. Dans la perfection infinie, des termes qui partout ailleurs semblent plus ou moins opposés doivent ainsi se rapprocher et se confondre. Et dans notre condition inférieure, si la faculté de juger ou de décider peut être rapportée à la volonté plus qu'à l'entendement, nous n'en sommes pas réduits pour cela, quand il s'agit d'établir une vérité, et surtout une vérité primordiale, à nous séparer de notre entendement pour faire usage de notre volonté seule et nous créer ainsi, à l'aveugle, une doctrine de caprice.

Comment comprendre d'ailleurs une volonté posant, affirmant une vérité sans l'entendre? Bien plus, comment comprendre une volonté qui ne s'entende pas et ne se voie pas? Ce qui est

.rai, peut-être, c'est que si la volonté ne peut se concevoir privée d'intelligence, ce n'est pas d'un autre côté l'intelligence véritable, ce n'est pas celle de laquelle relèvent les premiers principes que l'intelligence qui est séparée de la volonté, mais bien celle-là seulement qui, en sa conscience intime de soi, trouve, comme formant sa nature et son être, l'activité pure, sans mélange de rien de matériel et de passif, donc la volonté et la liberté mêmes. Ainsi s'expliquent et, en ce sens, peuvent, ce nous semble, être admises ces théories de l'antiquité qui plaçaient plus haut que toutes les idées, pour en faire leur source première, l'idée du bien, objet propre du vouloir et de l'amour, et cette théorie de Kant qui élève au-dessus de la raison spéculative la raison pratique ou morale, et enfin cette pensée de l'auteur du mémoire n° 2, qu'à la volonté il est réservé de fournir les moyens d'échapper au doute et de fonder enfin la certitude.

Quelles que soient, du reste, les réserves que nous avons cru devoir exprimer sur les concessions que fait au Scepticisme l'auteur du mémoire n° 2, et sur la solution qu'il propose du problème de la certitude, nous rendons pleine justice au mérite de son travail. Il a traité d'une manière remarquable et souvent originale toutes les parties du sujet; son érudition est étendue, sa critique pénétrante, son style animé, rapide et brillant en même temps que naturel. Nous vous proposons donc de lui décerner le prix pour lequel il a concouru.

L'auteur du mémoire n° 4, auquel est accordée une récompense, est M. Picavet, agrégé de philosophie; l'auteur du mémoire n° 2, auquel le prix est décerné, est M. Victor Brochard, agrégé de philosophie, professeur de philosophie au lycée Condorcet.

FIN.

INDEX ALPHABÉTIQUE

DE LA PHILOSOPHIE EN FRANCE AU XIXe SIÈCLE

A

Absolu. 261, 276
Action 275
Alembert (d') 73
Aliénation mentale. 209-212
Ame. 262, 275
Amour. 58, 87, 241, 242, 247
Ampère. 16, 17, 18
Analyse. 99, 229, 251, 256
Animisme 179-186
Antiquité. 1-4
Apelle 2, 3
Aristote. 2, 3, 25, 29, 55, 61, 62, 81, 112, 183, 194, 218, 240, 242, 271, 276
Astronomie. 51

B

Bacon. 21, 60
Bailey. 173
Baillarger. 179
Bain 65
Baltzer. 181
Barthélemy Saint-Hilaire. 19
Barthez. 180
Baudry. 152
Bautain. 157
Beau. 242
Bell. 215
Berkeley . . . 9, 11, 22, 45, 58, 77, 80
Bêtes 77
Bichat 180, 200

Bischoff. 199
Blanc-Saint-Bonnet 170
Bonald (de) 216
Bordas-Dumoulin 70, 168
Bordeu 199
Bossuet. 120, 125
Bouchut. 185
Bouillier 182, 185, 186
Brierre de Boismont 179
Broussais. 153
Buchez 157, 205
Buisson 199
Büchner. 187, 188
Burdin 58, 59

C

Cabanis. 53, 152
Canova 25
Caro 30, 121, 148-151
Cartésianisme 30
Causalité. 11, 12, 16, 253, 259
Cause 245
Cause finale. 94, 250, 256
Cause première 270
Cavalieri 112
Cerise. 170
Certitude. 165, 221
Cerveau 193
Chaignet. 242, 243
Charaux 226
Charles. 183
Charma 170
Chauffard. 170, 180

INDEX ALPHABÉTIQUE.

Choc 248
Christianisme 4, 265
Claude Bernard. 127-130, 177, 198, 262
Comte (Aug.). . . . 54-65, 72-74, 80-91
Condillac 14, 18
Condorcet 44
Connaissance. 15, 16, 59
Cosmologie 30
Coste 109
Cournot. 219-228
Cousin (Victor) . . . 18-34, 43, 45, 214
Cranioscopie 53
Création 35
Cristallisation 203
Cuvier 201
Cuvier (Frédéric) 201

D

Darwin 107, 201
Démocrite 187
Descartes . 5-7, 31, 48, 129, 162, 268
Destutt de Tracy 14, 15
Devoir. 239
Dieu. 260, 262, 270, 276, 279, 280, 281
Dollfus 237
Duchenne 215
Dugald Stewart 19
Dugès 203
Duhamel 228-234
Durand (de Gros) . . . 179, 204, 205
Durham 204

E

Éclectisme 19, 32
Écossais 21
Emerson 18, 218
Entéléchie 5
Épicure 187
Épicuréisme 5
Esquirol 214
Esthétique 242

F

Falret 179
Farcy 28
Fatalité 269
Ferrier 202
Fichte 140
Flottes 181
Flourens 194, 201, 202
Folie 196
Force 244, 266
Fourier 45
Fournet 179
Franck 50, 157, 171, 255
Frédault 186

G

Galilée 142
Gall 52, 103, 194
Garnier 29, 182, 216
Garreau 130, 183
Génie 213
Géométrie et morale 268
Germain (Sophie) 71, 72
Gœthe 203, 209, 278
Gratacap 171, 174-177
Gratry 136-148, 200
Grec (génie) 1
Grimaud 208
Grove 107
Gunther 181

H

Habitude 174, 176
Hamilton 59, 111, 234
Harvey 133
Hegel 138-140, 157, 2.3
Héraclite 280
Herbart 172
Hobbes 14
Huber 202
Hugonin 152, 153, 154
Hume 11-14, 25, 55, 67, 68

I

Idéal 22, 23, 257
Idéalisme 257
Idées générales 25
Immortalité 151, 237
Impulsion 264
Indienne (théologie) 280
Induction . . . 28, 67, 129, 140, 252
Inertie 256, 265
Instinct 201, 203

J

Jamblique 218
Janet . . . 121, 180, 183, 212, 215
Jaumes 182
Jésus 48
Jouffroy 26, 28, 216
Jourdain 181
Jugements synthétiques 239
Juive (théosophie) 280

K

Kant . . 8, 13, 14, 17, 110, 158, 240

INDEX ALPHABÉTIQUE.

L

Lacaze Duthiers. 205
Lachelier. 95, 126, 235
Lamarck 204
Lamennais 35-44
Lamettrie. 55
Langage 216
Leblais. 65
Lefranc. 170
Legallois 196
Leibniz . . . 3, 5, 7, 8, 10, 14, 22, 31, 36, 44, 48, 66, 69, 74, 77, 95, 107, 120, 141, 142, 145, 168, 169, 170, 208, 223, 225, 227, 229, 230, 231, 232, 233, 234, 245, 252, 253, 264, 265, 267, 268, 271, 278.
Lélut. 206, 212
Lemoine. 182, 207, 209, 215
Léonard de Vinci. 5, 166
Lequier. 115
Leroux (Pierre). 47-49
Leroy 202
Leucippe. 187
Lévêque. 182, 242-245
Liberté 237, 268, 285
Littré. 64, 92-95
Locke. 10, 14, 15, 20, 108
Logique. 228
Lordat 181
Lotze. 149
Lucas. 203

M

Macaulay 65
Magendie 152
Magy 167-170
Maine de Biran. . 15-18, 21, 25, 26, 27, 68, 178, 194.
Maistre (de). 45
Malebranche. . . . 10, 170, 257, 261
Marel. 137
Marshall Hall 196
Martin (H.) 171
Matérialisme 186, 249, 258
Maurial. 235
Maury. 202, 207
Max Müller. 216
Mazdéisme 49
Mécanisme universel. 266
Mémoire 174
Ménandre. 2
Ménard (Louis) 116
Mervoyer. 174
Métaphysique 2
Méthode 150, 251, 261
Méthode psychologique. 22, 26, 28, 235
Michelet. 202
Moleschott. 187
Morale. 220
Morale indépendante. 237
Moreau (de Tours). 179
Mouvement. 262
Moyen âge 4, 6

N

Nécessité. 267
Newmann. 154
Newton. 142, 273
Noirot. 170
Nourrisson 235

O

Ontologisme 151-154
Organicisme 179
Organisme 226

P

Paffe. 171
Pascal 7, 44, 224, 225
Paton 196
Peisse. 27
Pflüger 106
Phidias 2
Philibert. 183
Philips 202
Philosophie. 1
Philosophie (Histoire de la) 18
Philosophie et religion. 236
Phrénologie. 55, 193
Physique et métaphysique. . . . 273
Physique et moral. 201
Platon. 2, 36, 48, 68, 278
Platonicienne (Philosophie) . . 2, 3, 280
Plotin. 36, 48, 178, 246
Positivisme. 54, 70, 250
Praxitèle 2, 3
Probabilité 224
Progrès. 44
Prochaska. 196
Proudhon 46
Pythagore. 3
Pythagoricienne (Philosophie) . . 2, 3

Q

Qualités occultes 4
Quatrefages. 202
Quatremère de Quincy. 22

R

Raison. 22
Raison suffisante (Principe de). 253, 267
Raisonnement 267
Raymond Lulle 5
Réflexion 28
Religion 154, 236, 240
Reid. 13, 21, 24
Reimarus 205
Rémusat (de). 20, 37, 124, 125, 170, 181
Renan. 105-110, 159, 216
Renouvier. 110-118
Reynaud (Jean). 47, 49-52
Rondelet 219
Rosmini. 152
Roulin 203
Royer-Collard. 18, 21, 22

S

Saint-Simon. . . . 44, 45, 51, 54, 55
Saisset 20, 148-149, 182
Schérer. 137, 138, 139
Schelling 35, 246, 281
Schopenhauer 218, 281
Scolastique. 5
Sensation. 195
Sensualisme 20
Signes. 214
Simon (Jules) 148-149
Socialistes 43-46
Socrate 51
Sommeil. 205-209
Sophocle 2
Spencer (Herbert). . . 65, 66, 118, 175
Spinoza . . . 9, 10, 50, 177, 267, 268
Spontanéité. 264
Spurzheim 53
Stahl. 180, 182, 183, 185, 187
Stoïcisme 3, 14, 279
Strada (de). 154-167
Stuart-Mill. . 69, 70, 75, 77, 81, 85, 92, 93, 99, 140, 171, 173, 174.
Substance 11, 259
Surnaturel 106
Swedenborg. 51
Synthèse. 256, 261

T

Taine. 96-105, 107, 109
Thomas (saint). 181, 245
Thomassin. 147
Tissot. 185
Traditionalisme 40
Turgot 59

V

Vacherot. 118-127
Ventura. 180
Vicq d'Azyr 194
Vie 38, 80, 81, 133, 179
Vitalisme. 180
Vulpian 186, 100-198

W

Waddington-Kastus.. 171
Wallis. 142
Whyte. 106
Willis. 202
Wiart. 238-240
Winckelmann.. 22

INDEX ALPHABÉTIQUE

DU RAPPORT SUR LE PRIX VICTOR COUSIN

« LE SCEPTICISME DANS L'ANTIQUITÉ GRECQUE »

Académie. 288
Académiciens. . . . 286, 292, 296, 301
Acataleptiques. 287
Adiaphorie. 300
Agrippa. 302
Amitié. 321
Amour. 321
Ampère. 295
Arcésilas 286, 289, 300, 301
Archimède. 295
Ariston 299
Aristote. . 285, 305, 310, 316, 318, 320, 322.
Augustin (saint). 302

Beauté. 317
Bernard (Claude). 316
Brochard. 323

Carnéade 286, 290, 301, 302
Causalité. 287
Césalpin. 295, 320
Chasles. 315
Christianisme. 290, 321
Chrysippe. 288
Cicéron. 286, 300, 302
Clitomaque. 290
Cœur. 321

Descartes . . 295, 307, 311, 312, 318, 320, 321. 322
Dogmatistes. 286

Empiriques. 291
Enésidème. 286, 291
Époque. 300
Évolution 316

Galilée 295
Grèce. 288, 289

Harmonie. 315
Héraclite. 291
Hypothèses. 315
Hypotyposes. 307

Inde. 299

Jugements synthétiques. 313

Kant . . 295, 305, 307, 308, 309, 312, 313, 321, 323.
Leibniz . . . 295, 305, 306, 307, 310, 312, 316, 317, 318, 319.
Linnée 295
Lucrèce. 318

Maine de Biran 311, 312, 319
Malebranche. 305
Martha. 301
Matérialisme. 316
Ménodote. 303
Méthode 303

Pascal. 321

INDEX ALPHABÉTIQUE.

Picavet 325
Philon 290, 301, 302
Philosophie 318
Platon . . . . 286, 288, 290, 310, 318, 321, 322.
Plotin 291
Positivisme 291, 294
Pyrrhon 285, 290, 291, 292, 299
Pyrrhoniens 280, 296, 298
Pythagore 295

Scepticisme . . . 286, 294, 299, 308, 309, 310, 318.
Sceptiques . . . 285, 286, 291, 292, 309
Sciences 313

Sentiment 321
Sextus Empiricus . 287, 291, 298, 302
Socrate 285, 288, 321
Sophistes 285
Sophistique 318
Stoïciens 286, 289, 292
Stoïcisme 288, 290

Timon le sillographe 291, 296

Volonté 322

Zénon 288
ζητητικοί 296

PARIS. — IMPRIMERIE LAHURE
9, rue de Fleurus, 9

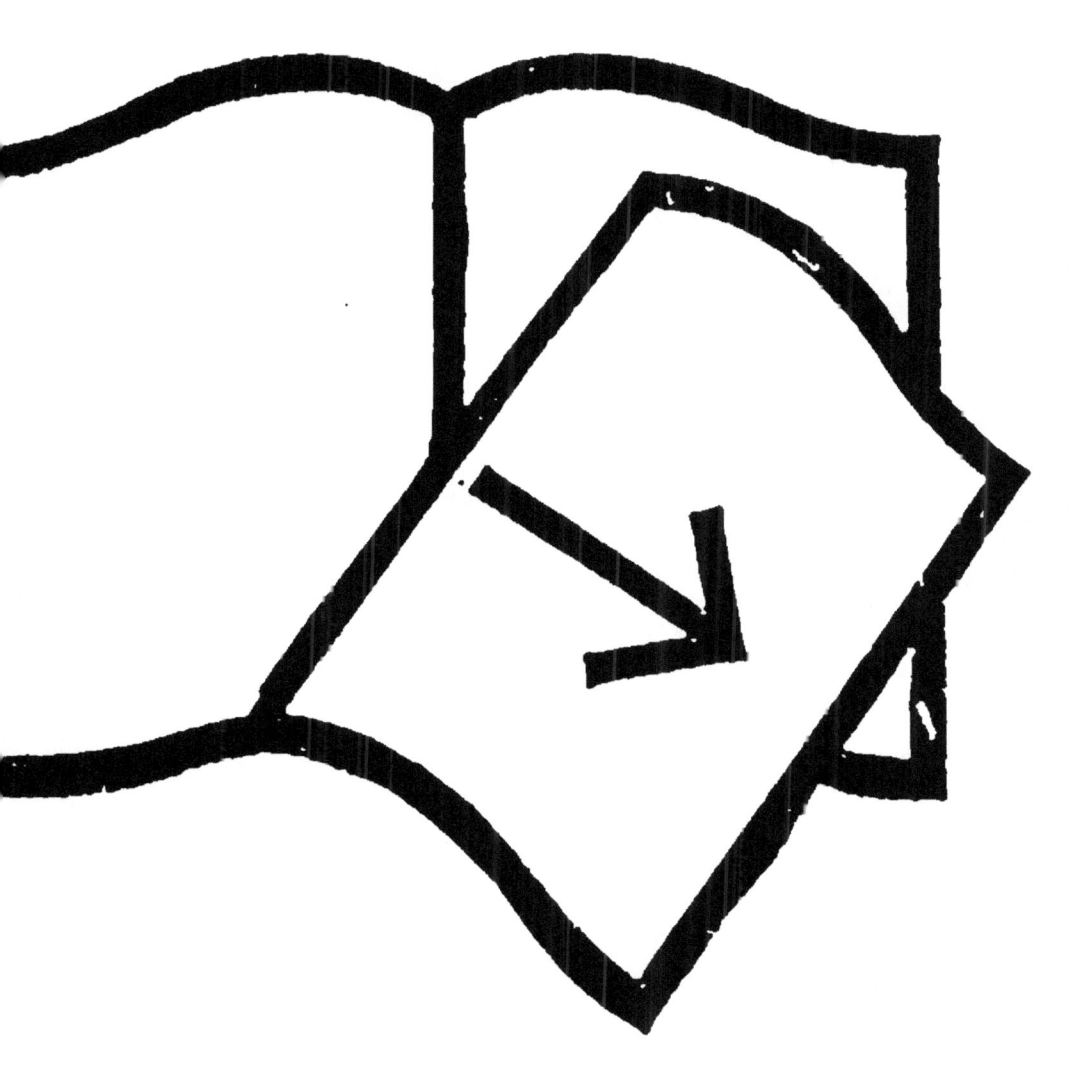

Documents manquants (pages, cahiers...)
NF Z 43-120-13

www.ingramcontent.com/pod-product-compliance
Lightning Source LLC
Chambersburg PA
CBHW060510170426
43199CB00011B/1390